"十二五"职业教育国家规划教材
经全国职业教育教材审定委员会审定

复旦卓越·人力资源管理和社会保障系列教材

社会工作实务

孙 林 主编　孙 健 副主编

丛书编辑委员会

编委会主任　　李继延　李宗泽
编委会副主任　冯琦琳
编委会成员　　李 琦　张耀嵩　刘红霞　张慧霞
　　　　　　　郑振华　朱莉莉

复旦大学出版社

内容提要

本教材以社会工作的实务流程为框架,结合丰富的真实案例,将社会工作的理论与实务相结合,具体涵盖了社会工作的价值观、社会工作的理论、社会工作的方法、社会工作的伦理、社会工作的通用过程等内容,每一部分都采用项目化的教学设计,设定明确的教学任务,为目前高职高专社会工作专业、社会保障专业的学生提供教材和阅读材料。

丛书总主编　李　琦

编辑成员(按姓氏笔画排序)

邓万里　田　辉　石玉峰　孙立如　孙　林　刘红霞
许晓青　许东黎　朱莉莉　李宝莹　李晓婷　张慧霞
张奇峰　张海容　张耀嵩　肖红梅　杨俊峰　郑振华
赵巍巍

前言

党的十八大以来,在全国各族人民的共同努力下,我国呈现出欣欣向荣的发展新局面,其中社会事业全面进步、经济发展协调性不断增强,尤其是将民生保障作为公共政策的重点领域,均为我国社会工作的发展提供了良好机遇。在新的历史阶段,社会工作学科建设得到了中央及地方各级政府的高度重视,社会工作教育出现了前所未有的发展态势,我国各地区开展社会工作教育的高校、机构以及社会工作专业毕业生得到迅速增长。从国家层面来看,社会工作人才与专业队伍能够参与社会治理,从而打造一个共建、共治、共享的社会治理格局是中国社会现代化的必然要求,而社会工作研究与实践针对国家治理中的社会问题,以实现和维护公众权利为核心,以完善社会福利、保障改善民生、化解社会矛盾、促进社会公平、推动社会发展为目标,将为实现建设我国社会治理的现代化格局增添强而有力的砝码。在此过程中,中国社会工作教育重心开始由发展数量转向提升质量的新阶段,社会工作实务教育也正是在这种背景下,不断寻找提升社会工作教学水平的机遇与方法并付诸行动,而本教材便是其中的尝试之一。

本教材详细介绍了社会工作实务的性质、特点和目标,并从微观、中观和宏观三个层次全面梳理我国社会工作的理论、方法与技能等,在明确中国社会工作的内涵、基本特征与历史沿革的基础上,整体揭示了中国社会工作教育由重视理论基础到协同理论与实务的格局转型。其中,我国社会工作教育最重要的一个转变就是将价值培养与实务技能进行统筹,社会工作实务教育逐步进入社会工作学科体系并占据很大比重,其为解决社会工作在中国本土实践中的服务方向、服务质量等困境提供纲领,并且能够更好地引导我国社会工作专业学生的学习与实践。本教材围绕着"社会工作实务"这个主题分七个项目展开。

项目一,导论。社会工作专业的发展几乎与人类所面临的社会问题息息相关。人类问题通常受到所处的政治、经济、文化等环境的影响,因而社会工作者协助人们解决问题的方式也随之有所改变,本项目主要探讨的是社会工作的内涵与实务领域、特征、功能以及历史过程中的相应发展与实践。

项目二,社会工作的价值与价值观。社会工作是一项助人的专业和职业,受特定的专业价值和伦理的约束。本项目首先介绍了中国社会工作正在逐步形成、建立并成熟的价值观和专业伦理,其对促进专业化和职业化目标的实现至关重要,之后探讨了中国社会工作实务中的现实困境与未来应对策略。

项目三,社会工作实务的理论基础。社会工作在长期实践过程中形成了自身的知识体系,现代社会工作的实践活动也为自身理论体系提供了检验的场所。本项目对社会工作者需要掌握的这些专业基础理论知识进行了详细介绍,同时对社会工作的理论与实践的关系、历史发展、理论分类进行了全面梳理。

项目四,社会工作实务的通用过程。通用过程一般指适用于为个人、家庭、群体、组织和社区提供服务的,并由朝向一些既定目标的系统化的系列行动组成的助人过程。本项目探讨的社会工作通用过程,包括接案、预估、计划、介入、评估和结案六个阶段,每个阶段都有不同的工作任务、内容和方法与技巧。

项目五,社会工作实务的三大基本方法。社会工作的核心是在一定理论指导下的一套因时而异的工作方法,包括个案工作、小组工作、社区工作三大基本方法。本项目分别对这些工作方法进行介绍,虽然在社会工作领域已经相当专门化,但实际上常常由于社会问题的复杂性,需要同时运用多种方法去处理问题。

项目六,社会工作实务的常用模式。社会工作是一个不断发展的新学科,新的变化主要体现在对于社会工作实务模式的理解上。本项目探讨的社会工作实务模式指的是在社会工作实务开展过程中逐渐形成的普遍性工作方法,是我们把握社会工作实务的前提,也是我们开展社会工作实务的重要基础。

项目七,社会工作实务的基本技能。社会工作作为一门应用型学科,其要求社会工作者在受助者面临多重困境时为其提供专业服务,这就要求每位社会工作者掌握基本的实务技巧,同时也正是因为专业技巧的运用,使得社会工作成为一门专业性学科,本项目主要介绍详述、移情法等社会工作基本技能。

总体而言,本教材为回答什么是社会工作实务,为我国社会工作者及社会工作专业的师生提供努力的方向,尽微薄之力以提升我国社会工作教育与实务的质量。本教材收集了诸多社会工作实务案例,从案例所涉及的领域来看,主要包括青少年服务、老年服务、社区服务、精神健康等,这些案例不仅丰富了本教材中对社会工作实务的实践内容,也为我国社会工作的实际工作提供了诸多指引与现实素材。本教材将通过这些整理与思考立志于促使中国社会工作实务得到更多重视,并在中国社会转型与社会治理新阶段中提供更加全面的社会工作手段与方法,为解决中国转型时期新的社会问题与风险提供社会工作的可行道路与实务参考。最后,本教材是集体智慧的结晶,有案例撰写者的思考也有审阅专家的点评,在两位编者与诸多调查人员的共同努力下,得以完成这样一本充实、生动的社会工作实务教材,在此感谢北京师范大学社会发展与公共政策学院张丙璐、张琳琳、张丹阳、黄雅昕、李扬、章明俐等几位社会工作专业硕士的案例资料调查与补充,感谢北京师范大学中国社会管理研究院孙健博士对本书稿的全面整理与反复校对。此外,本教材得到北京劳动保障职业学院的全力支持,在此表示特别感谢!

编 者

目 录

项目一　社会工作实务导论 ... 1
【学习目标】 ... 1
【案例导入】 ... 1
模块一　社会工作的内涵与实务领域 ... 2
模块二　社会工作的特征与功能 ... 5
模块三　社会工作者及其角色 ... 8
模块四　社会工作的历史沿革 ... 13
模块五　社会工作在中国的发展与实践 ... 17
课后实训题 ... 20

项目二　社会工作的价值与价值观 ... 21
【学习目标】 ... 21
【案例导入】 ... 21
模块一　社会工作的价值体系 ... 22
模块二　社会工作者的专业价值观 ... 27
模块三　社会工作实务中的伦理困境与应对策略 ... 33
课后实训题 ... 44

项目三　社会工作实务的理论基础 ... 45
【学习目标】 ... 45
【案例导入】 ... 45
模块一　社会工作实务的理论与实践 ... 46

模块二　社会工作实务理论 ·· 51
　　课后实训题 ·· 60

项目四　社会工作实务的通用过程 ·· 61
　　【学习目标】 ·· 61
　　【案例导入】 ·· 61
　　模块一　接案 ·· 62
　　模块二　预估 ·· 70
　　模块三　计划 ·· 82
　　模块四　介入 ·· 92
　　模块五　评估 ·· 98
　　模块六　结案 ··· 102
　　课后实训题 ·· 107

项目五　社会工作实务的三大基本方法 ··· 108
　　【学习目标】 ··· 108
　　【案例导入】 ··· 108
　　模块一　个案工作 ·· 109
　　模块二　小组工作 ·· 114
　　模块三　社区工作 ·· 118
　　课后实训题 ·· 124

项目六　社会工作实务的常用模式 ·· 125
　　【学习目标】 ··· 125
　　【案例导入】 ··· 125
　　模块一　危机介入模式 ·· 126
　　模块二　任务中心模式 ·· 129
　　模块三　心理社会治疗模式 ·· 132
　　模块四　行为治疗模式 ·· 135
　　模块五　叙事治疗模式 ·· 137
　　课后实训题 ·· 140

项目七　社会工作实务的基本技能 ·· 142
　　【学习目标】 ··· 142
　　【案例导入】 ··· 142

模块一　详述技巧 ··· 143
模块二　移情法 ··· 148
模块三　分享社会工作者个人情感 ·· 153
模块四　制订工作项目 ··· 159
模块五　指出障碍 ··· 165
模块六　明确过程和内容之间的联系 ··· 170
模块七　分享信息的技巧 ·· 173
模块八　结束阶段和过渡的技巧 ··· 179
课后实训题 ·· 184

参考文献 ··· 185

项目一

社会工作实务导论

社会工作是有历史传统的一种专业。社会工作专业的发展,几乎与人类所面临的社会问题息息相关。人类问题,通常受到所处的政治、经济、文化等环境的影响,因而社会工作者用以协助人们解决问题的方式也随之有所改变。

【学习目标】
- ◆ 了解社会工作的内涵与服务领域
- ◆ 掌握社会工作者的特征与功能
- ◆ 理解社会工作者的角色
- ◆ 熟悉社会工作在国内外的发展与实践

【案例导入】

房屋拆迁及安置问题的解决

某居民小区是一家钢铁厂工人的宿舍区,已经有几十年的历史了。小区居民中,老工人占有很大比例,他们大多在该区内生活了二三十年,有的则生活了三四十年。前不久,房地产公司看上了这个小区,准备在此区内拆掉旧房屋,建几幢现代化的住宅楼,小区原有居民将被安置到离此很远的地方居住。几乎所有的老工人都为此而黯然神伤——他们不愿意离开生活了几十年的老家,不愿意住到离自己工作了一辈子的工厂那么远的地方去。其中一位老工人甚至说:"我在这儿活了一辈子,我死也要死在这儿——我哪儿都不去。"

一位社会工作人员了解了工人们的情绪之后,设法与房地产公司取得了联

> 系,希望房地产公司能考虑老人们的需要。但是,房地产公司对此漠不关心。社会工作人员意识到自己仅仅这样做来引起有关部门对此事的关心是远远不够的,于是,毅然扮演起了另一种角色——把工人们组织起来与房地产公司谈判。最后,在政府有关部门的参与下,房地产公司不得不同意就地安置老人。
>
> 思考:在这个案例中,受助者是谁?社会工作者扮演了什么样的角色?

模块一 社会工作的内涵与实务领域

一、社会工作的内涵

(一) 社会工作的内涵

社会工作(social work)是根据一定的价值观念帮助有困难的人走出困境的活动。

(二) 对社会工作的不同界说

(1) 社会工作是一种助人活动——美国社会工作者协会。

(2) 社会工作是一种助人过程——弗里兰德。

(3) 社会工作是一种助人方法——台湾学者廖荣利。

(4) 社会工作是一种制度——维特默尔。

(5) 社会工作是"一门艺术、一种科学、也是一种专业,其目的在于协助人们解决其个人、群体(尤其是家庭)、社区的问题,以及运用个案工作、群体工作、社区工作、行政和研究等方法,促使个人、群体和社区之间的关系达到满意的状态"——斯基摩尔。

一般性定义:社会工作是以利他主义为指导,以科学的知识为基础,运用科学的方法进行的助人服务活动。其本质是一种助人活动,其特征是提供服务。

(三) 几个相关概念

1. 社会保障与社会工作

社会保障是国家和社会依法保障社会成员的基本生活的社会制度。其目的是保障社会成员不因基本生活受损而招致危险,并进一步达到社会的稳定。社会保障是通过政府立法而确定的,基本上属于政府行为。它与社会工作有五个方面的区别。一是社会保障是一套制度性规定;而社会工作则是依据这些制度性规定而实施的具体服务。二是社会保障属于收入或物质的帮助;社会工作除此之外,还提供精神上的帮助。三是社会保障的直接目的是维持困难者的基本生活以不至于发生危险,因此也叫社会安全;社会工作除了救助之外,还有发展受助者能力的任务。四是社会保障是对个人、家庭而言的;社会工作的对象包括个人、家庭及社区。五是社会保障的基本责任主体是国家和政府;社会工作的责任主体则是社会工作者与受助人双方,是他们之间的合作。

2. 社会福利与社会工作

社会福利是指在解决了人们的基本生存需要之后更好地生存或发展的一种状态。社会福利比当人们陷入生活困境而向其提供救助性保障的水平要高一些。社会福利不限于向社会上的特殊人群提供,而且向某一政策范围内的全体社会成员普遍提供。例如各种社会设施免费、低费向社会开放,供社会成员享用就属于社会福利的内容。社会工作是一种服务活动,是实现社会福利的手段。例如在社会中,即使社会工作者已经向社会成员提供了服务设施,某些成员也可能因各种障碍而不能享用,这时服务设施的享用就需要提供另外的服务,这就是社会工作。

社会福利:有关改善社会成员物质、文化生活的一切举措。

广义社会福利:社会保障的同义语,指"一种公共福利计划",是国家和社会依法保障社会成员的基本生活的社会安全制度。

狭义社会福利:社会保障体系的一个组成部分,是社会保障制度中的一个特定的范围和领域,通常是指专为社会弱者所提供的带有福利性的社会服务与保障。

(3) 社会服务与社会工作。

社会服务:组织社会力量,设置公共设施,通过以提供劳务为主要形式的社会活动来满足社会成员的物质和文化需求,改善处在困难情况下的社会成员的生活状态。

社会服务是以劳务为主要形式向有困难的社会成员,特别是社会弱者提供的改善其处境的活动。它是社会保障、社会福利传至有需要社会成员的过程。它不是营利性商业服务,而是社会福利服务。从广义上讲,社会服务的范围更广,而社会工作的专业性比较强。

二、社会工作的构成要素

社会工作是社会工作者有意识、有目的地帮助他人的活动,在这个助人过程中,社会工作者与受助者互为该过程的主体与客体。在这个过程中,社会工作者是行动的组织者,他设计并引导助人过程的进行;但受助者也不是完全被动的,他们的意识、目的等也会影响社会工作者的工作,起一个反作用。他们之间的关系可以用图1-1来表示:从这个图中我们可以更加清楚地看到,社会工作过程是社会工作者与受助者互相作用的过程。

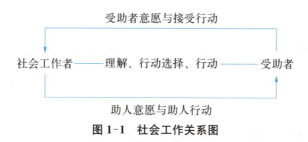

图1-1 社会工作关系图

在这个过程中,我们也可以看出社会工作者、受助者、助人活动、社会工作价值观是该过程中不可缺少的要素,缺少任何一个也不能构成社会工作。

社会工作的要素具体包括以下四个方面。

1. 社会工作者

这是服务和帮助的提供者,是社会工作过程的首要的要素。社会工作者不但有利他主义的价值,而且应该受过一定的科学训练,掌握有效的工作方法。

2. 受助者(服务对象、工作对象,港台地区通常称为案主)

这是服务的接受者,是遇到困难、自己不能解决并愿意接受社会工作者帮助的人。

3. 社会工作价值观

社会工作价值观是社会工作者所持有的助人观念,是社会工作的灵魂。社会工作的价值观是利他主义,尊重受助者的权利和选择。

4. 助人活动

这是社会工作的关键。

三、社会工作的类型

(一) 社会工作形态的变化

最初形态是慈善性、分散化、非职业性和非专业化,现代形态则是理性化、组织化、职业化和专业化。

(二) 当前我国社会工作的类型

(1) 普通社会工作;(2) 实际社会工作(行政性、半专业化);(3) 专业社会工作。

四、社会工作的实务领域

(一) 按受助者的生理和社会特征分类

1. 儿童社会工作、少年社会工作、青年社会工作、老年社会工作
2. 妇女社会工作、残疾人社会工作

(二) 按受助者遇到的困难分类

1. 日常生活方面的问题

生活难以自理、自我封闭及心理失调、家庭关系紧张与冲突、儿童抚养和老人赡养问题等。

2. 就业方面的问题

失业、就业中的性别歧视、工伤、劳资纠纷、职工的各方权益保护等问题。

3. 个人行为方面的问题

自我封闭、孤独与偏执、吸毒、酗酒、赌博和犯罪。

(三) 按社会工作的特点分类

1. 救助

救人于危难的活动,如果没有这种活动,受助者就可能陷入深刻危机。

2. 帮助

一般意义上的服务。

3. 发展

受助者自认为面对未来能力不足的情况下社会工作给予的帮助。

(四) 按社会工作方法分类

1. 社会个案工作
2. 小组社会工作
3. 社区工作
4. 社会行政

(五) 按社会工作的方式分类

1. 家庭式

儿童寄养、儿童家庭补助、家庭服务。

2. 社区或社会式

设置社区服务中心，如儿童福利站、老人活动中心。

3. 机构式

儿童福利院、老人院、伤残康复中心、精神病康复中心。

模块二　社会工作的特征与功能

一、社会工作的特征

社会工作是复杂的帮助有困难的人及群体的活动，与一般助人活动相比，它有许多特征。主要表现在以下六个方面。

(一) 职业性助人活动

社会工作是一种专业助人活动。社会上有多种多样的助人活动，扶老携幼、济贫助弱、救人于水火、助人成好事，都属于助人活动。社会工作不是一般的助人活动，而是专业的、以困难群体为主要对象的、职业性的助人活动。社会工作以帮助社会上极度困难和比较困难的群体为主，决定了这种助人活动的艰巨性，而国家和社会对这种活动的较高要求使其走向职业化。显然，社会工作与一般的做好事、志愿服务有所不同。在性质上，它不是以营利为目的，而是以服务于有困难群体的、以利他为目的的职业活动。

(二) 注重专业价值

专业价值是社会工作的灵魂。所谓专业价值是指社会工作者在从事社会服务时所遵循的理念、指导思想和伦理。在现代社会，社会工作是解决社会问题的重要方法，它以解决社会问题、增进人民福利为自己的责任，以追求社会公正和社会进步为自己的理想。社会工作强调平等之爱，要帮助所有有困难、有需要的人。社会工作以帮助人为快乐，以帮助人作为自己的职责，在它的所有活动中充满了对人的尊重、对社会生活的热爱。它有崇高的理念，同时社会工作者又脚踏实地、忘我地进行工作。这些都是作为一种专门职业的社会工作所必须的。

(三) 强调专业方法

社会工作是社会工作者用专业方法去帮助他人的活动。所谓专业方法是指本职业独特的、在许多情况下要经过专业教育和培训才能掌握的方法。帮助人也需要方法和技巧，否则会心有余而力不足，甚至会造成好人办坏事。社会工作者所从事的服务，常常是复杂的助人服务，要解决复杂的问题，这就需要有专门的、训练有素的方法和技巧。经过长期的实践和积累，社会工作形成了个案工作、小组工作、社区工作等一系列独特的工作方法。这是一些经过人们反复实践、行之有效、科学的方法和技术，它通过教育和培训传递给新入这一行的人们，并通过实践不断得到发展。专业方法是社会工作的重要特点。

(四) 注重实践

实践也称实务，它是人们参与改变任何事物的活动。社会工作具有十分明显的实践特征。社会工作从本质上来说是实践的，它要通过对科学方法的运用，与受助者一起帮助他们改变自己的困境，增进其社会功能。简单地说，社会工作要具体地去做，即在科学的理论指导下采取行动,这是其不同于其他理论性社会科学学科的重要一点。社会工作实践性不但要求社会工作者要有很强的实践能力,有根据情况的变化不断改变工作方法与技巧的能力,而且要有理论联系实际的能力。通过复杂的实践活动,社会工作者才能够达到有效助人的目的。

(五) 双方合作

社会工作是社会工作者帮助有困难、有需要的人克服困难的过程。这一过程并不是社会工作者单向地给予受助者某种服务的过程,而是双方合作、共同面对困难、分析问题成因、寻找解决问题的方法、进而解决困难的过程。社会工作是对人的工作,是社会工作者与受助者互动的过程,从某种意义上来说,它也是社会工作者与受助者"一同工作"的过程。社会工作者在许多复杂问题上与受助者形成良好关系、相互配合,对解决问题十分重要。没有社会工作者与受助者之间的良好配合与合作,就很难有效地实现"助人自助"目标。

(六) 多方协同

社会工作者介入的大多是比较复杂的问题,在解决这些问题的过程中常常既需要社会工作者之间的分工,也需要他们之间的合作,很多时候社会工作者也要与其他方面的专业人员合作,共同去解决受助者所遇到的比较复杂的问题。这里并不是指在所有工作中这些社会工作者都同时在场,而是说他们形成了良好的合作关系和体系,形成了一个工作团队。多方协同、共同努力解决问题是社会工作的一个特殊的方面。例如,要帮助失业人员再就业,社会工作者就要与本机构(组织)中的同事、社区工作者、劳动部门的工作人员等多方面的人一起工作,解决问题。团队协同解决问题是社会工作的一个重要特点。

二、社会工作的功能

功能是一个与系统相联系的概念,它指的是在系统内部各部分之间的联系中,部分对整体的贡献。这一概念原先是在物理学和生物学中使用的,后来社会学家和人类学家将这一概念用于解释社会现象。功能主义认为,功能是部分对整体的积极的支持性的作用,因此,功能这一概念一开始就被赋予了积极的或正面的涵义。但是,在一个角度看来是正面的作用,从另一个方面看来可能是负面的;现在看来是积极的作用,长远看来可能是消极的。于是,社会学家默顿在批评帕森斯的结构功能主义时提出了负功能或反功能的概念。反功能是指部分对整体的作用并非具有建设性,而是相反的情况。相对于反功能或负功能,积极的作用可以称为正功能,但是按照功能主义的假设,它常常被简称为功能。在这里应该注意的是,在社会科学中功能有时被视为一个中性概念。

(一) 社会工作对工作对象的功能

社会工作作为一种专业的助人活动,对改变受助者的不利情况发挥着重要的作用。

1. 提供物质帮助

社会工作可以对有困难、有需要的贫困人士给予物质或经济上的帮助。由于社会变迁、家庭或个人原因,有些人可能会一时或长时间地陷入贫困。在这种情况下,物质支持对于解决贫困人士的困难是重要的,甚至是第一位的。社会工作者可以联系某些社会资源,帮助他们在合法条件下获得某种物质上的支持,在某种程度上解决其生活方面的困难。例如通过政策方面的服务使他们获得制度规定范围内的经济和物质支持,通过与非营利组织、社会服务机构的连接使他们得到优惠的甚至免费的服务等。社会工作的许多对象是经济上困难的人士,社会工作的基本任务之一就是帮助这些最困难的人。

2. 给予心理支持

某些生活上陷入困境的人士在许多情况下并不是因为经济原因,而是由于社会关系失调或事业上的压力等原因所致。社会工作者可以通过心理辅导等方法,帮助他们认识压力、缓解压力,积极地对待生活和挑战,也可以通过建立社会支持网络给他们以心理上的支持。在现代社会中,社会变化的节奏越来越快,社会生活越来越紧张,社会转型也使人们经历着前所未有的冲击,在这种情况下,有些人产生心理焦虑和紧张都是在所难免的。社会工作能够帮助他们缓解心理压力,给他们以支持,减少人们的心理紧张和孤独感。

3. 促进能力发展

社会工作的基本价值观念是助人自助,社会工作不但要具体地帮助有困难的人士解决困难,而且要帮助他们增强自己的能力以应付各种挑战,即帮助他们增强战胜困难的能力,以达到自助。人们对所遇问题的解决离不开外部条件,但是个人的内在因素是关键的。个人能力的提高不但有利于解决现时的困难,而且对于克服未来社会生活中的困难也有重要帮助,并能促进他的发展。正是基于此,社会工作特别强调发展受助者的能力。社会工作所关注的能力发展不只是指技术性能力,而是指在现实社会中生活的能力,所以,促进人的能力发展是指人的全面发展。

4. 维护合法权益

维护社会弱势群体的合法权益是政府与社会的责任,也是一个社会公平程度的表现。但是,在激烈的社会竞争中,弱势群体的合法权益被侵犯、受损害的情况还是时有发生的。社会工作作为主要为有困难的人士服务、追求社会公正的专业,把维护弱势群体的合法权益置于重要位置。社会工作者要伸张正义,通过服务、宣传、影响社会政策等方式帮助弱势群体,争取和维护其合法权益。

(二) 社会工作对社会的功能

社会工作作为现代社会系统的组成部分,对社会运行发挥着重要的功能。

1. 促进社会稳定与社会和谐

社会工作在最一般的意义上来说是具体解决社会问题的专业活动,对有困难人士问题的解决不但可以给他们以实际的帮助,而且由于这些问题的解决可以减少因问题激化而可能产生的对社会秩序的冲击,从而有助于社会稳定。在人际关系、群体关系层面上,对问题的解决可以达至社会和谐,从而帮助建构一个人们可以正常生活的社会环境条件。如果是在现有的框架内维持社会稳定和秩序,那么,社会工作就发挥着社会控制的功能。

2. 促进制度建设与社会进步

有些社会问题的出现主要是因为个人方面的原因,虽然社会因素总会在其中发挥着这样或那样的作用。但是对另一些较为普遍性的问题来说,社会因素就是主要的。这时,对问题的解决就要在政策和制度层面下功夫。在制度不健全、政策有漏洞的情况下,就要通过制度建设和修订完善政策来解决和预防问题。社会工作者在具体解决问题的过程中有许多深入的对政策的见解,他们可以提出完善和制定社会政策的建议,参与和促进合理的社会政策的出台,减少社会问题的发生,使社会在更加公正的制度框架下运行,这就是在制度层面上促进社会进步。

3. 增加社会资本与促进社会协调发展

社会是人们的社会关系的系统，是人们共同生活的领域。人们之间具有良好的关系和社会支持是健康社会的表现。在现代社会中，人们之间原本良好的共同体关系受到了伤害，利益竞争和社会排斥使人们相互隔离，并引发了诸多社会问题。社会工作以人为本，致力于在社会成员之间建立相互支持的关系，增加人们的社会资本，建立一个相互关怀的社会，这不但可以改善人们生活的具体的社会环境，也有利于社会持续协调地发展。

模块三 社会工作者及其角色

一、社会工作者的特征

(一) 什么是社会工作者？

社会工作者是从英文 social worker 翻译而来的。该词最初由西蒙·伯顿于 1900 年提出。在他的原意中，"社会工作者"一词包括当时正在英美等国家中开展的慈善组织会社中的"友善访问员"(friendly visitors)和睦邻组织运动中的"社区睦邻工作员"，他们是一批对社会弱势人群有爱心、有热情的志愿工作人员。前者的工作是走访申请救济的家庭，了解情况，以保证社会救济物品分发到真正需要的家庭；后者与落后社区的居民生活在一起，帮助他们重建了解与合作，解决生活难题。显然，这时的社会工作者并不能被称为专业的工作人员。

随着社会的变迁，社会工作教育的出现和社会工作专业化的发展，社会工作者逐渐成为社会中不可或缺的专业的工作人员，需要具备一定的条件才能胜任。因此，许多国家对社会工作者这种专业人员的任职资格有了一定的规定。美国社会工作者协会就明确规定：社会工作者是毕业于社会工作学院（包括学士和硕士学位），运用他们的知识和技巧为受助者（一般包括个人、家庭、团体、社区、组织和社会）提供社会服务的人员。社会工作者帮助人们提高解决问题的能力，帮助他们获得所需要的资源，促进个体与人们及其环境的互动，促使组织负起对人们的责任，影响社会政策。英国国家社会工作协会(National Institute for Social Work)出版的《社会工作者：他们的角色与任务》(*Social Worker: Their Role & Tasks*)一书指出，社会工作者是"由地方社会服务当局或有关的志愿组织雇佣的，在他们的雇佣契约中明确规定他们作为社会工作者、或者在社会工作居支配地位的实务领域范围内执行他们的任务，不论是在日间或居民服务领域，还是在医院或其他相关机构中"的工作人员。

国际社会工作界认可的社会工作者应符合以下五个条件：第一，具有社会工作执业证照；第二，具有社会工作的专业教育背景；第三，受社会工作伦理的制约；第四，是社会工作专业组织的成员；第五，将社会工作作为一种职业生涯。

在许多西方国家，除了社会工作者外，还有社会服务人员(social service worker)、社会福利人员(social welfare worker)。严格地说，社会服务人员、社会福利人员与社会工作者是有区别的，社会服务人员、社会福利人员一般是指受雇于社会工作机构或社会福利机构的工作人员，包括专业和非专业人员；而社会工作者只是社会服务人员中的专业人员。

在我国国内，"社会工作者"的概念被越来越多地使用，但它至今没有一个统一的界定。

有学者认为社会工作者是特指受雇于公、私立社会福利服务机构或设施中,从事专业活动的助人者,即以助人为职业生涯的人。他们有别于一般利用工余和业余时间从事社会公益事业或社会服务意义上的志愿工作人员。有学者认为社会工作者是"以社会工作专业理论为指导、运用专业方法和技巧为人们提供专业服务的专业工作者"。

可以概括地认为,社会工作者是经过社会工作专业教育或训练的,从事社会工作专业研究、教学和实际工作的人员。在我国国内,社会工作者至今还没有像其他一些国家那样,完全成为一个独立的职业,但近年来,有些地区已经开始试行社会工作者制度,如上海市正在试行"社会工作师"制度。虽然国内社会工作者还没有成为一个职业,人们对社会工作者的理解有所不同,但人们对社会工作者的特点的认识同国际社会对社会工作者特点的认识是一致的。

(二) 社会工作者的一般特征

社会工作者作为一个职业群体,区别于其他职业群体的主要特征在于:社会工作者是助人者。这是社会工作专业的本质特征在社会工作者身上的体现。社会工作是一个助人的专业,专业的宗旨是为有需要的人提供帮助,即通过社会工作者的帮助,使受助者恢复和提升社会功能,解决问题,克服困难,满足需要,获得自我实现。

卢卡斯将助人定义为"由一个人或一个团体向另外的人提供的实质性的或非实质性的东西,所采取的方式是让受助人或群体能用来获得不同程度的自我实现"。一些学者讨论了作为助人者怎样才能更好地为受助者提供服务,完成助人职责。例如姆勒坚持认为助人者更多的是发挥个人的影响力而不是运用技术,他指出,助人者在助人的过程中要运用自己,助人者自身是决定助人成功与否的关键因素。对助人者而言,技巧和方法只是工具,如何运用它们更为重要。这些工具是否能与工作者个人的影响力结合到一起运用,是决定助人的有效性的最关键的因素。卢卡斯则认为助人者必须具备三个因素,才能实现社会工作者助人的职业特征。这三个因素是:第一,关心。所谓关心,是指不管喜欢或不喜欢受助者,都能照顾他们,"关心"是比"喜欢"或"不喜欢"更加持久和稳定的一种情感。第二,勇气。所谓勇气,是说助人者必须分担个人可能不熟悉的他人的世界和问题,助人者应该有勇气,在助人过程中要承担风险,要承受成功或失败。第三,谦恭。所谓的谦恭,是说有效的助人者应该不自傲,承认自己只是助人者中的一员,是助人过程的媒介而不是助人过程的创造者。

因此,社会工作者的一般特征可以概括为:

第一,认同并遵循社会工作的价值准则;

第二,他们是从事社会福利服务的人员,而不是行政官员;

第三,他们掌握一定的社会工作专业方法,这些专业方法可能是由国际通则所确定的,也可能是根据本地经验发展出来的。

二、社会工作者的角色

社会工作的特点之一就是范围广泛,方法众多。在为个人、群体、家庭、组织和社区服务的过程中,社会工作人员应该运用其广博的知识和丰富的技能扮演多种角色。社会工作者实现多种功能,具体应该扮演的角色是由实际工作情形决定的。

1. 服务提供者

社会工作者首先是向受助者提供服务的人,这里的服务既包括提供心理咨询,也包括提供物质帮助和劳务服务。这是社会工作者的首要角色。

2. 支持者

社工人员在社会工作过程中,要鼓励受助者在可能的情况下自强自立,克服困难,也就是助人自助。

3. 经纪人

经纪人的作用就是把那些需要接受服务而又不知道到哪里去寻找资源的受助者与其所需的资源联系起来。例如,可以介绍一位经常受丈夫虐待的妇女去"被虐待妇女服务中心"。在西方发达国家,即使中等规模的社区有时也有200多家的社会服务组织机构。

4. 实现者

实现者帮助受助者实现以下功能:明确表达受助者的需要,准确界定受助者的问题,探讨解决问题的策略,选择并实施介入策略,发展受助者有效解决自己问题的能力。

5. 倡导者

即当受助者必须采取新的行动才能有助于其走出困境时,社会工作者应该向其倡导某种合理行为,并指导他们以达到目的。一般来说,在扮演这个角色的过程中,倡导者收集有关信息,了解受助者的需要与要求的合理性,对现存制度和机构的政策提出批评和改进意见。倡导者的目的不是嘲讽和非难现存的基本制度或政策,而是希望改变其中一些不合理的成分。

6. 赋权者

赋权者就是通过改变受助者的境况,帮助个人、家庭、群体、组织和社区增强其经济、社会和政治力量与影响。

7. 行动者

行动者寻求对社会制度的改良,其工作目标通常是把权利和资源分配给弱势群体,它关注社会不公正、社会压迫与经济剥削,其工作策略通常包括斗争、对抗、谈判,其目的是改善社会环境以更好地满足受助者的需要。

8. 调停者

调停者在冲突双方之间活动,调解争执、化解分歧,达成一致的认识。社会工作人员可以运用其独特的价值取向与技能,化解多种类型的矛盾与冲突。在调解过程中,调停者保持中立的立场,不偏向冲突双方中的任何一方。

9. 谈判者

谈判者把冲突各方召集在一起,就存在争议的问题进行谈判,最终达成一致的条件。与调停者相似,谈判者必须找到一个双方都能接受的条件;不同的是,调停者保持中立的立场,而谈判者通常代表一方或与一方联盟同另一方谈判。

10. 发起人

发起人引起社会对某一问题或潜在问题的关注。关注一个问题并不一定能解决那个问题,因此,在充当了发起人的角色之后,社会工作人员通常还需要扮演其他角色,以有助于问题的解决。

11. 管理者或领导者

在社会工作过程中,社会工作者应该对该过程进行有效控制,同时,他必须对与助人相关的诸多资源和信息进行协调、安排与管理。另外,社会工作者常常领导一个具有特定目标的小组,如治疗小组、教育小组、自助小组等。

三、社会工作者与受助者的关系

(一) 什么是专业关系?

根据社会工作专业活动的目的,为了完成社会工作目标,要求工作者与受助者之间应当建立起专业关系。

关于专业关系,有许多不同的定义,例如:台湾学者廖荣利认为"专业关系是指专业人员和案主的内心感受及态度表现的动态、交互反应关系,工作人员通过交互作用以促进案主社会生活适应能力的改善和增强"。黄维宪将专业关系定义为:专业关系是社会工作者与案主之间的一种态度与情绪交互反应的动态过程,借以有效协助案主解决问题,使其对环境有最好的适应。国外有学者(如卢卡斯)认为专业关系是社会工作者提供的一种媒介物,受助者可以通过这种媒介作出某种选择,决定是否及如何接受帮助。

可以简单地说,所谓专业关系是指社会工作者以一个专业人员的身份与他(她)互动,并努力使之发生变化所建立起来的关系,是社会工作者与受助者之间的一种专业协助关系。

(二) 专业关系的重要性

社会工作者和受助者之间的专业关系被认为在社会工作中占有重要的地位,是其他一切工作的基础,甚至被认为是社会工作的灵魂或基石。

廖荣利将社会工作专业关系比喻为人身体中的血液、人的精神和灵魂力量,而将社会工作技术本身比喻为人的肉体部分,认为:没有血液、精神和灵魂,就无法成为一个活生生的人;缺乏专业关系的服务,也就难以成为专业服务,并且很难达到专业服务的目标。

良好的专业关系对于社会工作而言是极为重要的,它可以深化、增强工作的效果,增强社会工作者的影响力,使社会工作者提出的意见建议更容易为受助者所采纳,使社会工作者的工作技巧更易于见效。良好的专业关系可以为受助者提供安全、有利的环境,使受助者能够有机会更好地审视自己,分析问题的原因,学习和寻找解决问题的方法。在一定意义上,良好的专业关系本身对受助者的情绪和心理具有治疗作用。

可以说,社会工作者与受助者之间的关系,在一定程度上影响到整个社会工作服务的成败,社会工作者必须慎重对待。

(三) 社会工作者与受助者间的专业关系特点

专业关系与一般的人与人之间的关系的最大区别,在于专业关系具有一些特点。波尔曼指出:专业协助关系须达成双方同意,它有特定的时间范畴。社会工作者尽力为当事人的利益着想。它带有专门知识的权威、行业本身的专业守则,还有专门技巧。此外,专业关系是受控制的,因为社会工作者尝试对眼前的工作保持客观,并能觉察及控制自己的感受、反应和冲动。平克斯和米纳汉提出专业关系的三个基本特征分别是:第一,社会工作的专业关系是社会工作者为了实现专业目的而建立起来的,依据专业目的和工作计划建立与终止;第二,在专业关系中,受助者的利益高于社会工作者的利益,社会工作者要为实现受助者的利益、满足受助者的需要而工作;第三,建立专业关系的基础是客观的,社会工作者必须有明确的摆脱个人烦恼和情感需求的自我意识,对他人的需求有敏锐的感知能力。

总体来说,社会工作者与受助者之间的专业关系特点可以概括为以下六个方面。

1. 目的性

目的性是在社会工作过程中，专业关系最显著的特点之一。专业关系是为专业的目的而建立的，它的建立是为了协助受助者，即通过社会工作者与受助者的工作要能解决或防止个人、家庭或社区的问题，或发展受助者的潜能。而当社会工作的目的实现后，专业关系就应该终止。所以，专业关系具有一定的时间限制，是一种暂时性的工作关系，当受助者的问题得到解决后，双方关系建立的前提消失，关系必须结束。在大多数情况下，一般的人际关系的建立是没有一定目的的，在关系的维持上也没有明确的时间界限。

2. 以受助者为本

从本质上说，建立专业关系不是为了工作者的需求，不以社会工作者自身的利益为前提，而是为了满足受助者的需求，在专业服务的范围内，受助者的利益高于工作者的利益。因此，工作者在专业助人关系中的取向应以受助者为本，把受助者的需求和利益放在首位，绝不允许社会工作者因自身的利益需要而损害受助者的利益。而一般人际关系的建立与维持，往往照顾到关系双方的利益，关系双方互惠互利。此外，一般人际关系的建立有时也可以以一己私利为出发点，虽然以此为出发点的人际关系较难长期维持。

3. 非平等性

虽然社会工作强调平等、民主，但由于社会工作者是受过专业训练的，具有一定的专业技能、专业地位和专业职责的权威，代表社会工作机构向受助者提供协助，这样，在专业关系中，社会工作者与受助者的地位并非完全平等。双方的互动，以受助者为重点，受助者一般要提供必要的个人资料，以便让社会工作者能够多方面地了解，从而使社会工作者的协助是有效的，而社会工作者则不必这样做。但是，只有社会工作者平等的态度，才能帮助受助者克服由于专业关系非平等性可能带来的不利影响，建立对社会工作者的信任。而一般的朋友关系是基于平等和相互依存，关系双方越是平等就越能持久地发展关系，关系双方的获益也越大。

4. 受制约性

专业关系不仅要以所要达到的社会工作目标为指导，也受本专业明确而详尽的伦理道德守则制约。在社会工作专业服务中，工作者应遵守社会工作专业的基本价值原则，去除个人的偏好，控制自己的情绪，做到既与受助者在一起又不失客观公正，以保证受助者的利益，保证工作者与受助者的关系能正常地建立。然而，一般的人际关系则涉及较多的主观情绪与偏好。

5. 代表性

在社会工作者和受助者的专业关系中，社会工作者并不是代表自己，而是既代表着自己所工作的社会工作机构，也代表着所从事的社会工作专业。因此，社会工作者在与受助者建立关系时必须要有专业的处理方式，认真地对待工作，任何失误都不仅会有损社会工作者自身的形象，也有损社会工作机构和整个社会工作专业的形象。而人们在一般的人际关系中，往往只代表自己。

6. 兼容性

专业关系是兼工具性和情感性的关系。良好的专业关系是双方信任的基础，专业关系是带有目的的，即通过良好关系的建立来实现工作目标，这是其工具性之所在；同时良好的关系本身离不开双方情感的交流和表达，这样专业关系就具有了情感性的色彩。因此，它是一种兼容性的专业关系，兼有工具性和情感性两方面的特征。

模块四　社会工作的历史沿革

一、第一阶段：20 世纪 20 年代以前，为穷人提供慈善服务

(一) 伊丽莎白济贫法

它并不是指单一的一部法律，而是指由一系列具有承袭性的法律组成的一套法律制度。16 世纪，英国圈地运动迫使众多农民背井离乡，沦为流浪汉，失业现象日益严重。英国统治者被迫考虑救济贫民问题。1572 年，英格兰和威尔士就开始征收济贫税，1576 年又设立教养院，收容流浪者，并强迫其劳动。这些措施为英国济贫法的出现奠定了基础。1601 年英国颁布了第一个有关济贫的法律——《伊丽莎白济贫法》。作为英国第一个重要的济贫法，它不仅是这一法律制度的发端，而且为这一法律制度的发展确定了基本原则，因此也被称为世界上最早的社会保障法。

济贫法最大的特色，是实施分类救助。对于健壮的贫民，为他们提供工作，如果他们拒绝工作，就被投入监狱或者戴上弄具接受惩罚；对于没有工作能力的贫民，施以(救济)院内救助或院外救助；对于失去依靠的儿童，如果其父母或者祖父母不能供养他们，就让他们当学徒，男孩要当学徒到 24 岁，女孩当到 21 岁或者结婚前，或者设法安排寄养或领养。另外，设置贫民监察员，专门负责贫民救助的调查与审核，率先采用了社会个案工作的概念。

这一法律遵循的基本原则就是：让那些没有工作能力的人，如孤儿、无人赡养的老人和身体残疾的人，得到救济或赡养；给那些有劳动能力的人一份工作，让他们能够以此谋生。

1834 年议会通过《济贫法(修正案)》(The Poor Law Amendment Act of 1834)，又称《新济贫法》。该法废除了院外救助，改为受救济者必须是被收容在济贫院中的贫民。但是，院内的生活条件极为恶劣，劳动极其繁重，贫民望而却步，被称为劳动者的"巴士底狱"。有人这样描述济贫院的基本情况：在砖铺的地面上到处是贫困的妇女以及满脸脏物到处乱爬的孩子，老年妇女躺在床上气喘吁吁无法动弹，或围坐在火炉旁大声咳着，老年男子弓着背忙着活计，苟延残喘。政府就是用这种方法来减少受救济的人口和济贫的支出。可以说，这部新的法律不仅没有改善工人的生存状况，反而使他们陷入更加绝望的境地。

到了 1948 年，《新济贫法》又为新的《国民救助法》取而代之。济贫法在英国实施了 347 年，对于英国社会工作发展的影响非常深远。其后，英国和欧洲大陆也相继出台了很多其他法律，用来帮助穷人，以及为遭遇困难的儿童、家庭和个人提供服务。18 世纪的工业革命形成了城市化，也产生了贫民窟和邻里之间互不相识的居住格局，从而带来了很多问题，导致很多人需要帮助。乞讨、施舍、慈善团体、济贫院、孤儿院、精神病院和监狱成了那个时代文化的一部分。尊重人格的帮助受到了鼓励，出现了各种各样的、公共的和私人的救助方案。

(二) 德国的汉堡制和爱尔伯福制

汉堡制是以社区为单位管理济贫事务的制度，因创立于德国的汉堡市而得名。

1788 年，汉堡市为解决乞丐列队街市并沿门乞讨的问题，委托布什教授拟定救助方案，然后由议会推选出来的志愿委员会开展工作，其宗旨是助人自助。具体措施是：将全市划分为 60 个区，每区设 1 名监督员，负责对该区贫民进行调查和救济。市政府设立一个中央

办事机构,联络各社会救济机构协同工作,总理全市的济贫业务,包括为失业者介绍工作,给贫困者提供救济,将贫苦儿童送往工艺学校学习就业技能及语文,把患病而自己无钱诊治者送往医院治疗。同时,规定市民对沿门乞讨者不准任意施舍,以避免把一些乞讨者养成好逸恶劳的懒汉,这样也有助于城市的市容管理。汉堡制实施了13年,收到了积极的成效。

爱尔伯福制是德国爱尔伯福市于1852年开始实施的一项社区救助制度,该制度仿效汉堡制,但有不少改进。该制度将爱尔伯福市按人口数量平均分为564段,每段约300人,其中每段贫民不得超过4人,段为基层组织,每段设1名赈济员,赈济员是志愿工作者,由政府委派地方热心人士担任。赈济员主要负责对贫困家庭的调查,确认贫困后再予以救济,以后每2星期还要进行追踪调查。为防止受助者产生依赖心理,发给的救济款是法律规定的最低限度。每14段为一赈济区,每区设1名监察员,领导由14个段联合组成的赈济委员会,定期开会,指导各段的赈济工作。段为中层组织,上面还有负责全市济贫工作的中央委员会。中央委员会统一管理全市的济贫所、医院等救济机构,是全市济贫工作的最高管理机构,也定期开会。

爱尔伯福制通过建设有效的三级工作组织,上下协调,信息畅通,使济贫工作既深入细致又灵活高效,为当代的最低生活保障制度建设和社区社会保障工作提供了宝贵的历史经验。汉堡制和爱尔伯福制后来都因为城市人口增加,济贫事务增多且日趋复杂而渐渐不再适用。德国政府不得不将建立新的安全机制与保障机制提到重要位置来思考,从而提供能够适应工业社会需要的各种社会保险制度成为新的政策选择。19世纪80年代,德国成为世界上第一个建立起社会保险制度的国家,从此,德国的社区工作模式也发生了重大变化。1892年,"新汉堡制"问世,"新汉堡制"的特点是废除分段制度,由政府通过社会福利制度统一救助贫困者,社区负责社会福利制度的具体实施,同时发挥民间社会福利组织的作用。

(三) 英、美的慈善组织协会

慈善组织协会首先产生于19世纪60年代末的英国,是为了协调各类慈善机构活动而建立起来的一类组织的总称。当时英国慈善机构林立,这些组织虽然都以募集捐款、救济贫民为宗旨,但是相互之间缺乏沟通和协调,各自为政,造成了工作上的重复冲突以及救助资源的浪费。鉴于此,英国牧师索理于1868年建议成立一个理事会,以协调政府和各民间慈善机构的活动。1869年,伦敦成立了"组织慈善救济与抑制行乞协会",后易名为"慈善组织协会"。

1877年,美国牧师哥尔亭在美国的布法罗也建立起了一个慈善组织协会。哥尔亭曾对伦敦的慈善组织协会进行过考察。他效仿伦敦慈善组织协会的做法,将贫民划分为"值得救济的贫民"和"不值得救济的贫民"以区别对待。强调对个人和家庭的救济申请进行调查,力求避免慈善机构的救济资源的浪费。对于不值得救济的贫民,哥尔亭主张强迫他们在救济院或习艺所内改变其生活方式,促使他们做到自食其力。哥尔亭在理论上还发展了机构间的合作、社区教育、个别化、适当的救济、行乞的抑制、预防性博爱及个人服务等七个概念。

哥尔亭创办的慈善组织协会后来也迅速扩展到美国的其他城市。到1892年,美国已建立起12个慈善组织协会。慈善组织协会对社会工作的发展作出了很大贡献。一方面,它在调查甄别是否是"值得救济的贫民"方面的"个别化"做法,直接导致了社会个案工作方法的产生;另一方面,它促进各个救济机构、慈善组织协同努力解决社区问题的做法,为社区工作方法奠定了基础。

二、第二阶段：20世纪20年代到40年代中期

在这一阶段的早期，社会工作是以热情帮助弱势群体、科学解决社会问题的双重社会责任，开始了其职业化的进程。

当时，工业化急速发展的进程造成的贫穷、失业和贫富差距等一系列社会问题更为突出。在社会的组织层面，一批以通过建立社区中心的社会改革为导向的睦邻组织以运动的形式出现。

在这一时期，英、美两国社会政策发展较多的仍然是针对个人的家庭服务、儿童福利和犯罪惩戒等辅导项目，一些家庭服务的志愿性机构或精神诊所开始大量聘任受过训练的个案工作者。而社会福利机构对社会个案工作的接纳也表达了当时的社会需求，成为对社会工作发展的一种导向，促使社会工作不断完善其治疗性的个案工作方法和技术，以胜任此职业。

在这个阶段的后期，由于1929年的经济危机导致大萧条状态的出现，大量的工人失业，使原有的社会问题加剧，从而导致社会政策的变化。1931年著名的罗斯福新政提出了依靠公共机构与公共资源来缓解贫困的综合性福利国家计划，用联邦政府协助福利服务体系发展来解决失业和贫穷等社会问题，以弥补以往由私人机构解决贫困的种种不足。政府介入福利服务体系的发展后，受过学校训练的工作人员更容易获得政府提供的位置，福利工作的任职出现专业的倾向。

这个时期最为显著的一个特点是出现了大规模的睦邻运动。睦邻运动强调以3R's解决贫困问题，即研究(research)，以研究支持行动；进驻(reside)，和穷人住在一起，体验其生活，了解真正问题之所在；改革(reform)，通过倡导，提高社区居民的自觉性，进而集结力量，共同改善现有的社会环境。他们根据当地居民的生活需要，提倡居民的自主自觉和互助合作的精神，强调对生存环境的改良，以有效合理地调配社会资源来帮助城市贫民为目标，自上而下有计划、有组织地帮助需要援助的穷人(约翰逊，1998；古允文，1992；豪尔，1987)。它从社会自组织角度，弥补了因政府干预不足带来的问题。

这种睦邻运动，促使社会工作在个案工作之外，发展出团体工作和社会工作两种方法。社会政策的变化打开了社会工作者的视野，他们开始试图超越以个案工作为主的传统工作模式。社会工作三大方法之一的团体工作(亦称"小组工作")因为将心理学、教育学等多学科的理论结合起来，用于探讨团体工作对社会环境的影响力和对整个助人工作的重要性，并具体运用在帮助退伍士兵的心理适应和解决儿童心理困扰的工作中，发展出了团体工作理论。社会工作的另一方法，社区工作在社会改革(social reformer)与行动主义(activities)的层面的努力也得到认可，同样获得了较好的发展。在睦邻运动中，他们采用"爱尔伯福制度"，将城市分成若干个小区，由每个小区组成的志愿委员会负责救济的分配。1939年，莱恩领导的研究小组在美国社会工作会议上提交了一份《莱恩报告》，使社区组织的理论、哲学为大家所了解，使社区工作方法为大家所接受，从那时起，社区组织与社会个案工作、社会团体工作同列为社会工作的三大基本方法。

个案工作、团体工作和社区工作这三个原本是独立发展的社会工作方法，在注重理论发展的同时呈现出一种整合的趋势。

三、第三阶段：20世纪40年代中期到60年代初期

二战后，西方社会与经济空前发展。然而，都市化、工业化、高科技及社会变迁，导致富裕社会中的贫困问题反而加剧。战后军人的安置、黑人暴动、妇女争权、儿童教养、老年人安置等新生的社会问题与社会发展形成互相冲突的矛盾。

从20世纪50年代起，西方国家纷纷宣布建成了"福利国家"，于是，一系列解决老人福利、劳工失业、军人服务和积极性救助等旨在全盘改进福利制度的"新探求"社会政策相继颁布。特别是联邦反贫穷计划提出由几个不同的管理机构者联手办理一些大的项目，这些计划的许多方面都涉及社会工作专业，同时也强调福利计划在社区的发展和推进。

社会政策的改变带来了对于社会工作的大量的需求。政府的卫生机构、医疗机构和家庭、矫治机构和学校、社区开始引入团体工作者。在组成社区基金会、社区委员会的过程中，社区工作的方法正在发挥作用。因为单纯的个案工作方法难以应付广泛的和严重的社会问题，因此社会工作真正超越了此前由个案工作方法为主导的局面。社会工作的一些基本概念和方法不仅在个案工作中，同时在团体工作和社区工作中也得到充分运用。反贫穷计划在福利服务实践层面提供给个案工作、团体工作和社区工作三大方法的联合契机。1955年，作为大联合标志的社会工作人员协会（NASW）成立。

四、第四阶段：20世纪60年代到70年代中期

20世纪60年代起，西方福利国家普遍进入迅速发展的时期。高速的经济增长使人们享受到有史以来最优厚的生活保障与福利服务，但同时也因福利经费的膨胀潜藏着新的福利危机。在美国，由于政府坚持越战，整个社会意识形态的主流关注的是生存环境及公民权利。

最早的针对危机的社会政策的调整，是1963年美国约翰逊时代所谓"大社会"运动的庞大计划提出的，它包括了教育、训练及提供就业机会等一系列协助穷人使之获得自立的社会福利服务政策。同时，政府开始削减福利经费，并强调资源使用的有效性，这与发展社会福利服务形成了矛盾。

社会环境和社会政策的变化对于社会福利服务形成了冲击，因为受助者的问题已经从一般的物质需要转到对社会环境和基本权利等精神需要的层次，以往关于人的问题成因的主流性解释和强调个案治疗性的方法，已经不能令人信服。

社会工作在自身发展上开始寻求对传统的社会工作方法的突破和选择新的理论立场。社会工作人员开始运用系统理论，提出整合观点，探讨将不同的方法结合到一起来解决问题的一体化新途径。

五、第五阶段：20世纪70年代中期至今

20世纪70年代开始，因石油危机的冲击，西方国家的经济发展进入了滞胀时期。经济增长的急剧变化和不稳定，导致社会问题丛生。

在社会政策的层面，由于福利国家理论受到普遍的质疑，在新经济政策影响下形成了新的"经济复兴计划"和社会福利政策。美国政府开始提倡"小政府"计划，以减少政府的直接服务，鼓励福利服务私营化。

公众意识形态开始提倡和号召"抑制欲望""限制所得",人们也因此去考虑资本主义和福利国家的关联。在文化价值和哲学思想上,又充满了对自助和互助传统伦理的"复古"情绪。在此冲击之下,促进了人们对于人与社会自身的再度反思,形成了多元化的意识形态。这又促使社会科学领域更多的边缘性和综合性学科的形成。

社会工作的一些概念和理论体系在这段时间已经获得了发展完善。受到多元意识形态的影响,一方面是以不同的理论支持来提出对社会工作的解释,如在这个时期得到发展的"生命模式"(life model)就是以行为科学和生态的观念作为专业助人的理论依据。同时,各种治疗性的社会工作方法,如行为矫正取向(behavior modification)、任务为本取向(task-centred approach)以及家庭治疗(family therapy)、精要治疗(brief therapy)等,将已有的社会工作的方法与模式推向更专精的方向。另一方面,在激进主义思潮的影响下,也出现了激进社会工作取向和结构社会工作取向,对传统的社会工作的目标发起了背道而驰的挑战。

总之,在这个动荡的年代,社会工作更注重从不同的学科、学派的理论中吸取营养,建立严密的理论论述和程序,向多元化、综合化,同时又更为专精的方向发展。

回顾社会工作的发展史可以看到,多少世纪以来我们一直都有向弱势群体和个人提供的服务,例如早期基督教教堂经办的对病人和穷人的照顾,以及16世纪和17世纪实施的伊丽莎白济贫法。可以这样说,社会工作方法是从慈善事业或者社会福利中发展出来的,进入20世纪,社会工作变得越来越正规,经过几个世纪的发展,变成了一个专业。几十年来社会工作得到了迅速的发展,据美国人口普查局提供的资料,1970年,美国有216 000名社会工作者,其中136 000人是女性,80 000人是男性;1995年,美国的社会工作者达到了500 000多人,其中三分之二为女性;到2005年,美国的社会工作者达到了650 000人,十年期间增长率超过了30个百分点。

模块五 社会工作在中国的发展与实践

专业社会工作是西方社会的产物,19世纪末20世纪初社会工作在英美等发达国家发端,而中国的社会工作起步较晚,水平较低,大致可以分为三个时期。

一、社会工作学科在中国的萌芽及初步发展

社会工作在中国的萌芽是与社会学的传入相同步的。鸦片战争后,帝国主义列强加紧了对中国进行经济、文化的侵略,西方教会不但大力传播基督教教义,而且由宗教事业推广到"慈善"事业和文化事业,如开设教会学校、选送出国留学生等。中国赴美留学生中最早进行社会工作研究的当推朱友渔,他于宣统三年(1911年)在哥伦比亚大学社会学系获得哲学博士,其博士论文为《中国慈善事业》,回国后曾在上海圣约翰大学任社会学教授。1913年上海私立沪江大学,由美国教授葛尔溥创立社会学系,并于1917年由他主持创立了"沪东公社",在上海杨树浦一带工人社区从事社会服务工作,涉及职业指导和职业介绍、卫生运动、个人家庭改良、宗教活动等工作。

20世纪二三十年代,随着现代意义的社会工作开始在我国萌生,与社会工作相关的专业团体相继成立。1913年11月,由北京青年会的积极分子发起,以社会服务为宗旨,成立了

北京社会实进会;1919年11月,北京青年实进会创办旬刊《新社会》,由郑振铎、瞿秋白、耿匡、瞿世英、许地山等负责编辑和撰稿,发表了一批有关改造社会、提倡社会服务、讨论社会问题、介绍社会学说、研究贫民教育、述写社会实况等方面的文章。此外,还有北京社会学会、中华教育文化基金董事会社会调查部等团体介入了社会工作的推广。1922年,燕京大学社会学系创建时,分理论社会学与应用社会学两个学科,注重培训社会服务专业人才。1925年,该系改称"社会学与社会服务系",仍侧重于实际应用方面,开设了"个案工作""精神健康社会工作""团体工作""社会行政"等14门课(吴桢:《试论社会工作的职业化专业化》,《江海学刊》1989年第3期),为各社会服务机关、团体培养社会福利工作者。金陵大学在1948年以前设立社会工作组,隶属于社会学系。1946年,社会工作在联合国善后救济总署社会工作组的支持与帮助下,拨给了相当数量的物质,支援了不少师资,培养了十余名社会工作研究生,又于1948年单独成立了社会福利行政系,招收了社会工作本科生,成为中国唯一的独立的社会工作系。其他如东吴大学、金陵女子文理学院、复旦大学、齐鲁大学、清华大学、辅仁大学等许多大学,也都有"社会工作""社会福利行政"等课程的设置。

二、社会工作专业的中断及其后果

中华人民共和国成立后,政府面对旧的社会制度遗留下来千疮百孔的社会现实,采取了一系列带有社会福利性质的政策和措施,主要包括对职工的社会保险、对公民的社会救济及社会福利、对军人及其家属的社会优抚等。1950年,中央有关部门陆续制定了《革命军人牺牲病故褒恤条例》等五个优待抚恤条例;1951年2月,政务院颁布了《中华人民共和国劳动保险条例》等。在农村,国家通过土地改革使农民获得了土地,又通过互助合作运动,逐步建立了一定规模的集体所有制经济,从而分得了生活资料。在集体经济发展的基础上,集体从全体社员创造的收入中提取一定的"公益金",兴办一些集体性质的福利事业,如"五保"制度和其他扶贫救济制度。这些法令和措施对保障劳动者的基本权益,调动广大职工建设社会主义的积极性,起到了巨大的促进作用,也为新中国社会工作的发展积累了宝贵的经验。

1952年的"院系调整"取消了社会学系和社会福利行政系,从此社会学和社会工作的课程在大学里消失了。虽然民政等部门和工会、青年团、妇联等社会团体一直在从事一部分与社会工作内容相近的实践工作,与此同时,一些社会团体与实际工作者根据工作的需要,也撰写编辑了一些与社会工作有关的书籍和资料,但是,社会工作的专业教育和研究实际上被中断,结果使专业化的社会工作一直未能得到发展;我国社会事业的发展逐渐变为缺乏学科指导的艰难摸索,我国的社会工作也变为缺乏专业化规范的以政治性、政策性和伦理道义性为取向的工作。

到1979年为止,社会学和社会工作专业在中国大陆中断了近30年。正是这个时期,西方国家伴随着50年代后半期出现的科技突飞猛进和经济迅速增长,大力发展福利事业,社会工作有很大的发展,社会工作向规范化发展的趋势有了进一步的加强,并且逐步扩大了社会工作的范围,使社会工作成为一种由政府或私人社团所举办的广泛性的社会服务工作。20世纪五六十年代,美国大学纷纷成立社会工作学院和系科,设立学士、硕士、博士等专业学位,极大地提升了社会工作的理论指导,使之在服务实践上有了明确的目标与方向,在组织管理上有了比较专门的方法和专业的队伍。特别是由于系统科学、计算机等方法被引进社会科学领域,使许多社会现象易于量化,从而提高了社会工作者研究、预防和解决社会问题的能力。相比之下,中国的社会工作教育却因被长期取消而在专业理论上和实践上都大大落后于发达国家甚至某些发展中国家。

社会工作专业在中国之所以被取消,主要是由于"左"的指导思想,片面理解社会主义社会没有社会问题所致。事实上,社会主义社会仍有社会问题,如失业、犯罪、贫困、自然或人为的灾祸等。正是有各种各样的社会问题,社会工作是不可缺少的。而我国有许多实际部门的工作人员,虽然穷于应付各种社会问题,但他们没有受过社会工作专业训练,不懂得用现代化行政管理的理论与方法从事自己承担的工作,和自己的工作对象打交道,因而工作质量较低。这是多年来否定社会工作教育的必然结果。

三、社会工作专业的恢复和发展

1981年,由费孝通指导和主持,在组织编写《社会学概论》的过程中,决定在书中增写"社会工作"作为独立的一章,开了我国恢复社会工作教育的先声。之后,上海大学、北京大学、南开大学、中山大学、中国人民大学、山东大学等先后建立起社会学系,在相关的教学计划中,也开设了社会工作的课程,如个案研究法、民政概论、劳动问题、人口问题、社会保障等,以适应一部分本科生和研究生(包括硕士和博士)的需要,培养学生从事社会工作,使他们具有研究和解决社会问题的能力。

1985年,北京大学社会学系向国家教育委员会提请设置社会发展计划与管理专业;1986年,教委同意社会学系增设社会工作与管理专业。这就为恢复中断近30年的社会工作专业教育创造了前提条件,即得到了国家的重视和肯定,从而填补了社会工作教育的空白,弥合了社会工作人才的断层。随后,中国人民大学、吉林大学、厦门大学等高校也相继开办了社会工作与管理专业。社会工作教育又正式纳入了学科化的发展轨道,社会工作专业也由此在我国重新得以确立。特别是20世纪90年代后,不少国家教委直属院校和地方院校也陆续开设了社会工作课程,一些部属院校和地方院校都建立了社会工作系。1994年,开设社会工作课程的学校成立了中国社会工作者协会。社会工作专业的设立,一方面表明我国有了社会工作的专业团体和教学研究队伍;另一方面标志着我国的社会工作专业从此进入了新的发展阶段,社会工作者的队伍结构也有明显的变化和提高。

社会工作在未来必然会快速发展起来,其主要推动因素有以下几方面:人们依靠亲属群体解决困难的手段日益弱化;来自政府部门的支持力量在逐渐增加;体制改革带来社会服务的职能回归社会;与市场经济发展相对应的某些社会层面的发展;专业社会工作在中国的恢复、发展、壮大走上了规范化的道路。

附:社会工作守则

本我所知	尽我所能	竭诚服务人群
忠恕宽厚	无私无我	善待服务对象
勤劳节俭	质朴坚毅	工作实事求是
激发动力	号召参与	处处推展服务
尊重人权	严守秘密	谨慎处理资料
庄敬独立	谨言慎行	保持职业尊严
协调联系	兼容并蓄	尊重有关专业

敬爱同人　互助合作　检讨语诚意挚
切磋技能　钻研新知　时时充实自我
贫贱不移　威武不屈　终生奉献工作

——来源：中国青年政治学院社会工作学院

课后实训题

受助者王伯伯现年73岁，在老年活动中心社工来访前一年患上了早老性痴呆症。王伯伯在60岁那年丧偶，但随即与一位小他12岁的韦老太结婚，韦老太现年61岁。社工对其进行家访时，受助者穿着整齐，在整个家访过程中不发一言，只是每当韦老太走动时，受助者一定会跟随其左右。社工了解到，韦老太发觉受助者有病源起于一年多前，一次受助者外出购物在返回时迷路，最后由民警护送其回家。民警建议韦老太陪受助者到医院检查，经诊断后，医生告诉韦老太受助者可能患有早老性痴呆症。但受助者的两个女儿不相信父亲患此病，韦老太也告诉社工有她的精心照顾，相信受助者很快会恢复健康。两个星期以后，社工再度上门家访，发现王伯伯病情开始恶化，行为愈加怪异，不光是寸步不离韦老太，还每隔数小时便吵着要更换衣服一次，坚持所有衣物都要彻底清洗干净才可再穿。韦老太也渐渐明白，老年痴呆症是一种不可逆转的病症，而她自己也由于日夜照顾病人显得十分憔悴，时时流露出一种孤寂无助的焦虑、无奈和担忧，尤其是担心她一旦病倒后王伯伯便无人照顾。在这种情形下，社工便开始与她一起商讨、制定长期照顾王伯伯的方案，方案的内容包括韦老太对有关老年痴呆症的预防和照顾知识的获得、王伯伯照顾支持网络的建立、当王伯伯病情严重恶化时入住养老院的选择，等等。

问：在这个案例中，(1) 受助者是谁？(2) 社会工作者扮演了什么样的角色？

项目二

社会工作的价值与价值观

社会工作是一项助人的专业和职业,受特定的专业价值和伦理的约束。这些价值观和伦理,既有专业自身长期发展和积淀起来的伦理思考和道德操守,也有在不同文化和制度背景下社会工作发展所具有的价值偏好和伦理规范。社会工作在当代中国的发展历史比较短,其价值观和专业伦理正在逐步形成、建立并成熟,对促进专业化和职业化目标的实现至关重要。

【学习目标】
- ◆ 了解社会工作的价值体系
- ◆ 掌握社会工作者的专业价值观
- ◆ 理解社会工作实务中的伦理困境
- ◆ 掌握应对社会工作实务中伦理困境的策略

【案例导入】

美大学生杀女友案

美国一位大学生告诉他的精神治疗师,他想杀死他的女朋友。精神治疗师把此事通知了学校警察,却没有通知大学生的女朋友和她的父母。学校警察把这位大学生请来,问了他一些问题,然后就让他回家了。警察的结论是:"他显得有些不理智。"不久,这位学生真的杀死了他的女朋友。女孩子的父母向法院起诉这位大学生的精神治疗师。法院作出如下裁决:

当医生或精神治疗师发现,为了阻止其病人某种危险行为而必须给以警告时,他就负有法律的责任发出这个警告——警察应该保护治疗者与被治疗者之

> 间的保密性原则,但是,如果一味地保密有可能让某些危险得以发生时,那么阻止危险的发生就是第一位重要的,而保密原则是第二位重要的。当某种危险即将发生的时候,保密的原则就不再有效了。
>
> 思考：法院的裁决依据是什么？社会工作者应该树立怎样的专业价值观？

模块一　社会工作的价值体系

社会工作起源于西方,戈登、比斯台克等社会学家有各自受认可的社会工作价值体系,在国际社会工作界把社会工作价值归纳为服务、社会公正、个人的尊严和价值、人类关系的重要性、诚信和能力。在操作层面社会工作价值观可以概括为接纳、尊重、个别化、自决权和知情同意、保密、不批判。

我国的社会工作价值体系是依据国情,并在吸收国际社会工作发展成果的基础上,根据构建和谐社会的需要和当前社会工作的发展特点形成的,在建设方面还要注重强调社会和谐、保持家庭和谐和稳定是我们社会的主流家庭观念、注重服务的"人情味"、重视道德建设、体现社会发展的要求。

社会工作的价值是指社会工作者在专业实践活动中所表现出来的价值倾向的要求和规定。社会工作价值是人类社会价值体系的组成部分,它在社会工作活动范围内引导和规范社会工作者的行动。但是必须说明的是,在社会工作者与受助者的互动过程中,所涉及的并不只是社会工作范围内的价值。他们之间的活动首先是人与人之间的交往,然后才是专业关系。所以,社会工作价值必须在人类基本价值的基础上发挥作用。

与其他助人的专业相比,社会工作是一个特别强调价值在专业活动中的作用的专业。人类的所有行为都包含着一定的价值倾向,这是由人类的社会本性所决定的。但是,不同专业由于其专业目标不同,价值在其专业活动中所发挥的作用也是不同的。

社会工作之所以特别强调价值的作用,是因为社会工作作为一个服务于人的专业,在专业服务过程中价值取向直接影响着专业目标的实现。因为不同的价值取向,就会导致不同的专业行为,也就进一步导致不同的结果。

一、西方社会工作的价值体系

价值作为一种观念形态受到一定的历史、社会、文化和区位等条件的影响和制约。社会工作作为解决社会问题的手段,在不同的国家,用以指导社会工作实践的价值体系也必须是有差异的。因为不同的国家其基本的价值是不同的,在不同的价值体系中,对人、对社会的看法都有很大的差别,价值的差异性表现在不同的文化体系对群己关系的认知是不同的。在个人主义占主导地位的西方国家里,价值的核心是个人;而在东方文化体系中,特别是在中国传统文化中,价值的核心是群体,"国家同构"的历史传统在中国社会的价值体系中占据着十分重要的地位。我们在探讨如何建立中国现代社会工作价值体系之前,有必要对源于西方社会的社会工作价值体系进行考察。更何况,在某种意义上,我们今天所接触的社会价值体系基本反映了发达国家主流文化的价值观。在日益全球化的今天,我们也有必要通过对西方发达国家社会工作价值体系的参考和借鉴,来寻求和达成社会工作的国际通则,求大同存小异,建构顺应已经开放的社会主义市场经济的具有中国特色的社会主义价值体系。

(一)西方社会工作价值产生的社会根源

在西方社会里,社会工作与资产阶级的发展是同步的,其价值观也必定与资产阶级的价值观有着密不可分的渊源。西方社会工作价值植根于西方资产阶级的文化当中,高举理性旗帜,求民主和科学,崇尚自由、平等、博爱,构成了西方资产阶级文化的核心价值观念。这些价值观源于古希腊、古罗马和希伯来文明,以及基督教的博爱思想,形成于资产阶级宗教改革运动、文艺复兴运动和社会改革运动,确立在资产阶级夺取政权之后。在资产阶级工业革命之前,贵族阶级的价值观在西方社会占据着统治地位。其核心内容是人的价值是先天决定的,而且是不可更改的。这种价值观是服务于贵族世袭制度的。资产阶级革命以后,随着资产阶级经济地位的不断提高,他们在政治上也在不断争取提高地位。资产阶级在争取提高政治地位的道路上所遇到的第一个障碍就是贵族阶级的价值观。因为人的价值是由先天决定的这种观念,决定了资产阶级作为一个新兴阶级不可能取得统治地位。因此,资产阶级要取得政治地位,就必须提出自己的价值观念体系,并使之取代贵族阶级的价值观念体系。为此,资产阶级提出了政治平等和一个人的出生环境并不决定其未来生活的可能性的思想。其基本的价值观念就是当一个人被确认对他人是有用的和可贡献于社会福祉时,他才是有价值的。他们相信人是有潜能的,是可以发展的,人都应是有用的,是自由的。资产阶级的这种价值观念就成了社会工作价值体系的基础。其中一个最典型的特征就是个人在社会工作价值体系中占据着核心地位。社会的目标就是帮助个人获得幸福美满的生活。社会工作专业价值就是在这种价值体系中形成的。

(二)西方社会工作的价值基础

从社会工作产生的社会根源中,我们可以看到,包含着资本主义精神的新教伦理、资产阶级在反封建斗争中铸就的有力思想武器——人道主义和人类普遍追求的社会福利观念构成了西方社会工作价值体系的基础。

产生于16世纪的新教伦理经过西方宗教改革运动的锻造、18世纪法国思想启蒙运动的熏陶和资产阶级革命的洗礼,逐渐成为资本主义上升时期中产阶级的价值追求和人格特征。新教伦理的核心教义是针对天主教充满等级的教义提出的。新教伦理认为:信徒在上帝面前是平等的,人人可以得救,只要信奉上帝,每个信徒都可以成为祭司而无须通过神职人员的帮助;每个信徒都有在宗教生活中彼此照顾相助的权利和义务,都有传播福音的天职。这就冲淡甚至取消了神职人员与一般信徒之间的差别。韦伯在他的《新教伦理与资本主义精神》一书中,通过比较丰富的新教徒宗教行为与经济行为的经验统计资料,论证近代资本主义的产生与新教伦理有着一种内在的亲和关系。他指出,在加尔文教的"预定论"的威慑下,新教徒把做好世俗职业工作视为一切都是为了增加上帝荣耀的"天职观"。在这种天职观的促使下,教徒们勤勉于世俗职业劳动,杜绝享乐以至于禁欲,在经济活动中工于算计,因而积累了财富,在竞争中处于有利地位。中产资本主义的这种人格特征,作为一种世代相传并在社会中广泛风行的社会精神气质,实际上就是"资本主义精神"。近代资本主义的产生正是以新教伦理中的资本主义精神作为支撑,这种包含在新教伦理中的资本主义是欧洲理性主义长期发展的产物。这一思想不仅奠定了韦伯宗教社会学理论的基本构架,成为理解其整个社会思想体系的一条主线,而且形成了自由、民主、平等、自主价值观念产生的重要基础。

人道主义是关于人的本质、使命、地位、价值和个性发展等的思潮和理论。人道思想是随着人类进入文明时期萌发的,而人道主义作为一种时代的思潮和理论,则是在15世纪以后逐渐形成的,最初表现在文学艺术方面,主要是指文艺复兴的精神,以及要求通过学习和发扬古希腊、古罗马文化,使人的才能得到充分发展。这是新兴资产阶级提出的一种包含有深刻内容的追求和理想,后来渗透到其他领域。直到19世纪,人道主义始终是资产阶级建立和巩固资本主义制度的重要思想武器。人道主义继承和发展了古希腊人道主义的精华,冲破了中世纪教会统治下以神为中心的思想束缚,主张人是自然的一部分并能支配自然,认为追求快乐是人的天然权利和社会发展的动因。人类可以进行自由创造、争取个性解放和建立公正的社会制度,无情地批判了封建教会视肉欲和世俗生活为罪恶的禁欲主义。在资本主义上升时期,人道主义的历史功绩就在于:直接触发了16世纪的宗教改革,动摇了中世纪封建统治的基础,为资本主义的发展奠定了思想基础,弘扬了科学和理性的光辉,促进了科学和社会的进步,以抽象的形式提出了"人""人权""人性"和"人道"等概念。这些不仅是反对封建礼教文化的锐利武器,而且构成了人类优秀文化的组成部分,是人类进一步推动文化发展和思想进步所必需的养分。有研究者将以人为中心或为本位的人道主义哲学价值理念概括为四个组成部分:(1)哲学上的人本主义,它是以人为本位的,而不是以神或别的什么为本位;(2)经济上的自由主义,人道主义是自由经济发展的思想基础;(3)政治上的民主主义,是民主政治发展的理论基础;(4)伦理上的人道主义,承认人与生俱来的一切权利,包括在经济、政治、文化等方面的全部权利。

社会福利是国家和社会为增进与完善成员尤其是困难者的社会生活水平并尽可能提高他们的生活质量。狭义的社会福利是指当社会成员因年老、疾病、生理或心理缺陷而丧失劳动能力、出现生活困难时向其提供的服务措施;广义的是指为了改善和提高全体社会成员的物质生活和精神生活而采取的各种社会服务措施。社会工作一般从狭义上来理解社会福利。社会福利制度是受社会福利观念指导和决定的。产生于宗教和社会改善运动的福利观念是社会工作的灵魂。18世纪中叶以后,西方国家的工业化、城市化、社会分工化的进程加快,随之带来了贫穷、伤残、失业、犯罪等日益严重的社会弊病,劳资冲突等社会矛盾大大加剧。家庭、私人慈善组织、社会团体无力解决与日俱增的社会问题和福利需求。资产阶级学家、社会学家开始寻找产生社会弊病的原因和解决办法。19世纪初叶,空想社会主义设计并亲自实践了一系列社会改革的方案,试图建立平等、幸福、和谐的理想社会,提出了改革劳工待遇、增进社会福利、消灭贫穷的主张。虽然在18、19世纪社会福利工作受到自由主义的影响,认为贫穷是个人无能和懒惰所致,应由个人负责,国家不负救济和帮助贫穷者的责任和义务,私人可以举办社会救济和社会福利而不受国家干预,但是从19世纪末20世纪初开始的慈善组织运动的兴起和睦邻组织的建立,社会福利终被列入国家的社会制度和社会政策的范畴,并建立了现代福利观念:国家有责任通过抚养病人、老年人、残疾人及儿童,使他们摆脱就业竞争;有责任保障有生存能力者的生活;国家应保障最低国民生活水平。在工人运动的有利推动下,国家干预社会福利,政府介入对贫穷、失业、疾病等问题的处置,以广泛的社会福利规划和措施提供基本经济保障和社会服务。在某种意义上,社会工作专业自产生之日起就充当着社会福利制度代理人的角色,其价值观念的基础当然建立在社会福利观念之上。但是,今天的社会工作专业已经远远超出社会福利制度代理人的角色,它既负责对个人、家庭和群体发送服务,又要顾及提供这种服务的制度结构,即它还肩负着"创造、维持和改革它在其中运作的制度环境"的任务。因此,社会工作的价值观念比社会福利制度的价值观念还要丰富。

(三) 西方社会工作的价值体系

社会工作强调价值在社会工作实践中的作用,强调在社会工作实践中利用价值解决社会问题。西方社会工作在长期的专业实践中,形成了一套完整的价值体系。由于美国社会工作在西方现代社会工作发展史上占举足轻重的地位,同时,我国社会工作理论和教育接触到的也多是美国以及受美国影响较多的港台社会工作文献和学术交流,因此,我们着重介绍美国社会工作的价值体系。

像其他西方文化一样,美国社会的价值中心也放在个人上。在美国占统治地位的社会价值至少有四个源泉,它们是:(1)基督教的教义及其人类的整合价值和对其邻里责任的概念;(2)强调人人平等和人的"生活自由与追求幸福"的权利的民主观念;(3)新教伦理强调个性就是一切,环境一钱不值,道德君子是勤奋工作并具有独立人格的人,追求享受是一种罪恶;(4)社会达尔文主义的教条,强调在自然进化过程中的优胜劣汰机制会造就坚强的个人和社会。

社会工作起源于西方,目前在大多数西方国家已经达到比较成熟的水平,社会工作价值观也比较稳定。例如,戈登于1965年提出的社会工作价值体系包含六个方面的内容:个人应该受到社会的关怀;个人与社会是相互依赖的;每个人对他人都负有社会责任;每个人除了具有人类共同的需要外,也是独特而异于他人的;民主社会的基本特质,在于每个人的潜能都能充分实现,同时也意味着个人应当通过社会参与而尽到其社会责任;社会责任提供途径以消除自我实现的障碍,以便个人的自我实现得以完成。

再比如,比斯台克于1967年提出的社会工作价值体系包含九个方面的内容:人的潜能,人的责任,人的权利,人的基本需要,社会功能,社会的责任,社会的权利,个人对社会的责任,人的自我表现抉择权利。

美国社会工作人员协会于1958年提出了社会工作专业的六个基本价值:(1)个人是社会的首要关注对象;(2)个人与社会是相互依赖的;(3)每个人对他人都负有社会责任;(4)每个人都有人类共同的需求,每个人也有独特的、不同于他人的需求;(5)一个民主社会的基本特征是使每个个人的潜能得以充分实现,并使个体通过社会参与来承担他的社会责任;(6)社会有责任为个人提供克服障碍的机会和防止出现新的障碍的机会。

美国社会工作者协会还对社会工作者提出以下必须遵循的十项基本价值原则:(1)在社会中人是最重要的;(2)尊重受助者,建立与受助者相互信任的关系;(3)赞成发起社会变化以满足社会需要;(4)赞成把个人的情感、需要与专业关系区分开来;(5)愿意向他人传播知识和技能;(6)尊重和肯定个人与群体之间的差异;(7)赞成发展受助者的能力、帮助受助者自助;(8)有决心克服重重困难、坚持为受助者服务;(9)致力于提高社会公正水平,为全体社会成员谋求幸福;(10)追求个人和专业的高标准的行为。

为此,美国社会工作教育委员会指出,社会工作专业教育应该向学生传授六个价值和原则:(1)社会工作的专业关系是建立在尊重人的价值和尊严的基础之上的。通过相互交往、认同、信任,以及负责任地处理矛盾与冲突,这种关系得到进一步的加强。(2)社会工作者尊重受助者作出独立选择的权利,并积极地参与帮助受助者的过程。(3)社会工作者致力于帮助受助者获得所需要的资源。(4)社会工作者致力于促进社会系统更人道、更有效地响应人们的需要。(5)社会工作者表现出对各种差异群体的尊重和接受。(6)社会工作者对自己的行为及所提供的服务的质量负责,并不断提高自己的专业知识和专业技能水平。

因为价值观是社会工作实务的重要内容,因此,社会工作教育首先应该帮助学生澄清他们各自的价值观,然后帮助他们培养社会工作的专业价值观。

这些价值的规定充分反映了美国的文化特征。尽管美国社会也强调个人对社会、对他人的责任,但是个人被看作是价值体系的核心。社会的责任就是帮助个体获得满意幸福的生活,为个人价值的实现提供条件。个人也就当然地成为社会工作的价值核心。但是,社会工作作为一种助人的专业,每一个社会成员都是它关心的对象。因此,每一个社会成员彼此之间的社会需求必须达到一种平衡,一种与社会发展水平相适应的平衡。

所谓社会成员之间需求的平衡包含着三层含义,其一,当个体在使自己的需求获得满足时,不能侵害他人的利益;其二,每一个个体都有义务帮助他人去实现自我;其三,社会成员之间需求的平衡必须是与社会发展水平相适应的。一旦产生了超越社会所能提供的资源范围的需求,如果要实现它,就会损害公众利益。因此,每一个人的价值的实现都是有限地实现,而不可能无限地实现,否则就会因一个人价值的实现,而损害他人的利益。

二、中国社会工作的价值体系

在中国,占统治地位的社会价值观主要源于以下八个方面:(1)儒家学说的政治伦理和家庭伦理;(2)佛家学说的行善积德劝化;(3)墨家学说的勤俭和兼爱;(4)道家学说的清静和无为;(5)西方文化的科学和民主观念;(6)马克思主义的平等观念;(7)毛泽东的民族自立和艰苦奋斗思想;(8)邓小平的中国特色的社会主义理论。

中国有着几千年的文明传统,在中国传统的价值体系中,家庭是一个十分重要的概念,甚至可以说是中国传统价值体系的核心。中国传统社会结构的一个最显著的特征就是"家国同构"。在这种社会结构中,其社会价值体系往往将家庭视作一种绝对价值,个人的价值选择必须服从家庭的利益,个人的价值只能在家庭的范围内实现,同时家庭也是实现个人价值的重要手段。社会对一个人的价值的认同也是以家庭为前提的,社会为个人的发展规定了一个固定路线,那就是"修身、齐家、治国、平天下"。"平天下"是个人发展的最高目标,但是要实现这个最高目标,又必须通过"家"和"国"这两个层次。这是一个人发展的必然顺序。引导一个人沿着"家、国、天"道路发展的是一个"孝"字。由孝而发展为五伦关系:君臣、父子、夫妻、兄弟、朋友。五伦关系构成了中国传统社会的一个完整、封闭的社会网络。每一个人都必须以这个网络为依托,去实现个人的价值。因此,在中国传统的价值体系中,没有形成个人的概念,只有家的概念,由家又进一步扩展为社会。所以,中国传统社会的价值体系的核心是家庭。而家庭作为价值体系核心的意义又在于维持社会体系的平衡。所以,个人价值的最终指向是社会,并且个人价值不可能脱离价值体系的深厚影响。

在现代中国社会里,价值体系虽然发生了很大变化,但是传统的价值观念仍然发挥着重要的作用。所以,现代中国社会的价值体系是一个不断发展变化着的价值体系。在其发展变化的过程中,一方面,马克思主义价值体系及在此基础上共产党三代领导核心继承和发展的具有中国特色的社会主义价值体系主导着社会工作和大多数人的价值观念;另一方面,西方社会的一些价值观也随着西方先进科学技术的输入,而不断地涌入中国。例如,关于个人自我实现的观念,在青年一代中已经产生了广泛的影响。同时,市场经济的发展使许多西方经济观念也在中国产生了广泛的影响,如时间效益观念等。中国现代社会价值体系的复杂性使中国社会工作价值体系的确立变得更为复杂。因此,中国社会工作价值体系的发展必须在借鉴西方社会工作价值的基础上,根据中国社会主义制度的国情特点,确立发展社会工作价值体系的原则。

在中国现代社会里,发展社会工作价值的一个根本的焦点是社会价值取向与个人价值取向的冲突。传统的价值取向是家庭、社会,受西方社会影响,人们对个人价值的认识也在不断加深。目前,社会所倡导的仍是社会取向的价值观,但是也并不否认个人价值的实现。因此可以说,目前中国社会工作价值应在社会与个人之间取得平衡,那就是在不危害社会安全、不侵犯他人利益的前提下,个人价值的合理实现。社会既有责任为个人的发展提供资源与保证,个人也有责任为社会的发展贡献自己的力量,主动参与社会发展。我国的社会工作是依据我国国情,并在借鉴西方社会工作价值、理论和方法基础上逐步发展起来的。我国社会工作职业化是在执政党和政府直接领导和推动下开始起步的,加上传统文化对当代社会的影响因素,使得我国社会工作价值观的内容必然有自己的特色。经过了近40年的改革开放,我国政治经济和社会生活各个领域都发生了巨大变化,社会主流价值也由计划经济时期单纯强调国家和集体利益而忽视个人利益转变为三者并重,社会生活中多元文化并存。在吸收国际社会工作发展成果的基础上,根据我国构建和谐社会的需要和当前社会工作的发展特点,在社会工作价值体系建设方面还应当注重以下五方面内容。

一是强调社会和谐。个人的价值和尊严应当建立在人们共同发展过程中的平等尊重、相互支持的基础上,应体现于密切的社会关系之中。基于文化传统和社会政治制度,相对于西方社会对个人尊严自由的推崇,我们应该更加强调社会和谐。

二是保持家庭和谐和稳定依然是我们社会的主流家庭观念。西方文化注重个人自由,我国传统文化和现实的社会生活比较注重家庭的价值。因此,相对于西方强调人们的个人尊严和权利,我国应更加强调家庭成员之间的彼此宽容、相互支持和相互依赖。

三是注重服务的"人情味"。"人情味"是我国传统文化中很有特色的内容。它以仁爱为基础,体现了我国人民自古以来就重视社会交往中的情感支持和情感依赖。当前,在以理性和社会责任为基础的民主建设中,我们的"人情味"将会是当代人类关系特征的重要补充。社会工作关注人的感受,关注人类关系,就不能不重视"人情味"在我国社会工作价值观中的作用。

四是重视道德建设。我国是礼仪之邦,是道德社会,特别注重道德的力量。当时中共中央提出的"八荣八耻"不仅是对社会公德的高度概括,也在一定程度上反映了我国当前社会的意识形态,其价值核心也一定成为社会工作价值观的基础之一。

五是体现社会发展的要求。经济社会协调发展是我国社会当前最重要的目标,社会工作价值观也应该对此有所反映。社会工作价值观应随着经济与社会发展、社会意识形态的发展变化而适当调整。要立足本土、着眼发展才能满足不断出现的新的社会需求和问题。

模块二 社会工作者的专业价值观

社会工作价值观是社会工作实践的灵魂,是社会工作者的精神动力。作为一种专业价值观,它的基础是社会主流价值和社会工作专业的独特追求。一般而言,社会工作价值观是指一整套用以支撑社会工作者进行专业实践的哲学信念,以人道主义为基础,充分体现了热爱人类、服务人类、促进公平、维护正义和改善人与社会环境关系的理想追求,激励和指导着社会工作者的具体工作。

一、社会工作价值观的作用与发展

社会工作价值观的作用分为理论作用和实践作用:理论作用主要是构成专业社会工作的必要条件之一,是确定社会工作专业使命或目标的根据,是专业教育的核心内容;实践作用主要是社会工作者的实践动力,通过社会工作专业伦理标准这种形式,可以知道社会工作者的实践是促使社会工作者个人成长的有效力量,也是维系社会期望和社会工作专业服务关系的关键。

从社会工作和发展的历史看,社会工作的价值并不是始终如一的。社会工作的产生源于一定的宗教价值和社会福利思想。因此,社会工作早期的价值深受宗教价值和福利思想的影响。在社会工作专业化和世俗化的过程中,社会工作的价值也从宗教价值逐渐过渡演化为以科学和知识为基础的专业价值。夏学銮曾较为系统地考察了社会工作价值观的演化过程,将社会工作价值观演化过程划分为三个阶段。

(一) 早期社会工作实践中的价值观

早期的社会工作实践与宗教有着千丝万缕的联系。古埃及的《死亡之书》包含有7个怜悯法令,包括对饥者、渴者、裸者、囚犯、陌生人、病人和垂死的人的救济和帮助。在犹太教中,存在着8个层次的博爱行为,它们分别是:勉强并后悔的施舍,这是手的而不是心的礼物;高兴的施舍,但是施舍的数量与痛苦不相称;高兴的并相称的施舍,但是伴有贫困者的乞求;高兴的、相称的,甚至是没有乞求的施舍,但是把它放在穷人的手里,引起他们的痛苦和羞耻感;痛苦者接受捐赠品,并让他们知道谁是捐赠者,但是不让他们认识;痛苦者接受捐赠品,但是不知道谁是捐赠者;捐赠者和被救济的人彼此互不知晓;预先提供捐赠,使一个身处逆境的人能过上一种充实的生活,使他不至于沦落到被人救济的地位。基督教扩大了早期的社会工作实践,在12个领域里从事慈善工作:照顾寡妇、孤儿、病人、穷人、残疾人、囚犯、俘房、奴隶、难民,埋葬死亡的穷人,提供就业服务和为需要者提供饭食。显而易见,早期社会工作实践在一定程度上把救助看作一种施舍,是对受助者的怜悯,它承认和容许受助者的羞耻感及不平等的意识。

(二) 正式社会工作中的价值观

正式社会工作,又叫有组织的社会工作。它始于工业化和都市化的社会进程。正式社会工作主要有慈善组织会社(COS)、睦邻组织运动和设施发展。慈善组织会社1869年开始于英国,1877年在美国出现。虽然慈善组织会社经常是由牧师来指导的,但是它们的工作却是世俗的,并建立在科学和专业化的基础之上,而不是用宗教来作为解决社会问题的方法。最著名的睦邻组织是巴奈特于1884年在伦敦建立的汤因比馆(Toynbee Hall)和亚当斯于1888年在芝加哥建立的霍尔馆(Hall House)。睦邻运动一开始就是非常世俗的,其兴趣更多的在于社会变迁而不是宗教目标。它对社会工作具有重要的意义,因为它通过实践说明了社会工作的目的在于寻求个人与社会生活的改善,以及促进全面的社会福利。设施发展是指由宗教组织建立的院舍设施。第一个院舍设施是为照顾儿童和老年人而建立的,随后，为失足者、穷人、酗酒者、海员建立的院舍设施纷纷出现于欧美国家。但是，院舍照顾的弊端不久就暴露了出来。早期正式的社会工作在价值观念上抛弃了救助过程中的尊卑意识，而是出于同情和怜悯。它承认人们之间是平等的，应该相互帮助。

（三）专业社会工作的价值观

社会工作从一种实践变成一种专业经历了一个长期的过程，各国社会工作迈向专业化的历程也不尽相同。作为一门专业，社会工作专业开始于20世纪20年代，其带头者是美国。1919年，美国社会工作学院协会成立，吹响了社会工作专业化的号角。这个专业组织的成立把社会工作的专业化问题提上议事日程，它让社会工作者看到了在社会工作教育中存在的非标准化、非规范化和非专业化的问题。因此，进入20年代，社会工作教育标准化和规范化运动在美国迅速发展，大大促进了社会工作教育的专业化进程。同时，在实践领域社会工作也开始了类似的标准化和专业化进程。社会工作的专业化是社会工作世俗化的组成部分，它又是与社会工作的世俗化同步发展的。在这两个过程中，社会工作的宗教价值逐渐让位于以科学和知识为基础的专业价值，人本身无条件地被放到社会工作专业的中心位置来考虑。帮助人，不再是出于一种宗教上的义务，而是一种人道主义义务。社会工作完全被放到人与人的关系的天平上来检验。

二、社会工作价值观的内容与原则

国际社会工作界把社会工作价值观归纳为以下六个方面：(1)服务：社会工作者应当超越个人利益为他人提供专业服务。(2)社会公正：社会工作者追求社会变革，特别是与弱势群体一起努力，并代表他们寻求社会变革。(3)个人的尊严和价值：社会工作者对个人都给予关心和尊重，意识到个体的差异和文化及种族上的多元性。(4)人类关系的重要性：社会工作者认识到人类关系和群体内部关系是重要的变革工具。(5)诚信：社会工作者始终意识到专业的使命、价值观、伦理原则和伦理标准，并用与之相适应的方式开展实际工作。(6)能力：社会工作者不断致力于增进专业知识和技能，并将它们运用到实际工作中。

在操作层面，社会工作价值观可以概括为以下原则：接纳、尊重、个别化、自决权和知情同意、保密、不批判。

（一）专业价值

1. 尊重受助者的尊严与独特性或个别化

每一个人都是独特的，这种独特表现在各个方面——价值系统、个性、生活目标、收入来源、情感、身体状况、兴趣爱好、经历、面临的压力、自尊、家庭关系及行为方式。在为受助者服务的时候，社会工作人员应该掌握并尊重受助者的独特性。个别化是社会工作的一条基本原则，它指导社会工作人员把受助者作为一个"个人"和"系统"来看，而不是简单地把受助者作为具有某一类性格的人来看。

如果受助者的价值、目标、行为模式和个性特征与社会工作人员的相似，社会工作人员在工作时遵守个别化原则就比较容易。反之，如果二者大相径庭，社会工作人员在工作时遵守个别化原则就比较困难。在这种情况下，社会工作人员应该记住，应该尊重的是作为人的受助者，而不是受助者的偏差行为。那些偏差行为是有待改变的。如果社会工作人员不能表达对受助者的接纳，帮助受助者的专业关系就无从建立。如果专业关系建立不起来，社会工作人员就没有机会帮助受助者改正其偏差行为。社会工作人员面临的难题之一就是在分类与个性化之间求得平衡。在社会工作实务中，需要根据受助者的性格特征对受助者进行分类。分类有助于从杂乱无章的信息中理出头绪，有利于发展理论。但是，把受助者分成不同类别的危险是社会工作人员把受助者当作具有某类抽象的物来看待，而不是把受助者当作活生生的人来看待。

分类过程实际上就是给受助者贴上标签的过程。社会学的研究证明，这是十分危险的。标签或分类不仅导致对个人差异的曲解，而且，正如标签理论所指出的，一个人一旦被贴上了某种标签，环境就会以这种标签来看待这个人，而不是以这个人的真实情形来看待他，这就创造了一种环境，或者一种自我实现的预言，结果，那个被贴上某种标签的人真的变成了标签所指的那样的人。

因此，漫不经心地给受助者贴上标签或进行分类是十分残酷的，因为这样做有可能决定受助者的命运。被划分为某一类的人，他就可能真的扮演这一类人的角色。被贴上什么样的标签，他就有可能真的按标签上的内容行动。也就是说，标签具有暗示和指引的作用。标签说这个人是不理性的，他就真可能变得疯疯癫癫；标签说这个人是危险的，他就真可能变得危险起来，并终于在某一天被送进了监狱。

这样的过程之所以会发生，主要就是镜中之我的理论在发挥作用。根据这一理论，人们是根据自己与他人的关系来评判自己、界定自己是什么的人的。一旦被贴上了精神病、罪犯、骗子或接受福利救济的标签，那么，那些被贴上了不同标签的人就极有可能根据各自的标签来界定自己，并非常不幸地实际开始扮演各自的标签所规定的角色。

因此，社会工作人员应该时刻提醒自己不要给受助者贴标签，要把受助者作为一个具体的、活生生的人来看待，而不应该把受助者看作是具有某类抽象特性的"标签"。

2. 受助者自决的权利

如前所述，社会工作人员认为受助者有权利表达他们的观点并按照自己的观点行事，只要他们不损害其他人的利益。这与一般人持有的社会工作者应该为受助者选择一个行为模式，然后用这一模式去重新塑造受助者的观点恰恰相反。实际上，社会工作人员致力于提高受助者自我帮助的能力。受助者自决的原则来自"每一个人生来都是有尊严"的信念。正因为每一个人生来都是有尊严的，因此应该尽可能地允许他们决定自己的行为与生活方式。

社会工作人员认为，代替受助者作任何决定或事情都是对受助者不利的，因为这样做是在培养受助者的依赖性而不是独立自主性。对正在成熟成长和变得更有责任心的受助者来说，他们需要自己为自己的生活作出决定，并承担因此而可能引起的一切后果，受助者自决的原则是与社会工作的另一个原则相联系的——社会工作是社会工作人员与受助者的共同努力，受助者应该积极地参与社会工作之中。社会工作是受助者积极参与的工作，而不是单向指向受助者的工作。没有受助者的主动参与，社会工作是不可能取得显著成效的。

在贯彻受助者自决原则时要注意五点：

第一，应该让受助者清醒地认识到有多种选择可以用来解决他面临的个人问题和社会问题。自决意味着从所有可能的方案中选出最适合的一种，如果仅有一种选择，那就谈不上什么受助者自决了。社会工作人员在帮助受助者时的作用包括：建立帮助受助者的专业关系；与受助者深入探讨他所面临的问题；寻找可能的解决方案，然后选出最合适的那种方案。

这三个步骤就是受助者自决原则的应用。

第二，受助者自决意味着，受助者而不是社会工作人员是解决问题的主要人物。社会工作人员应该清醒地认识到，有问题的是受助者，因此承担解决问题责任的也应该是受助者。这个观点是社会工作与其他行业的一大区别。大多数行业的专业人员，如医生和律师根据自己的专业知识与经验，为受助者选择治疗和解决问题的方法，然后建议受助者怎么做。在这样的情况下，受助者的选择只限于两种：接受或不接受专家的建议。

在社会工作务实中，最糟糕的是社会工作人员的"救治幻想"。所谓的救治幻想是指这样的一种情感——社会工作人员是救苦救难的天使，能把受助者从痛苦的深渊救到幸福的天堂。说这种救治幻想最糟糕，是因为它暗含着受助者只要通过社会工作人员的帮助就能彻底解决问题的思想。一旦把这样的思想通过语言或其他的方式传递给受助者，受助者将或者抛开社会工作人员，或者就得更加绝望、依赖。

第三，受助者自决的原则并不是禁止或限制社会工作人员提出意见或建议。实际上，社会工作人员的知识、经验和意见不是用来直接指导受助者作出最终决定的，而是作为一种补充的信息，供受助者作决定时参考。因此，社会工作人员的意见只供受助者参考，而不是对受助者的命令或给受助者的处方。

第四，在某些社会工作领域，如保护性服务、监狱、缓刑和假释等，社会工作人员要行使保护社会的功能，即使是在这种情况下，受助者自决的原则可能仍然是有效的。

受助者自由选择的权利保证了他们能够选择自己认为是合适的生活。受助者也许会选择不利于社会和他们自己的生活，但是，这也是他们自己的选择，他们有这种权利。社会可以谴责和制裁他们的选择，却不能剥夺他们选择的权力，也不能剥夺他们做人的尊严。

如果受助者是不自愿合作的，而他又曾经损害过别人，那么，社会工作者就应该向他指出对他的法律要求和达不到这些要求所引起的后果。即使在这样的情况下，受助者仍然有权利选择是否按法律的要求行事。如果受助者选择的是"不"，社会工作人员应该按照法律对受助者施以惩罚。这样的惩罚往往会使受助者折服，使受助者认识到他是无法与社会作对的，一切胡作非为的后果都将由自己承担。

第五，当事人的自决必须有两个前提条件：首先，当事人绝对清醒，有自决的意志和能力；其次，自决的方向和后果对人绝对无害。在这两个前提下，尊重人的自决权就是尊重当事人的自由人权。

3. 保守秘密

保守秘密是指社会工作人员与受助者之间的心照不宣的或明言相告的相互信任的关系，在这种关系中，受助者放心地向社会工作人员讲述自己的真实生活，社会工作人员则严格地为受助者保守秘密，除非得到了受助者书面形式的授权，或在某些情况下根据法律要求社会工作人员应该提供证明。根据保守秘密的原则，如果社会工作人员泄露了受助者的秘密并给受助者带来损失或伤害，受助者可以向法院起诉社会工作人员。

保密的原则之所以重要，原因之一就是如果受助者认为社会工作人员有可能向他们泄露受助者的秘密，受助者就不会向社会工作人员如实讲述其隐藏的秘密、个人情感、思想和行为。社会工作咨询的一个基本原则就是——受助者放心地向社会工作人员讲述自己的心事和问题，而不用害怕社会工作人员会给自己带来不利的后果。

如果社会工作人员不以任何形式向任何人泄露受助者讲述的任何信息，那么，这就是做到了绝对的保密。这意味着不与任何同事讨论受助者的问题,也不把受助者输入电脑或写成个案研究报告。

但在社会工作实务中,绝对保密是难以做到的,所谓的保密原则更经常地是指相对保密。

在其他一些情况下,社会工作人员被允许、希望或要求打破保密原则,向有关部门披露有关信息,这些情况包括:

在受助者正式授权社会工作人员传递或披露有关信息时;

当社会工作人员被要求在法庭上作证的时候;

当受助者向法庭起诉社会工作人员的时候;

当受助者威胁要自杀,而社会工作人员不得不泄露受助者的秘密以保护受助者生命的时候;

当受助者威胁要伤害其治疗者的时候;

当社会工作人员发现青少年犯罪或即将成为犯罪对象的时候,社会工作人员必须及时向有关部门和人士报告有关信息,以制止犯罪行为;

当有明显的证据证明儿童被虐待的时候,一般都要求社会工作者向儿童保护机构报告有关信息;

当受助者的身体和精神状态使之成为对自己或他人威胁的时候,必须向有关部门或人士报告有关信息,如酗酒飞行员。

在以上所有的情况下,社会工作人员都必须谨慎地使用专业判断,以确定在哪些情况下的确是有必要打破保密原则的,而不能轻易地破坏这一原则。

(二) 专业伦理

专业伦理是由专业价值决定的,又是专业价值的具体表现。

1. 社会工作者的行为举止

(1) 适当性。

(2) 能力与专业发展。

(3) 服务。这是首要的义务。

(4) 诚实。这是最高的行为准则。

2. 社会工作者对当事人的伦理责任

(1) 当事人利益的首要性。

(2) 人的权利和特权。

(3) 秘密和隐私。

(4) 费用。

3. 社会工作者对同事的伦理责任

(1) 尊重、公平和礼貌。

(2) 处理同事的当事人。社会工作者有责任用全部的专业知识来处理同事的当事人。

4. 社会工作者对雇主和雇佣组织的伦理责任

社会工作者应该遵守对雇佣组织作出的承诺。

5. 社会工作者对社会的伦理责任

促进普遍福利。

模块三　社会工作实务中的伦理困境与应对策略

一、伦理困境的内涵及成因

"伦理困境"是贯穿社会工作过程始终的一个重要问题,它既是每一个社会工作者面临的最严峻的考验,也是检验社会工作者实际能力的最有效尺度。能否恰当处理实务工作中的伦理困境,决定着社会工作的程序能否顺利进行、目标能否顺利实现,也影响到社会工作专业和社会工作者在社会大众中的地位和声誉。因此,对伦理困境的研究在社会工作伦理研究中应当占有重要的地位。

(一) 何谓伦理困境?

社会工作实务中的伦理困境有如下四方面的内涵。

首先,伦理困境是带有伦理特性的困难和问题。社会工作者在实务工作中会面临多种问题和困难,带有伦理和道德牵连的问题只是其中的一个部分,但往往是不可避免的和具有决定作用的部分。在社会工作实践过程中,社会工作者会遇到一系列的关系,诸如工作者与受助者、雇主、同事、机构、社会的关系等,这些错综复杂的关系在协调过程中往往出现矛盾、冲突或顾此失彼,这就诱发了具有伦理特征的问题和困难,即伦理困境。可以说,社会工作过程中"关系"存在和协调的必要性,决定了伦理困境存在的必然性。

其次,伦理困境是发源于价值观冲突的困难和问题。如前所述,社会工作专业与价值观有密切的联系,在社会工作实践中起作用的价值观是一个包括社会价值观、职业价值观、个人价值观等的复杂体系,而且随着时代、文化、地区、民族等因素的不同而改变,不同的价值观要求不同的协调关系和指导行为的伦理原则,在不同的价值观同时起作用的情况下,伦理困境的产生也就不可避免。

再次,伦理困境是诱发伦理抉择的困难和问题。社会工作实务中的伦理困境往往使社会工作者处于两难的抉择之中。所谓"两难的抉择",是指"抉择作出者必须在两个或更多同样分量、同样有吸引力(或没有吸引力)的意见中作出选择"。比如,受助者的福利和自由是被社会工作专业给予同等尊重的两种权利,但当福利的获得必须以牺牲自由为代价,或者受助者的自由决定直接影响到他的福利的获得时,社会工作者要作如何的选择呢?在下一部分中我们将对这个问题作具体的研究。

最后,伦理困境是诉诸道德责任感的困难和问题。伦理困境的解决需要社会工作者高度的道德责任感。社会工作专业化过程中,曾一度出现过"技术主义"的倾向,认为社会工作者只要借助专业的知识和技巧就可以解决所有问题。事实证明,社会工作实务中的问题,尤其是伦理问题,仅靠专业知识和技巧是不能解决的,社会工作者所遵循的价值观、伦理原则、道德规范都会起到直接的影响作用,没有对于社会、专业、受助者的高度道德责任感,没有为有需要的人谋福利的使命感,就不可能承担起社会工作者的职责。

(二) 社会工作实践中的模棱两可和不确定性

从总体上看,任何以人为主要工作对象的专业和职业都面临着这种模棱两可和不确定性,但在社会工作实践中这种形势更加严峻。原因主要有三个方面:(1) 社会工作者处理的问题常常是不具体的和模糊的;(2)社会工作不像许多现存的职业那样为它的从业者提供相同类型的知识基础;(3)社会工作者与大多数其他领域的从业者相比,对他们介入的结果有较少的控制权。

二、社会工作实践中的基本伦理困境

社会工作实践中的基本伦理困境包括幸福与自由的矛盾、受助者自决的限度及知后同意的困难,它们是社会工作实践中最经常出现的,往往也是诱发其他伦理问题的伦理困境。

(一)幸福与自由的矛盾

社会工作实践中的基本伦理困境产生于所有的社会工作者都已经接受的两个时常是相互矛盾的职业职责。这就是:当一个受助者提出确保或增进个人福利的需要或要求时,社会工作者有提供专业帮助的职责;不干涉受助者自由的职责。这也可以被看作是幸福与自由之间的矛盾。幸福与自由是人的两项基本权利,社会工作者有职责涉入受助者的生活以便为其争取福利。同时,社会工作者也有责任确保受助者的自由不被剥夺。但如何在不干涉受助者自由的前提下涉入他的生活呢?别人是否有权利为了自己的幸福而要求社会工作者干涉某个人的自由?什么是幸福?什么是自由?这些尺度是由谁来决定和依据什么标准来把握的?假如一个人的福利只有在以他的自由为代价才能获得时怎么办?

在有些人看来,自由的权利是如此的基本以至于每一个人都有"把自己的生活搞得一团糟的自由"。在有些情况下干涉甚至牺牲自由是必要的,一般社会伦理学认为,在下述情形之一发生时,这种强制可能是有理由的:(1)对基本的社会价值观或基础的社会机构造成致命的威胁;(2)除非一个社会机构采取果断的预防措施,否则就会有一个很大的或不能扭转的伤害事件立即发生的危险。第二种情况与社会工作实践的关系最大。尽管作出强制干涉的社会条件似乎是清楚的,但当社会工作者试图去履行这些陈述时将发现许多模糊不清的地方。什么是"清晰的和立即的"危险?它怎样才能被证明?什么时候伤害足以致命以至于可以授权强制?谁可以强制?在证明限制一个人的自由是有理由的之前,社会工作者怎样才能确定其干涉将防止伤害的发生?假如在一个封闭的机构中这个精神病患者康复的机会很小,那么社会工作者对他开始一个非自愿的限制过程是道德的吗?如果不这样做康复的机会有多大?当受助者是一个青少年吸毒者或一个没有自制能力的老寡妇时,所遇到的伦理问题与此相同吗?

(二)"受助者自决"的限度

这里的根本问题是如何理解作为社会工作专业核心价值观的"受助者自决"(self-determination)。在社会工作领域里,受助者自决可能比任何其他的价值都受到更多的关注,尽管这种关注是来自正反两方面的。正面的一方将受助者自决作为社会工作的核心教条,认为"社会工作者应当鼓励和促进受助者作出自己的决定并不断提升按照自己的标准进行生活的能力。社会工作者不应当欺骗或驱使受助者进入一个违背他的真实意愿的行动过程"。BASW(英国社会工作者协会)《伦理守则》基本上也接受这个观点:"社会工作专业的基础是承认每个人的价值并尊重每个人,而不考虑其出身、种族、地位、性别、性别取向、年龄、能力、信仰或对社会的贡献。这个职业接受鼓励和促进个人在尊重他人利益基础之上的自我实现的责任。"反面的一方则认为受助者自决并不具有绝对的意义:"社会的资源是被不平等地分享的,自我决定对于一个没有政府退休金、没有房产权、存在语言障碍并在医院排队等候专门健康照顾的老黑人,和对于一个退休的、有自己的产业和私人的健康照顾计划的白人来说是非常不同的。"因而,不能作为社会工作的核心价值。

在社会工作实践过程中,社会工作者常常遇到的情形是:不能给予受助者自决以绝对的优先权,许多涉及受助者自身、社会和他人利益的复杂问题始终限制着受助者自决权利的运用,社会工作者自身出于对受助者长远利益的考虑,出于对他要承担责任的机构、社会和相关他人的利益的考虑,也可能违背受助者自决的价值要求而强迫受助者放弃自决权。这时,自由和福利之间的矛盾就特别突出地表现出来。

(三)"知后同意"的困难

与受助者自决密切相关的一个伦理问题是"知后同意"(informed consent)。简单地说,知后同意"意味着除非受助者同意,社会工作者或另外的专业人员不能介入受助者的生活或领域"。同时,它还意味着当社会工作者代表受助者的利益作出决定时,必须首先获得受助者的代表许可。这相仿于诺齐克在分析个人权利特征时提出的"肯定的权利"和"否定的权利"概念,前者是指以某种方式获得帮助的权利,后者是指不被伤害或不被干涉的权利。将二者联系起来的理解就是:每个人在有需要时都应当得到帮助,但这种帮助要在得到被帮助者许可的前提下进行。

每一个受助者都有作出自己选择的权利,受助者自决的原则要求社会工作者充分尊重受助者的这种权利。但有时受助者会因某些特殊的原因而处于选择能力被限制(如监禁)、选择能力欠缺(如心理或心智障碍)、选择能力受损(如年老)等情形之中,这时就需要社会工作者代表他们或为他们作出选择。NASW《伦理守则》(1996年)对此所作的规定是:"当社会工作者必须代表失去选择能力的受助者或被法律规定限定自由的受助者时,社会工作者须保护受助者的权利和利益。"要做到这一点,最重要的保障就是坚持知后同意。这要求社会工作者在作出决定前要使受助者了解每一种可能的选择及其可能的后果,尽可能地与受助者商讨预选方案,让受助者在"知"的基础上对社会工作者作出代表许可。一般而言,有效的同意必须达到下列六个标准:(1)在受助者作选择时,不该出现强迫与过度介入;(2)受助者必须在心智健全下同意;(3)受助者必须同意特定的程序或行动;(4)同意的形式或程序必须是有效的;(5)受助者必须有权拒绝或撤回同意;(6)受助者的决定必须建立在获得充分的资讯之上。但下面的案例向我们展示了知后同意的复杂性。

由此可见,社会工作实践中的知后同意被许多困难包围着,而这些困难又常常导致伦理困境。具体来说,知后同意要涉及受助者的知识、自愿和能力等方面的问题,而受助者在这些方面存在的差异性使实际工作变得复杂化。

1. 知识

一般来说,只有当一个人知道在干预或治疗期间将发生什么,干预的结果将是什么,以及假如不给予准许将发生什么时,他才能充分考虑后给予准许。他应当知道假如他同意干预能比不同意干预好(或坏)多少。他也应当有关于可替代计划的充分知识及对可能结果的认识。这些知识在很大程度上是由社会工作者提供的。但这里可能存在两个方面的问题:其一,当受助者的知识水平和认知能力有限时,如精神病患者、智障人士、老人或儿童,可能无法充分理解社会工作者提供的有关信息,因而也无法做到真正的"知";其二,社会工作者在介绍有关计划和方案时可能带有个人倾向性,如先列述自己认为可行的计划或应受助者的要求向其推荐某个计划,社会工作者被受助者认为是"知情者",即使知识水平和认知能力较高的受助者也往往受到影响而接受工作者代为作出的选择。这两种情形都会影响知后同意的真实性,却是社会工作者无法完全避免的。如果要等到受助者完全明白了各种可能的情形再给予准许,又可能延误了干预和治疗的最佳时机。

2. 自愿

只有当"同意"是被自由地给予时才是有意义的。但一些社会工作者的实践是在一个受助者很少自由或不自由的情况下进行的,如犯人和医院里的精神病人是不自愿受助者的典型例子。在通常的实践条件下,确保受助者知后同意的重要途径是给予一定环境下尽可能多的选择,或者提供尽可能多的参考意见,让受助者从中作出抉择。但这不能解决在不自愿的环境中工作的社会工作者的伦理困境,因为不自愿受助者本身不享有作出完全自由选择的权利,针对他们的决定和干预一般都是强制执行的,甚至他们的工作者都是被指派的而不是他们自愿选择接受的。

社会工作者在与受助者关系中所处的相对有利地位也会影响受助者"同意"的真正自愿和自由性质。正如我们在对社会工作伦理的前提分析中所得出的结论:社会工作者是掌握受助者所需要资源的专业人士,他们在一定程度上掌握着受助者的命运,相对处于强势;受助者是被问题和需要所困扰的人士,他们需要社会工作者的帮助,相对处于弱势。这种关系格局容易使受助者无奈地或盲目地接受社会工作者的建议,这一方面是由于受助者带着解决问题的渴望。一个贫困的单身母亲或许会同意她的社会工作者的任何建议,因为她拼命地想要得到资助。一个渴望与分居的妻子调和关系的男人可能同意他的工作者提到的一切事,因为他或许相信这是他能够挽救自己婚姻的唯一办法。在受助者签署秘密信息允许公开的同意书时也存在类似的问题,通常受助者并不明白他们正在签署的是什么,他们也不是出于自愿签署的,因为在他们的印象中签字是获得服务的一个条件。另一方面是由于受助者对社会工作者的信任。在受助者看来,社会工作者是专业且"知情"的人,他们应当具有比自己更好的意见,因而最明智的选择就是信任由他们作出的决定。事实表明,受助者对社会工作者的信任是实现有效改变的关键因素。然而,通常盲目的信任也会导致受助者放弃作为决定参与者的权利而相信社会工作者所说的任何事情。怎样既发展和鼓励信任,又不违背自愿"同意"的要求,是每一个社会工作者面临的挑战。

3. 能力

知后同意预先假定给予准许的人有能力这样做。然而,许多受助者是没有足够的能力的,如孩子、高龄老人、严重精神障碍患者和许多反应迟钝的人通常被认为没有能力给予某些或全部的决定以知后同意。许多实践领域的社会工作者都会遇到由能力争议引发的伦理问题,特别是涉及收养、看护安排、监护权、流产、避孕和安乐死的工作时,上述问题更加明显。

孩子和老人是能力问题所涉及的主要受助者群。年幼的孩子通常没有能力选择在父母离异时跟谁生活更合适或在没有亲属照顾时被什么人领养更有利,那些自愿选择独居的老年人可能没有能力照顾自己的生活。而且,老人和孩子往往对社会工作者所提供的相关知识似懂非懂,尤其是对于书面同意书上的文字无法理解,这都使他们无法给予工作者真正的干预准许,甚至没有能力签署书面的契约。社会工作者因此而不对他们进行帮助或为他们作出决定是合乎道德的选择吗?

当受助对象是一个社区、一个街区或一个大的集体的时候,知后同意的议题具有特殊的意义。当一个社会工作者涉足一个街区更新改造计划时，必须考虑官方的决定是否真的代表所有的居民。这时，他是只要得到居民代表的准许就够了，还是要每一个居民的准许？什么时候干预的优先权来自集体的外部（如城市整体规划的需要）？社会工作者的干预会影响到集体中的每一个人，但期望一个集体中所有人都采取相同的意见几乎是不可能的，这也就意味着社会工作者没有能力获得集体中所有人的知后同意。那么，社会工作者要征得多少人的同意才能采取干预措施？即使不同意干预的只是少数人，是否也意味着对他们权利的侵犯？

三、社会工作实践中的具体伦理困境

（一）角色与义务冲突引发的伦理困境

在社会工作实践过程中，易于造成社会工作者伦理困境的角色冲突往往是角色内冲突，具体表现为两种情形。

一方面，当社会工作者一个人同时占有许多角色位置，而这些角色位置又创造出不同的、有时是冲突的义务要求时，角色冲突就会发生。一个社会工作者可能同时又是一个妻子、两个孩子的母亲、女儿、儿媳和业余运动员。在所承担的每一种角色中她有不同的义务：她的丈夫希望她下午和晚上能待在家里照顾他们的孩子，她的朋友希望她能在体育馆中为即将到来的比赛训练，她的受助者希望她利用全部的时间处理他们的紧急事件。每一个人的时间和精力都是有限的，往往不能面面俱到，为了工作而延误了家务，或者因为家事而耽误了与受助者的约会，这都是工作者常常可能遇到的问题。这些问题的处理主要需要社会工作者自己努力安排好时间，协调好工作与生活的关系，一般不会对社会工作者造成重大而又紧急的威胁。

另一方面，不同的人对于社会工作者有不同的或者是冲突的期待。社会工作者是一个处于特殊职业关系、承担特殊义务的人，在扮演社会工作者这个角色时所涉及的每一个人如受助者、同事、监督人（雇主），都对其有不同的期待。这里的冲突不是一个人所处的不同角色之间的冲突，而是不同的人对处于同一角色中的人的不同期待之间的冲突。受助者期待社会工作者在任何时候都站在他们的立场上说话，而监督人则希望社会工作者在有些时候少出头，以免给自己惹麻烦。

通常认为，当社会工作者面临受助者与其他人的期待发生冲突的情形时应当给予受助者的期待以优先权，但有时这仍旧不能帮助社会工作者解除困境。因为"谁是受助者"本身就是一个复杂而难以解答的问题。受助者通常被定义为社会工作服务的对象、寻求帮助的人、已经与从业者定约并且支付费用的人，或者是被专业人员修正或改变的人或系统。然而问题是，首先，大多数的社会工作者是被一个组织雇佣的，诸如一个社会代理机构、一个政府部门或一个私人事务所，他们的费用是由这些组织机构支付的，显然它们并不是社会工作者的服务对象。其次，当学校或母亲要求社会工作者帮助某个孩子时，提出要求的人与接受帮助的人是不同的，谁应当是社会工作者要给予优先权的受助者呢？第三，为了帮助某个人解决困难，社会工作者往往不仅要改变这个人，更重要的是呼吁和投身于他所处的制度或环境的改变，这时的"制度或环境"是社会工作者的服务对象吗？

由此看来，"谁是受助者"这个问题是基于一个过于简单化的助人关系模式的，这个传统的模式仅仅包括从业者和受助者。而事实上，社会工作者在实务活动中要涉及多方面的个

人、组织或机构,他们都会因社会工作者的干预行为而受到影响,因而他们都会对社会工作者提出要求和期待。因而助人关系的系统模式应当包括请求者、受助者、对象、受益者、从业者、机构、社区和其他人。

(二) 忠诚冲突引发的伦理困境

社会工作者直接服务的对象是受助者,这要求他忠诚于受助者的利益。社会工作者一般又是某个代理机构的成员,这要求他忠诚于雇主。社会工作者是一个公民,他有义务忠诚于国家的法律。社会工作者所服务的机构承担着社会所赋予的管理责任,社会工作者因而也要忠诚于社会制度与政策。当这些忠诚的要求发生冲突时,社会工作者就被置于伦理困境之中。

大多数社会工作者受雇于官僚政治组织,而组织有自己的规则和政策,那些自愿接受雇佣的人要声明同意遵守这些法规。NASW伦理守则认为这是社会工作者对雇佣组织的基本的道德义务:"社会工作者应当坚持对雇佣组织作出的承诺。"但是,组织的维持和生存的要求可能导致一种与社会工作者的基本服务义务相矛盾的规则:效率的衡量可能限制介入方式,以致使选择对受助者最有效的方法成为不可能;预算的考虑可能导致服务的削减而不顾及受助者的最大利益。在这些及类似的情况下,社会工作者特别是社会工作管理者必须解决一个紧急的伦理困境:是优先遵守代理机构的规则,还是优先服务于受助者?尤其是当社会工作者感觉到机构的政策、规则或规定不合理而要作出是否提议改革它的决定时,他将面对可能被解雇的严峻考验。为了对受助者的忠诚,他应当冒这个风险吗?

在忠诚社会的法律、法规问题上,社会工作者也可能面临类似的困境。一般来说,社会工作者都承认社会的法律法规是维护社会正常生活秩序所必需的。作为一个公民,社会工作者也有义务遵循这些法律和法规的要求。但伦理困境通常在两种情况下会发生。其一,当社会工作者感觉到社会的某项法规对某些人不公正时,是否应当与这些人一起或代表这些人与法规抗争?其二,社会工作者有责任遵循法律的要求为法庭提供证据,但也有责任保护受助者的秘密和隐私权,社会工作者应当如何确定其优先次序?少年犯罪监督系统中的社会工作者就面临类似的伦理问题。在监护服务中,社会工作者定期地为少年法庭法官准备报告。法官参照这些报告考虑何时作出对某个案件的最终判决。这里的伦理困境是:社会工作者既是帮助者又是裁决事实的发现者,社会工作者与受助者之间首先建立的是助人关系,之后社会工作者完成评估报告或向法官递交报告。从一个伦理的观点来看,谁是社会工作者应当优先考虑的对象:受助者还是法官?

当社会工作者觉察同事或机构的不正当行为时,也会陷入忠诚的困境之中:他是否应当出于对受助者和社会的忠诚而揭发这种不正当行为?在一般的伦理守则中都有以尊敬、公平、信任的态度对待同事的规定,并要求社会工作者与同事之间建立良好的协作关系。但当同事行为不当时,可能直接影响受助者的福祉、治疗方案的运作,甚至有害于社会和他人。为了保护与同事之间的友谊和协作关系而不去揭发他,肯定是不道德的。只是有时不当行为的证据可能不足,不当行为所造成的影响可能不明确或者是非实质性的,而且有先例证明改变这个问题的可能性也不大,这时社会工作者就可能有所犹豫。社会工作者在揭发同事或机构的不当行为之前考虑证据是否充分、揭发的结果及伤害程度、揭发的动机(是否为了报复)、选择其他渠道解决问题的可能性等都是应当的,但若以此为借口忽视、回避或掩盖严重的不道德行为,就有同流合污之嫌疑。但作出揭发的决定又需要社会工作者有足够的勇气和道德责任感,因为这个决定的结果可能会断送同事的职业生涯,同时自己也可能被机构或专业团体排斥。

(三) 利益冲突引发的伦理困境

每一个具体的社会工作实践过程都涉及或影响到许多人的利益,诸如受助者、社会工作者自身、亲属、社区及其他相关的人,协调与平衡复杂的利益关系是社会工作者最重要的日常事务,在完成此项任务上的疏忽或失败所造成的困境则是社会工作者最常经历的问题。对于受助者与工作者、受助者与机构的利益冲突问题前面已经有所涉及,这里主要分析受助者之间发生利益冲突,以及受助者与其他人发生利益冲突的情形。

社会工作者所面对的受助者往往不是一个个体,而是一个"受助者群"或受助者系统,尤其是在小组工作和社区工作中这种情形更常见,诸如一批灾民、社区中一个种族的全体成员、安养之家的全体住宿者,等等。他们的需要、要求和困难往往都是相同或相近的,他们每个人也都有享受社会福利的平等权利,而社会工作者能够掌握或运用的资源是有限的,如何在他们之间作合理的分配?"平等地分配有限的资源",这是最常被运用的分配标准。但这个原则有时也是不合理的或行不通的。几乎每一个社会工作者在实践中都会遇到这样的情形:只要能给予更多的时间去关注某个受助者,他(她)的问题就可能得到解决,但社会工作者却做不到。

这里涉及对分配正义的理解问题。

社会工作者在实务过程中面临的另一个需要作出抉择的困境是受助者与其他相关人士的利益冲突。从理论上说,社会工作者首先应当关注和承担责任的对象是受助者,受助者的利益在社会工作者的考量中应当享有优先权。但社会工作者不是在"个案真空"中工作的,受助者的行为和工作者的决定可能影响到其他许多已知和未知人士或机构的利益,社会工作者对他们的福利也负有责任。当受助者的利益和其他人的利益发生冲突时,同时维护二者利益的要求就会使社会工作者处于困境之中。

这里也涉及一个保密和隐私权的问题。在现代社会中,隐私权被越来越多地理解为人的一项重要权利,每个人都有权利决定他自己何时、怎样、在何种程度上与别人分享有关他自己的信息。简单来说,保密意味着社会工作者不暴露他(她)在信任的基础上获得的任何信息。社会工作的对象一般面临的都是不愿公开的私人问题,因此更将保密和尊重隐私权作为职业伦理学的基本要求,从业者和受助者之间的关系是建立在前者接受这些原则的基础之上的。

然而,当社会工作者试图在实践中履行这一原则时产生了许多问题。在一些特定的情形下或因为一些客观的原因,保密原则是无法遵行的。

最让社会工作者感到棘手的问题恐怕是如何面对法庭提出的公开受助者秘密或出庭作证的要求。按照保密原则的要求,在没有得到受助者许可的情况下不能将秘密的材料公开,这是确保受助者与工作者之间建立信任关系的必要条件。为此,一些国家和地区(如美国的一些州)赋予社会工作者与精神病医生、心理学家、神职人员等同等的"沟通特权"(privileged communication),即允许社会工作者在法庭中保守受助者的秘密。但这项特权并不是绝对的,当法官认为社会工作者所掌握的秘密材料可能对案情有重要影响时,纵使有沟通特权的法令,法官也有权正式下令社会工作者必须透露受助者的秘密。

影响保密原则实施的还有另外一些因素,其中之一是受助者对有关自己的信息的要求权问题。一般来说，社会工作者得到的秘密信息分为两类：一是直接从受助者获得的信息，二是从其他人（如医院、雇主或其他的社会工作者）那里获得的关于受助者的信息。在这两种情况下，提供信息的人都想限制信息的传播。在第一种情况下，受助者不想让其他人知道；在第二种情况下，信息提供方不想让受助者知道。在后一种情况下的问题是：对这个信息有直接兴趣（或有权利）的受助者是否应当接近它？谁有权利释放这个信息或阻止它的进一步传播，是受助者还是提供信息的人？在 NASW 伦理守则中对这个问题的陈述是："社会工作者应合理地提供受助者与其自身有关的记录。……但必须采取行动保护记录中被提及或被讨论到的其他个人的隐私权。"然而，对记录作"消毒处理"并不总是可能的，其中所包含的未经整理的材料可能引起受助者的误解，受助者可能因看到有关自己的消极信息而被伤害，有关第三者的秘密材料也不是总能被完全掩盖的。甚至还有社会工作者指出，在一些极端的情况下，有伤害计划的受助者可能根据记录材料找到自己计划的疏漏之处从而进一步完善它。赞成受助者接触他们的案例记录的社会工作者则认为：对自己有关信息的了解可以促成受助者的转变，在了解这些信息后才能真正作出关于公开它们的知后同意，受助者对敞开案例记录还能使受助者了解他们与社会工作者合作的功效，并促使他们更多地参与社会工作过程。有关的讨论至今仍在社会工作界进行着。不论结果如何，这都是值得社会工作者注意的问题。另外，随着信息技术的不断发展，用于记录案件的工具越来越趋向于自动化，信息的可复制性也越来越高，这给保密原则的实施带来了新的困难，受助者的隐私权在更大的程度上要依赖于社会工作者的职业责任感和良知来保护。

由此可见，社会工作过程并不是在一种只有受助者和社会工作者参与的单纯实践模式中进行的，因而是否遵循保密的伦理原则也不完全取决于社会工作者的意图。每一个参与社会工作过程的人都有可能提出对秘密信息的冲突要求，除了上面提到的亲属、受害者、受助者本人、法官等之外，还有社会工作者同事和其他专业的工作人员（如心理医生），他们可能同时进行着对受助者的其他方面工作，因而这些信息可能也是他们所需要的，但社会工作者无法保证秘密信息是否会从他们那里泄露出去。因此，社会工作者也要慎重考虑他们的合作要求。除了这些社会工作者无法完全控制的客观因素外，秘密信息在信息交流中所具有的较高价值也会诱使社会工作者将它们传播出去。这是一个影响保密原则实施的主观因素，但并不足以造成伦理困境，因为社会工作者完全有可能而且必须控制自己的传播欲望来阻止由此造成的泄密事件，只是这对社会工作者提出了比一般人更高的道德要求。

（四）责任冲突引发的伦理困境

除了上述三大类的伦理困境以外，社会工作者在实际工作中还会遇到其他一些可能造成冲突的责任和义务要求。其中最典型的是告知实情和欺骗，以及与"价值中立"有关的问题。

1. 告知实情和欺骗

一般地说，"告知实情"和"避免欺骗"是每一个人在与别人交往时都应当遵守的道德义务。相对于受助者来说，社会工作者处于有利、有权和"知情"的地位，就更应当遵循这种道德义务的要求，决不能对受助者有欺骗或欺诈行为。尤其当这种欺骗或欺诈行为是以维护社会工作者自己或代理机构的利益为目的时，例如：以欺骗性的宣传诱使受助者接受服务并交纳费用或者让受助者为没有提供的服务交纳费用；借助所掌握的受助者的秘密信息向受助者敲诈或强行与其发生性关系；以受助者的名义向保险公司支领不实的服务费用中饱私囊,等等,直接违背了社会工作专业的"助人"宗旨和"利他"原则,是应当被严格禁止的。

但是,在专业实践中可能遇到的另一种情形:说谎比告知实情更有利于维护受助者本人的利益。大多数社会工作者都能接受的观点是:只要是为了受助者的利益或不损害受助者的利益,"善意的欺骗"是可取的。

有时,社会工作者没有对受助者告知实情可能出于其他更加复杂的原因。弗兰克和多戈夫将这些原因概括为如下13个方面:"确保一个目标不再值得想望;创造新目标;含糊方案;增加方案;增加或减少受助者的不确定性;增加或减少受助者的焦虑;保护受助者不受有损害性的实情的伤害;保护当前干预计划的有效性;获得受助者的知后同意;保护从第三方获得的秘密信息;通过他对第三方的要求的谎言加强与受助者的关系;通过保留信息增强工作者凌驾于受助者之上的权利;通过掩盖他所制造的错误使自己看上去很好。"这些原因中一部分是属于上面所讨论的不道德行为(如通过保留信息增强工作者凌驾于受助者之上的权力和通过掩盖他所制造的错误使自己看上去很好),有些则属于可以接受的"善意的谎言"(如减少受助者的焦虑和保护受助者不受有损害性的实情的伤害),但也有一些是不能明确判断其道德与否的。正是对这些问题的处理,容易使社会工作者陷入伦理困境之中。

弗兰克和多戈夫还细致区分了告知实情和欺骗的多种可能情形。他们认为:诚实和欺骗的问题涉及说话者的意图而不是指实际陈述的精确性。知道实情不必然导致告知实情,不知道实情也不总是导致欺骗。他们还把客观情况和说话者的意图之间的关系作了如图2-1这样的概括。

	意图	
	诚实	欺骗
事实		
真相	1	2
假象	3	4

1=说话者试图告知真相并且这样做了。
2=说话者试图欺骗但不知不觉地说出了真相。
3=说话者试图告知真相但因为不知道正确的信息而失败了。
4=说话者试图欺骗并说了谎,只有这种情况涉及行为的伦理问题。

图 2-1 告知实情和欺骗的多种可能情形

某些憎恶说谎的从业者建议:通过夸张、篡改或有选择地提供信息等途径可能做到不说谎的欺骗。例如,一个社会工作者想要说服受助者不要把他的精神痴呆的女儿送进精神病院,就安排这位父亲参观一个最差的治疗场所而不提其他可能去的地方;另一个想尽力说服一位老年人接受院舍照顾的社会工作者,则安排这个老人去参观最好的院舍而避免其看到或听到院舍照顾中的不良信息。或者,当社会工作者向受助者介绍各种可能的干预方案时表现出明显的个人情感倾向,对一种方案(通常是社会工作者自己比较熟悉或得心应手的)讲解得很详细,另外的方案则一带而过或更多地指出其弊端。在这些情形下,社会工作者确实没有说谎,但也没有告知实情,他们的行为是道德的吗?这些伦理困境是由相互冲突的意图造成的:告诉实情的意图与获得尽可能好的结果的意图。单独地看,两种意图都符合专业价值观的要求,但当二者发生冲突时,社会工作者就必然面临困难的抉择。

2. "价值中立"及职业关系的限制性

社会工作者在助人过程中要保持"价值中立"的态度,不对受助者所持有的价值观作出评判,也不将自己的价值观强加给受助者,这是专业社会工作"尊重人"和"受助者自决"价值观的基本要求。海普沃思分析了因强加价值观而导致的助人过程中的五种偏差:"第一种偏差情况是社会工作者违反受助者自决的权利;第二种偏差情况是造成受助者内在的罪恶感;第三种偏差情况是有许多受助者会拒绝社会工作者的价值观,并且反对社会工作者将价值观加在他们身上,有些受助者甚至因而不再接受社会工作者的协助;第四种偏差情况是当受助者价值观与自己的价值观产生冲突时,社会工作者将无法提供对受助者必要的支持;第五种偏差情况是社会工作者有时会强调机构或文化的价值观,而此种价值观却与受助者的价值观相冲突。"毫无疑问,这五种偏差都将影响助人过程的实际效果,因而是社会工作者在实践中应当尽力避免的。

在实务工作中,社会工作者个人所持有的信念和态度,必然会影响其面对受助者时的感受和言行,从而也会影响整个助人过程。要求社会工作者保持完全的"价值中立"或在面临价值观冲突时"终止判断"(suspension of judgment)几乎是不可能的。尤其是当面临有乱伦、吸毒、虐待等社会一致公认的不良行为的受助者时,一个正直的社会工作者不可能不表现出对这些行为的憎恶,而且,当受助者开始对自己的行为表示内疚时,如果社会工作者仍旧不表态,很可能使受助者误以为社会工作者能接受自己的行为,从而打消或减弱改过自新的念头。

在这里,社会工作者要注意把握的是"接纳"的态度和"终止判断"之间的微妙差别。接纳和理解受助者,是专业价值观的核心要求之一。社会工作的受助者是相对脆弱的群体,他们或者处于贫困、无能、无权地位,或者被主流文化所排斥而处于社会边缘。在以往的生活中所遭遇的由个体或环境原因造成的挫折,常常使他们具有和一般人不同的心理特征。受助者不可能向工作者彻底敞开心扉,工作者也就无法真正实现其助人的目标。在他们愿意分享个人的经验与内在情绪之前,必须先感受到社会工作者完全接纳的态度和善意。这要求社会工作者在面对他们时表现出的第一态度不是评判,而是将他们作为"处在困难中的人"来看待,尝试了解受助者和他们的困难,了解他们陷入困境的真正原因,而不是立即将懒惰、不负责任、行为偏差、强暴者、酗酒者或妓女等固定的标签贴在他们身上。但是,对受助者的接纳态度并不意味着社会工作者要放弃自己的价值观,也不代表着他原谅或赞同受助者的违法、不道德、虐待、利用或不负责任的行为,社会工作者这时和任何一个正常人一样可以拥有自己的价值观和道德标准,厌恶虐待、强暴、犯罪,赞赏善良、高尚的行为。"社会工作者不指责人的困难,并不意味着他认为人们不应为自己的行为负责,而是相信只有在受助者觉察到自己的责任,并愿意修正自己的行为的状况下,受助者行为的改变才可能发生。指责和唤起责任的最大不同,在于指责有处罚的意思,而唤起责任则有正面解决困难的意思。"因而,接纳的态度并不意味着要求社会工作者"终止判断",而只是将自己的价值判断暂时隐藏。社会工作者的任务不是直接指出受助者的过失,而是设法引导受助者自觉到自己行为中的偏差。不是由社会工作者从外部强行纠正受助者的行为(这是法律所承担的职责),而是帮助受助者从内部生发改变的动机。这与社会工作"助人自助"的宗旨是一致的。当然,社会工作者要在实务工作中做到既维持自己的价值观又避免评判受助者绝不是一件轻而易举的事。因此,它也是社会工作者经常必须面对的挑战之一。

与"价值中立"的要求直接相关的问题是在社会工作者和受助者之间建立"有限的"职业关系。一般地说,社会工作者与受助者之间所建立的职业关系是一种帮助者和求助者之间的助人关系,它应当是聚焦于并局限于寻求帮助的个人行为或环境的特殊领域之中的关系。任何超越于这一特殊领域之外的关系都是不被允许的。20世纪中期前后,有限职业关系的问题之所以成为社会工作领域讨论的热点问题之一,就是因为在这一时期出现了一些显示"不正当"职业关系(或称"双重关系")的案例。为了避免对受助者的剥削、利用和伤害,社会工作界曾取得一致意见:禁止工作者与受助者在职业关系之外的任何交往。

这里的问题是:在社会工作者与受助者的接触和交往中哪些属于职业关系范围?哪些超出了职业关系的领域?这二者之间的界限有时是不明确的。例如,社会工作者收到了受助者的邀请,希望参加他的私人宴会。社会工作者可以以了解受助者的生活环境、文化背景、行为习惯为由接受邀请,因为对受助者的这些了解是职业关系所要求的;也可以以这种交往形式超越了职业关系的界限为由拒绝邀请。哪种选择更有利于治疗计划的实施?哪种选择更符合职业伦理的要求?接受邀请是否就超越了职业关系的界限?

在现代社会生活中,人际关系的疏远、隔膜甚至敌视是造成许多社会问题和偏差行为的根源。承担着解决这些社会问题、引导这些偏差行为重任的社会工作者常常感到自己治疗的仅仅是一些表面的症状,而没有涉及问题的核心,这种治疗既不能真正消除问题,更不能避免问题的再度发生。

大多数的工作机构对这所有的问题已经给出了清晰的并且一般是消极的回答,但越来越多的社会工作者对这种设置在他们和受助者之间的障碍感到不满。

四、社会工作实践中伦理困境的处理策略

之所以将以上问题看作伦理难题,是因为我们并不容易根据既定的专业伦理标准来处理类似案例。在此,我们参考美国学者拉尔夫·多戈多等人给出的处理伦理难题的几个原则建议。大多数情况下,这些原则都会比较有效。但是,如果问题过于复杂,社会工作者最好咨询有关专家和部门。需要提醒的是,即便这些原则很重要,社会工作者在实践中也应该看它们是否适应当时当地的政治、法律制度和社会文化背景。在遇到伦理难题时可以坚持如下七个原则。

(一) 保护生命原则

这一原则适合所有人,既适合保护受助者的生命,也适合保护其他人的生命。例如,如果社会工作者并不会因为失约而危及受助者或他人生命安全,而她又找不到适当人选帮她照顾孩子,那么她可以选择带孩子看病,并通知受助者和机构。

(二) 完全平等与差别平等原则

如果各受助者的实际需要都相同,而社会工作者所能提供的资源和服务又非常充分,可以给予各受助者平等的服务。如果资源不足,则可以区别对待。例如,在社会救助中应优先考虑给那些家庭更加贫困、健康状况较差的受助者提供援助。

(三) 自主和自由原则

尽管专业伦理强调要尊重受助者的自我选择和自我决定权利,但如果受助者的自我决定涉及对自身和他人的伤害时,社会工作者要进行干预,并设法将干预风险降到最低。在这种情况下,受助者拒绝服从社会工作者的干预,应当被视为其缺乏行为能力。但是,

如果干预的风险很大而收益很小,受助者拒绝接受干预就情有可原。保护生命原则永远是第一位的。

(四) 最小伤害原则

这一原则认为,当面临的困境有可能对人造成伤害时,社会工作者应尽可能避免或防止这样的伤害。当不可避免会伤害到与问题有牵连的一方或另一方时,社会工作者应该永远选择造成的伤害最少、带来的永久性伤害最少和伤害最容易得到弥补的方案。如果已经造成了伤害,社会工作者应尽可能弥补。

(五) 改善生活质量原则

社会工作者选择的方案应促进尽可能多的人改善生活质量。如果你的方案保护了少数人的利益,但会损害多数人的利益,那么就需要改变方案。

(六) 隐私和保密原则

社会工作者有责任在尽可能与法律要求和受助者意愿保持一致的情况下,保护受助者的隐私。但是,如果披露资料能够防止对他人造成严重伤害的话,保密原则也可以打破。

(七) 真诚原则

社会工作者应当保持诚信,应当向受助者和公众披露所有可以披露的信息,尤其是那些与受助者利益密切相关的信息。但是,如果因为披露信息可能会给他人、社会公众或国家造成伤害和重大损失,应遵守有关保密的法律和规章,并接受专家辅导。

课后实训题

某大学一位20岁的女大学生与同年级一位男生恋爱三年后,发现自己怀孕了。当她将这个消息告诉自己的恋人后,这位男友不但拒绝承认是自己所为,而且还指责女生行为不检点。这使得她又气又怕,每天惶恐不安,不知所措,不敢告诉父母,更害怕老师同学知道此事。最后,她决定求助于学校社会工作者。她郑重其事地告诉社会工作者,如果自己的男友近日不向自己道歉并承担责任,她将对其实施严厉的报复,并一再要求社会工作者严格为自己保守一切秘密。否则,一切后果由社会工作者负责。

问:在这个案例中,(1)社会工作的伦理困境包含哪些内容?上述案例中的社会工作者在工作过程中主要面临哪些困境?试作简要分析与说明。(2)此案例中社会工作者将扮演哪些角色?

项目三

社会工作实务的理论基础

社会工作在长期的实践过程中形成了自身的知识体系。现代社会工作的实践活动也为自身理论体系提供了检验的场所。掌握这些专业基础理论知识,已经成为现代社会工作从业者的所必备的专业条件之一。本章的主要内容就是简介社会工作的理论与实践的关系、历史发展、理论分类及各种理论的具体内容。

【学习目标】

◆ 掌握社会工作实务基本理论
◆ 掌握理论的适用情境
◆ 学会结合理论进行案例分析
◆ 学会分析理论的优势与不足

【案例导人】

独居老人看护及照料问题的解决

林老先生今年76岁,退休前在政府机关工作,退休后与老伴生活在一起,两个人结婚五十多年来感情很好,四个子女均已成家立业,剩下老两口一起居住。就在五个月前,林老先生的老伴由于一次交通事故,抢救无效去世。林老先生很伤心,子女们请了一个保姆来照顾他,但是老人觉得保姆对自己态度不好,没多久他就辞退了保姆。子女怕他在家无人照顾,睹物思人过于悲伤,便将他送到养老院。之前性格开朗的林老先生住进养老院之后,变得沉默寡言,经常一个人坐在那里,很少与其他老人交谈。

思考:社会工作者可以运用哪些实务理论对该案例进行分析?如何分析?

模块一 社会工作实务的理论与实践

一、理论与实践的关系

20世纪50年代,格林伍德当时发表《专业的属性》一文时,虽然将社会工作称为一门专业,但其专业化程度还不算很高。值得一提的是,格林伍德提出的衡量专业属性的条件中,第一个就是看其是否具有一套系统化的理论体系,因为理论对于一门专业的重要性程度非常高。社会工作正是因为有了一套系统化的理论体系,进而对社会现象作出有说服力且符合逻辑的解释,这样社会工作作为一门专业才能赢得社会的认可。此外,伴随着理论体系发展的系统化、复杂化,要想掌握这种理论体系,就需要经过长期的实践训练和专业的理论教育。所以,一项事业发展的专业化程度关键就要看这项事业的理论发展程度如何;同时,要想取得相应的社会地位,其理论发展的程度高低是非常重要的。

社会工作是一种关于行动、事件和介入的理论(孙立亚:《社会工作导论》,中国财政经济出版社,1999年,第145页)。它不同于那些只注重研究的学科。它的专业最终目标是解决社会问题,改良社会环境。所以,社会工作的专业性更加强调的是实践性和应用性,通过改变社会环境和社会现象,使之更加有利于人与社会克服障碍、获得发展。

二、理论的沿革

人类认识的有限性和片面性,致使人类总结的各种理论总是有局限性。但是,人类的认知能力却是无限扩展的,人类实践对理论的检验总能够发现这些局限性,并能够找到超越这些局限性的改革办法。所以,在人类思维的发展进程中,总是出现各种理论的更迭式发展。哲学家库恩把这种理论更迭的现象总结为"范式的转移"。库恩认为:不同科学家所创立的理论可能会各不相同,甚至大相径庭,但是,在这些理论家思维的背后总会有一些共同的关于世界的、社会的假设;持有相同假设的科学家之间的差异与那些拥有不同假设的科学家相比要小得多。自从库恩提出范式理论后,范式已成为科学史研究领域甚至是理论研究领域中一个非常重要的分析模式。社会科学的研究者在对社会科学的理论进行总结、概括、分析、比较工作时,往往会倾向于把已有的社会科学理论归结为几种类型的范式,企图寻找处于同一范式之中的不同社会科学理论所共同享有的那些背景假设;一旦找到,以后的人们认识和把握社会科学的理论内容及逻辑结构,还有不同的社会科学理论之间的关系,就有了一个比较好的认知工具和指南。社会工作的理论家们认为社会工作理论的发展也是经过了这样一种范式转移的历史发展过程。

社会工作学者大卫·豪在《社会工作导论》中曾经把社会工作的理论发展过程概括为七个阶段。

第一个阶段是"调查"阶段。这是社会工作发展的初级阶段。在社会工作发展的早期阶段,主要的内容就是从事社会救济事业。社会工作者们主要关注的是一些实际的活动,而对于社会工作的本质、过程与方式方法等理论问题基本上没有什么思考,他们对于社会工作理论的重要性认识还不清楚。但是,这一阶段社会工作的发展为以后社会工作理论的发展提供了丰富的实践经验和资料。

第二个阶段是"精神分析学"阶段。在这个阶段,部分社会工作者已经开始意识到不能单纯依靠经验指导社会工作的发展,必须采用一定的理论来指导社会工作的发展。此时,由于社会工作本身没有形成相应的理论,所以只好从其他领域借用一些理论。当时影响比较大的就是弗洛伊德开创的精神分析理论。社会工作在相当长的一段时间内也是由精神分析理论支配着。

第三个阶段是"精神分析学"与"功能主义者学派"并立阶段。20世纪三四十年代,由于受到功能主义的影响,社会工作领域形成了一种不同于精神分析的新观点,即所谓的"功能主义者学派"。精神分析学派认为人的行为受到儿童时期经历的强烈影响,因此社会工作者的任务就是要去探寻工作对象的早年经历,进而进行心理治疗。功能主义学派则认为,人的行为主要是现在所处环境的结果,因此,社会工作者的任务就是尽可能为工作对象创造一种有助于开发其行为潜能的结构性和社会性关系,从而使其行为发生变化。

第四个阶段是"获得"阶段。20世纪60年代,社会工作者们从心理学、社会学等不同的学科领域借用了大量的指导性理论,使得社会工作的指导性理论和知识体系在数量方面迅速增加。

第五个阶段是"盘点"阶段。在社会工作从其他学科领域大量借用理论之后几年,许多社会工作者开始感到虽然社会工作的指导性理论大量增加,但是这些理论过于繁杂,社会工作者们有必要对这些理论做一次清点、整理和评估的工作。

第六个阶段是"理论统一"阶段。仅仅对社会工作领域的大量理论进行清理还是让社会工作者们感到无所适从,社会工作者们不满足于此,他们想要把社会工作的各种理论都统一起来。于是,社会工作领域的理论工作者们竞相发展出一种能够把各种社会工作的方法整合在一起的"一元化"的理论框架。

第七个阶段是"理论归类"阶段。人们在知识的逻辑发展和实践领域都发现这些"一元化"的理论框架都有这样或那样的缺点和局限。所以,有不少社会工作者又开始肯定和认可社会工作理论多元化的现实,不再以追求理论的统一为目的,而是通过对各种理论进行整理、归类的方式来使得社会工作的理论空间有序化,结果产生了许多不同的理论分类模式。现在,这些理论分类模式仍然是社会工作者们把握社会工作理论的基本工具和方法。

大卫·豪的观点从形式化的角度概括出了社会工作理论不同发展阶段的特点。另一位社会工作者迈克姆·佩恩提出了社会工作理论的三大传统。第一个传统是注重实效的传统(pragmatic tradition),这与官方机构的作用有关,尤其是《济贫法》,以及后来美国、加拿大和欧洲其他国家(不含英国)颁布《社会安全法案》之后的官方社会工作有关。第二个传统是社会主义的传统(socialist tradition),这个传统关注改革、社会批判及在群体层次上进行干预,以帮助那些社会弱势群体或受压迫的人。第三个传统是治疗学的传统(therapeutic tradition),主要关注那些个人或社会的问题。

早期的社会工作理论的发展主要关注调查和评估的方法,例如,玛丽·瑞奇蒙德提出了一系列的评估方法,然后对问题进行精确的诊断。从弗洛伊德精神分析理论的基础上又发展出了心理动力学的个案工作(psychodynamic casework),这种个案工作意识到了一些新情况,即道德因素为社会工作带来了相对非科学的成分。如果受助者反对社会工作者对他们提出的符合逻辑并且行之有效的建议的话,社会工作者必须对此作出解释;而所谓"科学的"社会工作则对这些情况几乎无能为力。

20世纪二三十年代,社会工作者们大量使用心理动力学的个案工作。事实上,这种方法的使用与社会工作者想要在医院中从事具有较高地位的医务活动,而不是地位低下的护理或者照顾工作有关。同时,犯罪学的发展也使人们相信对于罪犯的干预是可能的,并且这种做法在社会工作中起到了相当的作用。这使得社会工作与犯罪司法系统相关联,并且在其中扮演了某种角色。

20世纪五六十年代,自我心理学(ego psychology)取代了心理动力学的理论,从而成为最有影响力的方法;与此同时,通过治疗社区及有计划的环境治疗的发展,这种方法在团体工作和社区工作中的应用变得重要起来。有两个方面的理论发展开始变得具有显著意义。一个是人们对建立在学习理论的基础之上的行为主义心理学日益感兴趣,这主要是因为心理动力学理论在实践中日益暴露出一些缺点,与之形成鲜明对比的是行为主义的研究清晰地阐明了行为中学习、认知刺激(而不是通过内部驱动)和社会心理因素的重要性。第二个发展是人们日益把社会学的理论应用到社会工作中来,这也是由于认识到心理动力学方法的不足之后而作出的反应。社会学理论的大量增加,以及相应的研究机构的扩展,使得社会学对社会工作产生了巨大的影响。西方社会在经过了保守主义统治的50年代之后,民主和社会主义的政府逐渐地取得政权,实施了各种各样的社会改革。美国的济贫计划及其他地方的各种社区发展刺激了社会工作的传统,人们对社区工作及其发展日益感兴趣。第三世界的独立导致了许多左翼政府的上台,这些国家关于社会福利的思想不同于西方传统思想,其强调本土思想的发展,更多地关注社会和社区的发展,而不是西方社会中个体化的社会工作。这些思想反过来对西方社会也产生了较大的影响。

总之,两种不同类型的理论变化是:一种是综合或者整合方法的发展,这种方法重视个案工作中的社会因素,其思想依赖于系统理论;另一种方法则在政治上是激进的,认为根本性的社会变革是必需的,强调社区和集体干预。所以,各种理论竞相发展,很难概括出一种理论发展的特定模式。

三、理论的类型

1959年,蒂姆斯在《社会工作导论:一个面向未来学生的大纲》(*Social work: an outline for the intending students*)中就曾经提出这样的观点:社会工作理论可以分成"借用理论"(borrowed theory)和"实践理论"(practice theory)两个部分。第一部分是说社会工作的理论素材来自其他学科,如心理学、社会学、医学、经济学、政治学等;第二部分指的是来自一般经验积累的理论。第一部分理论为社会工作实践提供认识人和社会环境,以及社会工作专业自身的理论和方法。这部分理论要回答什么是社会工作,什么是社会工作专业的本质特征,社会工作专业的价值、目的、伦理、知识基础和方法论等基本问题。第二部分理论要解决一个社会工作实践的原则和方法问题,是关于社会工作如何行动、介入和干预的理论。借用理论帮助专业工作者认识工作对象及其生活环境,实施理论助于达成社会工作的目标,实现解决问题、改造环境的终极目的。

大卫·豪也把社会工作理论分为两部分,一部分他称之为"为社会工作的理论"(theory for social work),另一部分称之为"社会工作的理论"(theory of social work)。所谓"为社会工作的理论"主要是理论中用来对人与社会的本质、人的行为与社会运行的规则和机制进行解释的那部分内容,侧重于如何解释人与社会的关系,从而为社会工作的实践提供前提性假设;而所谓"社会工作的理论"指的则是理论中用来对社会工作实践本身的性质、目的、过程、方法进行说明的那部分内容,侧重于如何改变人与社会的问题,从而为社会工作提供一套具体的行动指南。另一方面,这两部分理论又紧密相连,"为社会工作的理论"为"社会工作的理论"提供了理论基础和逻辑前提,后者又为前者提供了与具体实践相结合的路径。

皮拉利斯等人在大卫·豪的理论分类基础上作了进一步的改进,将两种理论变成了三种理论,即宏观理论、中观理论和实践理论,中观理论又包含解释性理论和介入模式理论两种类型。其中,宏观理论对人与社会的本质,以及人的行为与社会运行机制进行综合性的说明,解释性理论对人的行为与社会过程中某一方面进行专门解释,介入模式理论对社会工作实践本身的性质、目的、过程等进行一般性说明,实践理论则是社会工作的具体技巧和操作方法。与大卫·豪的理论分类相比较来看,宏观理论与中观理论中的解释性理论都是解释人的行为与社会机制的,这与"为社会工作理论"的内容基本相同;而中观理论中的介入模式理论及实践理论则是对社会工作事件本身的性质、目的、过程和方法的解释,这又与"社会工作的理论"的内容相重合。所以,这种分法实际上是对大卫·豪的二分法的进一步细化。

以上理论家主要从社会工作与其他学科的关系角度来对社会工作理论进行归类。另一部分理论家则采用了把社会科学中其他学科领域的理论分类模式应用到社会工作理论的分类方面。例如,1975年,雷欧纳德在一篇重要的文章中区分了社会科学领域中的两种不同的解释体系,并将这两种解释体系应用到社会工作领域,将社会工作领域的理论体系划分为自然科学范式和人文科学范式两种;同时,在每一种理论范式内,雷欧纳德又划分了两种小的理论立场。详细的分类如表3-1所示。

表3-1 社会工作领域体系划分

自然科学范式		人文科学范式	
立场A	立场B	立场C	立场D
追求自然科学的地位	自然科学与人文科学的目标与方法相似	社会科学依赖主观理解	社会科学是由社会建构的
重视客观性和测量	自然科学是不精确的		意识形态的影响很重要
认为只有感觉能够探究的数据才对社会科学知识有价值	或然性在自然科学和人文科学中都很重要	问题是价值关联的;而答案则是价值中立的	理论的社会经济背景很重要

资料来源:Malcolm Payne,Modern Social Work Theory:A Critical Introduction,Macmillan Education Ltd.1991,p.45,p.67.

雷欧纳德认为,自然科学范式立场A反映了行为主义方法支持者的观点,即只有"硬科学"的解释形式才是可信的;而立场B则认为自然科学和社会科学中的许多领域是不精确的,这反映了一种不太极端的观点。人文科学范式则暗含了另外一种不同的解释模式,立场C认为对于社会科学来说主观理解和价值是非常重要的,而立场D则认为除此之外理论在其中得以形成的社会背景和经济背景也是必须考虑的因素,这是一种典型的激进观点。雷欧纳德认为,不同的立场反映了人们对于社会系统和经济系统的不同的哲学观。

另外一个代表就是威廷顿和霍兰德,他们是在1985年提出的,后来大卫·豪在1987年对社会工作理论进行回顾时继承了他们的分类方法。实质上,这种分类方法主要来自布鲁尔和摩根在1979年对于社会学的分析。他们认为,对于社会本质的哲学立场可以从主观到客观排成一个序列。主观的立场表明这样一种观点:如果不通过对人的行为的理解和解释,那么世界就不能被理解(这是一种宽泛的现象学的、人本主义的观点)。客观的立场则认为,关于世界的知识不需要通过人的理解也能够获得,所以存在社会事实及关于人的行为和自然现象的事实,它们可以通过实验等方法得以验证(这是一种宽泛的实证主义的、经验主义的观点)。这种分类方法实际上受到了上面所介绍的雷欧纳德的观点的影响。关于社会本质的哲学立场还有另外一种维度,即:社会从根本上来说是按照激进的方式变迁的,还是由一系列有规则的互动构成?可以按照这两种不同的连续统来评估社会工作理论。在这种基础之上,威廷顿、霍兰德及大卫·豪进行了分类。

在《社会工作理论导论》一书中,大卫·豪认为这四种社会工作理论之间,无论是在关于人的本质、关于人的行为与社会运行机制的问题上,还是在关于社会工作实践本身的问题的分析上都存在着明显的区别。大卫·豪的分析如表3-2所示。

表3-2 四种社会工作理论的区别

		功能主义者 (调停者)	解释者 (意义的探寻者)	激进人文主义者 (意识的激起者)	激进结构主义者 (革命者)
包含的主要理论		弗洛伊德主义、认知理论、结构功能主义、系统论等	标签理论、沟通理论、人文主义等	激进人文主义、女权主义等	马克思主义、赋权或倡导理论等
关于人和社会的观点		社会是由个体组成的,在功能上相互依存、相互协调的客观有机体	社会是主观的意义世界,是由个人通过符号互动才得以建构起来的	社会是主观的意义世界,但充满了不平等和不公平	社会是由个体组成的,内部存在不平等、压迫、冲突和斗争的强制性结合体
关于社会工作的观点	定义问题	组成社会的个体存在问题	个体所处的环境及个人经验有问题	社会有问题	社会领域对经济领域的非生产性问题
	评估问题	行为出现问题的原因是什么	理解个体的经历	个人的问题带有政治性	经济系统是不平等、不公平的
	确定目标	针对问题行为进行治疗、矫正	挖掘个人的潜能	唤醒人们的意识	改变既有的经济秩序,对财富和权力进行再分配
	解决方案	提供支持性服务以改变行为	劝告、促进对自我经验意义的理解	把个体的经历与社会相联系	批判现有的经济系统,为社会弱势成员而斗争

资料来源:王思斌:《社会工作概论》,高等教育出版社,1999年,第71—72页。

上述各种理论分类方法为以后的社会工作者认识和把握社会工作的各种理论提供了一些有价值的参考框架,但是这些分类方法的缺点也是非常明显的,例如:对于分类标准的设定显然带有主观认定的成分;在对于把哪种理论放到哪一个位置上也值得去探讨。这些分类方式归结起来看属于"理想型"的分类,理论家总是希望能够采用一种完全排他的、明确的标准把各种理论归入不同的位置。尽管不同理论之间的交叉重叠是不可避免的,不同理论之间也会有一些共同的特征,但是,仅仅依据这些共同特征而对理论进行主观认定式的分类,还是有待于商榷。

模块二　社会工作实务理论

通常社会工作者作出决定的因素主要有三类：个体因素、群体因素、结构和制度因素。社会工作理论也相应地分为三类：偏重个体因素的理论、偏重群体因素的理论、偏重结构和制度因素的理论。关于"偏重"某种因素，主要是考虑到社会工作理论的交叉重叠性，某种因素的重要性在某些理论中较为突出，而在另外一些理论中不太突出，甚至基本没有被考虑。

一、个体理论

(一) 精神分析理论

这是在弗洛伊德的精神分析理论及其后来者的理论基础之上发展出来的一种社会工作理论，也是迄今为止，社会工作领域中影响最广泛、最持久的一种理论。精神分析理论的创始人弗洛伊德写了《梦的解析》《日常生活的心理分析》《性学三论》等著作，为精神分析奠定了理论基础。弗洛伊德认为，整个精神分析的基本前提就是潜意识的存在。他说："心理过程主要是潜意识的，至于意识的心理过程则仅仅是整个心理的分离的部分和动作。"（周晓虹：《现代社会心理学史》，中国人民大学出版社，1994年，第67页）

潜意识是人的本能冲动、被压抑的欲望和本能冲动的替代物，其基本特征是非理性、非道德性、反社会性、无时间性和不可知性；意识则是由潜意识过程衍生而来的，是心理的表层部分，是同外界接触直接感知到的稍纵即逝的心理现象；在潜意识和意识之间还有一层前意识状态。

后来，弗洛伊德用人格结构理论代替了早年的意识分层说。他认为人格由三个主要系统所构成，即本我、自我和超我。本我就是生理我，是与生俱来的最原始的人格部分，如婴儿饥饿时就会哭泣；自我是心理自我，是由本我发展而来、经过外部世界影响而形成的直觉系统；超我是社会我或者理想我，是将社会理想的价值观念内化形成人格的一部分。本我和自我的主要区别在于：本我只知道自己内在主观的需要，而自我除了了解内在的需要之外，还能够了解外在世界，从而在个体本能需要与现实环境之间取得协调以求适应；自我在本我和超我之间充当仲裁者，既监督本我，又尽可能满足本我。这三部分之间既区别又相互联系。弗洛伊德认为，只有发展出超我的人格系统才算是发展了健全的社会化人格。在弗洛伊德的人格动力学中，本能是最根本的推动因素，是个体释放心理能的生物力量。他认为本能主要是由自我保存的本能和性本能组成。按照弗洛伊德的理论，人格发展需要经历五个阶段，即口腔期、肛门期、生殖崇拜期、潜伏期、生殖期。在五个阶段中，每个阶段都有其任务和作用，而且在阶段过渡的过程中人会产生焦虑，如果不能克服这些焦虑，则这些焦虑可能被压抑在潜意识中。精神分析理论认为个人的人格结构在六岁之前已经大致发展完成，以后的发展主要是加强这些基本结构。因此，童年时期的生活经历对于个人的人格结构的完善是非常重要的。

弗洛伊德认为，防卫是正常人格的一部分，个人在人格发展的各个阶段都会遇到一些焦虑。当焦虑发生时，一个拥有健全人格的人能够作出正确的判断并且知道采取什么样的方法加以防卫。这些防卫方式包括压抑(repression)、投射(projection)、反其道行之(reaction formation)、固执(fixation)、撤退(regression)。但是,如果防卫的次数太频繁或者防卫的程度太强烈的话,也会形成不良的人格适应。

根据这些理论,社会工作者们在对受助者问题进行诊断的时候,首先就是根据这些理论分析其人格是否健全,找寻其儿童时期的生活经历,然后依据相应的方法制定治疗方案进行治疗。精神分析理论对社会工作理论的发展起到了十分重大的影响,尤其是对于社会个案工作的发展。

(二) 认知理论

这是以认知心理学为基础发展起来的一种社会工作理论。社会工作的认知理论认为:

(1) 只有当人们寻找和朝向自己的目标的时候才能够被很好地理解;
(2) 人们通过他们学习的东西来建构它们各自版本的现实;
(3) 人们通过对外在世界的适应过程来获得生命中的确定性;
(4) 适应的过程受到具有感知能力的自我的影响。

个人的自我一直处于积极活动的状态,并且自我一直和外在世界进行互动,这种互动主要包括三种主要的活动:

(1) 适应:这是指当我们考虑到我们的自我及我们的目标和努力的情况下对外在世界作出的反应过程;
(2) 稳定:这是说当我们处理新情况的时候,我们会力求使我们自身保持平衡;
(3) 设定意图:依据内部目标寻求改变。

在与外在世界互动的过程中,我们会遇到各种刺激的影响,我们对这些刺激的感知主要取决于:

(1) 与其他刺激相比,这种刺激在多大程度上凸显出来;
(2) 这种刺激在多大程度上与另外一种刺激相似;
(3) 这种刺激持续多长时间,是否内在一致;
(4) 这种刺激是完整的还是部分的。

感知能够使我们的思想和感觉与外在的社会世界联系起来。外在世界主要是通过自我来影响适应过程的。自我又可以分为三种:自在自我(being)、自知自我(knowing)和自为自我(becoming)。但是,这三种自我之间也会发生冲突。主要有以下三种情况:

(1) 自知自我和自在自我之间的冲突。如:当我们看到其他人不赞同或者不喜欢我们的时候;随着年龄增长、失去工作或者丧失能力,我们自己的地位和能力已改变的时候。
(2) 自为自我和自知自我之间的冲突。如:当我们寻找特定的目标却受到了社会的动荡不安的影响时;当我们占有机会却没有动机去获得这些机会时,或者因为受到压制、种族歧视或性别歧视而失去这些机会时。
(3) 自在自我与自为自我之间的冲突。如:当我们对自身的观念和我们的动机出现不一致时(例如,当我们得到一份不能令人满意的婚姻的时候)。

当这些冲突发生时,行动者会寻找原因。这种对行为起因的归属对行动者自我及下一步的行动都会有很大影响。这方面的研究构成了认知理论中的归因理论。人们在归因的时候往往会倾向于向三个方面归因:行动者自身(能力、努力程度、行动倾向等)、行动对象及行动产生时的环境因素。但是,人们在归因过程中总是期待着与头脑中预先存在的因果图式相吻合;如果信息不足,行动者往往倾向于根据头脑中预存的因果图式进行填充。但是,也正是如此,行动者的归因往往会出现不正确或者偏颇的情况。结果,行动者的认知可能会出现不平衡或者失调的情况。

但是,当行动者的行动受阻时,行动者个人也会进行学习并改变自身。这种学习主要包括以下四个过程。

(1) 辨别力学习:这种学习能够帮助我们增加对我们自身以及我们所处环境、所遇问题的敏感性。

(2) 观念学习:在处理信息的过程中,人们会学习各种符号、观念。

(3) 规范学习:这是学习的第三种形式,这主要是由于价值、适应及个体对世界的建构之间的互相作用的结果;所以,这种学习与价值、自我观念有关。

(4) 问题解决:这又分为三个阶段:第一个阶段是归纳,在这个阶段中,行动者感知、了解和理解问题;第二个阶段是核心阶段,各种不同的方案被拿出来加以检验;第三个阶段是结尾阶段。

总之,认知理论认为人的行为会受到一些非理性因素的影响,这错误地引导了我们对世界的认识。但是,社会工作者没有必要把受助者的认知看成是错误的,而应该仅仅把它们看成是与众不同的。只有这样,社会工作者才能顺利地或者自然地进入治疗。社会工作的任务就是改变受助者的认知情况,加强他们的学习能力、学习方向和归因方向,从而使他们能够更好地适应外在社会环境。

二、群体理论

(一) 行为主义理论

这是在实验行为心理学的基础之上发展出来的一种社会工作理论。尽管行为主义理论关注的仍然是个体,但是,与精神分析理论和认知理论不同的是,这种理论不再关注人的内心世界,而是转向关注人的外在的行为表现。行为主义的社会工作也是建立在学习理论的基础上的,但是,与心理学倾向的社会工作不同的是,它集中关注那些可观察的行为,它认为研究那些潜藏的思想或意识是非常不明智的。所以,行为主义的社会工作的基础是行为学习理论。

行为主义的创始人约翰·华生1913年发表了《行为主义者眼中的心理学》,标志着行为主义的诞生。华生的贡献有以下两点:

(1) 用行为代替心理或意识成为传统心理学的研究对象,并引入了观察、测验,以及来源于俄国心理学家巴甫洛夫的条件反射法等客观研究方法。

(2) 认为人现在的行为是以往学习的产物,在他看来,人的行为绝大多数来自后天的学习,尤其是童年早期的训练。

不过,华生的行为主义还带有明显的机械主义倾向,他认为人的行为在受到外界刺激的情况下就会作出相应的反应,也即:他认为人的行为服从"刺激→反应"公式。后来,又有不少人发展和应用了华生的行为主义。1939年,多拉德和米勒等人出版了《挫折与侵犯》,提出了著名的"挫折→侵犯"假设,他们认为侵犯行为的出现总是以挫折的存在为先决条件的,也就是说,挫折的存在往往导致某种形式的侵犯。后来的研究又对此加以修正:挫折不会单单导致侵犯,而侵犯也不单单是由挫折引起的,挫折仅仅是个体内部的一种侵犯行为的准备状态,而不是外在的侵犯行为,只有当个体所处的情景中存在激发侵犯行为的线索时,这种内在的准备状态才会转化为外在的行为表现。

行为有正常行为和非正常行为两种形式。正常行为可以学习,而非正常行为也可以在后天习得,只是这种非正常行为的习得不利于人对外部环境的适应,甚至会成为一种破坏性力量。研究者发现,在行为学习的过程中存在一种模仿机制。模仿可能是无意识的模仿,也可能是有意识的模仿,其中有意识的模仿又分为:(1)适应性模仿,人们为适应新的生活而模仿他人的行为;(2)选择性模仿,人们经过思考而有选择地模仿。19世纪末,法国社会学家塔德就在《模仿律》中提出了模仿的三条定律:(1)下降律:下层阶级具有模仿上层阶级的倾向;(2)几何级数律:在没有外界干扰的情况下,模仿行为将以几何级数的速度增长;(3)先内后外律:个体对内群体行为方式的模仿一般总是先于对外群体行为方式的模仿。

除了模仿之外,行为主义者认为整个学习过程有驱动力、线索、反应和强化等过程。驱动力是指任何能够激起有机体产生行动的刺激,如饥饿、寻求赞同等;线索是指决定有机体在何时何地发生何种反应的刺激,如他人的行为方式;反应是指先天的或后天的行为模式;强化是指能够使反应不断重复的力量,如因为学习好而得到的物质和精神奖励等。后来,班杜拉又对先前的行为学习的强化理论进行了修正。他认为,行为的学习可以在没有强化的条件下完成,只是行为的表现需要强化。而且,人不仅受到自己行为的直接后果的影响,还受到观察他人行为所得结果的影响,即替代强化;以及由个人对自己的评价、认知所产生的强化的影响,即自我强化。

总之,行为主义理论强调外界刺激的作用、环境对于个人行为的影响。依据行为主义理论,社会工作者的主要任务就是调整受助者的生活环境、改变受助者遇到的刺激,并采用一定的削弱机制矫正受助者的问题行为,使其逐渐削弱不良行为,并习得正常行为,再进而强化这些正常行为。社会工作的目的就是帮助受助者学习和掌握恰当的反应模式。

(二) 系统理论

这种理论是在社会学领域的功能主义理论和一般系统理论的基础上发展起来的一种理论。系统论的主要概念有:(1)系统,即一个由发挥着各种功能的、相互依赖的各种要素构成的有机整体。系统又可以分为:封闭系统,即不与外界发生交换的系统;开放系统,即与外界进行交换的系统。系统内部物质和能量的交换要大于系统之间的交换。(2)输入,即能量被允许穿过边界进入系统内部。(3)生产能力,即能量在系统内部如何被使用。(4)输出,即能量穿过系统边界进入环境之中。(5)反馈,即系统对环境的输出会以信息或能量的形式反馈给系统。(6)熵,即系统使自身的能量保持下去的倾向。

系统论把人与其生活的环境也看成是一个系统。对于社会工作者来说,他所面对的受助者也是处在某种生活环境,即特定的系统之中,社会工作者要想对受助者进行治疗,就必须关注他所生活的系统环境。一般而言,下列三种系统对于个人来说是有益的:

(1)非正式的或者自然的系统,如家庭、朋友;

(2)正式系统,如社区群体、贸易联合会;

(3)社会系统,如医院、学校。

但是,行为有问题的人不能很好地利用这些系统,这是因为:第一,这些人的生活中可能不存在这些系统,例如,一个人可能没有什么亲戚朋友;第二,人们不了解或者不想使用这些系统,例如,一个受到父母虐待的儿童不知道到哪里寻求帮助,或者害怕向警察求助;第三,这些系统可能会给这些人带来新的麻烦;第四,这些系统可能会与其他的系统相互冲突。

社会工作者的任务就是查明在受助者与其生活环境之间到底是哪些因素引起了问题。但是,社会工作者不宜将受助者及其生活环境中的任何一方看成是有问题的,因为这二者之间总是处于不断的互动之中。社会工作者的目标就是帮助受助者实现人生的任务、减轻压力、达到对受助者来说有重大意义的目标。社会工作者必须关注私人事务与公共事务之间的关系,因为个人遇到的问题往往是由于其生活于其中的社会环境造成的。所以,社会工作者在实际工作中要做到以下七点:

(1) 帮助人们使用和改善他们自身对问题的解决能力,例如,学习与家人相处的技巧;

(2) 在个人与资源系统之间建立联系,例如,帮助一个残疾人进入社区生活中心,并且使他不至于因为自身的残疾而受到嘲笑或歧视;

(3) 改进个人与资源系统之间的互动,例如,帮助一位因性别歧视而丧失工作机会的人获得合法权益;

(4) 改进资源系统内部人们之间的互动,例如,家庭成员之间、工作单位内部同事之间;

(5) 帮助发展和改进社会政策,例如,通过努力促使国家对就业过程中存在的歧视问题进行立法;

(6) 给予实际的帮助;

(7) 成为社会控制的行动者。

总之,社会工作者在运用系统理论的过程中会遇到下列四种主要的系统:第一,由社会工作者及社会工作机构组成的工作系统;第二,由受助者本人及其家庭、生活的社区、工作的单位等共同组成的受助者生活系统;第三,受助者想要达到的目标系统;第四,受助者为了达到目标而产生的行动系统。社会工作者要紧紧抓住这些系统内部的关系及这些系统之间的关系而开展工作。

(三) 行为偏差理论

这是在社会学理论的基础上发展出来的社会工作理论,其主要关注的是行动者所处的社会文化环境对于行动者行为的影响。

1. 失范理论

杜尔凯姆首先提出"失范"的概念,即社会体系缺乏规则或无规范的状态的描述。失范一般所描述的是一种社会规范的衰微、冲突、含糊或不存在的状态,以致有人不知道该做什么、该怎么做,甚至不能控制自己的欲望,更不能分享共同的目标。杜尔凯姆的《自杀论》说,在社会变迁非常剧烈的时期,人们往往无法预期他人的行为是否会遵守社会理念或合理地组织他们的行为,因此也无法预料遵从或越轨会受到奖励或惩罚。例如,有人可能在股票炒作上一夜暴富;有人可能因退休金的存款利率急剧下降,而无法维持其生计。社会团体成员面对这样的事情一再发生时,就会产生对既定的奖惩体系的是否遵守的问题。所以,在混乱又无效率的迷乱情境中,很容易出现某些越轨行为。

美国社会学者默顿将杜尔凯姆的失范理论加以引申,他认为,当社会的文化与结构之间存在紧张或冲突时,越轨就可能产生。但是,在社会快速变化和社会不平等广泛存在的环境中,属于某些群体的人可能很少或根本没有机会通过合法的途径去实现文化上的成功目标。社会结构限制了他们获得成功的机会。这种群体中的人就会体验到社会失范,他们可能失去对这些目标的兴趣,或者失去通过合法的途径达到成功目标的兴趣,或者同时失去二者。人们在失范情境中可能有四种越轨反应的方式:

(1) 创新(innovation)：接受目标(如获得财富)但拒绝社会认可的手段,而代之以"新"的非法手段,如贩毒以求暴利。

(2) 仪式主义(ritualism)：机会受阻的个人接受手段但拒绝目标,相对来说,这一类型并不常见。

(3) 退缩(retreatism)：拒绝目标也拒绝手段。例如,某一大学生因为学习屡遭挫折而自暴自弃,以酗酒来麻醉自己,便是一种"退缩"的反应。

(4) 反叛(rebellion)：拒绝文化上赞同的目标和手段,代之以新的与他人协调的目标和手段。例如,某一大学生因蒙受不白之冤,无处申述,转而参加不良帮派以谋报复,便是一种"创新"的反应,也是一种"反叛"的反应。根据这个理论,社会工作者的主要任务就是使受助者了解社会规范,并知道违反社会规范的后果,同时也要努力开拓一些合法的途径,使受助者能够达到其合法的目标。

2. 文化传递理论

文化传递理论最初是由美国犯罪学家克里福德·肖和亨利·麦凯提出的。他们在芝加哥附近的一个高犯罪率的地区进行研究,发现虽然这一地区的民族构成发生了几次大的变化,但高犯罪率在这些邻近地区持续了20多年。因而他们得出结论：越轨行为有时会形成一种次级文化规范,转移给社会团体的下一代成员或新进成员,这种转移主要体现在通过孩子的游戏群体和青少年团伙学习越轨行为。在理查德·克劳沃德和劳埃德·奥林的研究中是这样说的：虽然社会环境试图劝导人们遵从社会规范,但劝导的内容并非总是一致。父母、教师及其他社会化主体有时传达的不是遵从而是越轨的态度。在监狱,新来的犯人完全暴露在同一监狱内老惯犯的影响之下。老囚犯向年轻的同监犯传授更多、更有效的犯罪方法。

埃德文·萨瑟兰提出差异联合理论(theory of differentiation association),尝试解释越轨行为的传递如何发生。他认为,犯罪行为和其他行为一样,都是学习来的。人们在与他人的沟通中学习犯罪,尤其是从个人所亲密归属的群体中最容易学得。个人若是与从事犯罪或不良行为的人交往,就会学习其从事这类活动的方法和技巧。他还会对这些行为的形成给予合理的解释,并将其价值置于其他的传统行为之上。所以,人们在接受越轨思想影响的同时,也在接受遵从思想的影响。只有当走向越轨的社会化强度超过走向遵从的社会化强度时,一个人才会变成越轨者。在这一过程中,有五个因素起到了关键作用。第一,与他人的关系强度。家人及亲密朋友的越轨观念,比一般人有较大的影响力量。第二,时间的先后。早期生活上所感受到的偏差行为对后来的行为影响力较大。第三,时间的长短。感染越轨观念的时间越长,越容易表现出越轨行为。第四,频率。感受越轨概念及行为的频率越高,越容易出现越轨行为。第五,强化。接触他人越轨行为的支持次数越多,越增强其越轨行为的表现。

所以,该理论提醒社会工作者要注意受助者受到生活环境中有越轨行为的人的影响。

3. 标签理论

这是以社会学家埃德文·雷梅特和贝克尔的理论为基础形成的。这一理论主要从主观层面探讨越轨行为的产生。标签理论家们吸收利用了符号互动论的思想,集中探究越轨的过程而非越轨的原因,认为越轨不全是个人行为品质所决定的,而是他人应用规范并制裁违反者的结果。也就是说,一个行为和其违反者只有被他人认定为越轨时才变成了越轨。一个人是"正常"还是"有问题",与周围环境中的社会成员对他及其行为的定义过程密切相关。因此,社会工作一个重要的任务就是通过一种重新定义的过程,使那些原来被认为"有问题"的人恢复成为"正常人"的自信心。

雷梅特将越轨行为分为两种:初级越轨(primary deviance)和次级越轨(secondary deviance)。初级越轨,指偶尔卷入违反社会规范的行为,并未对个人的心理形象和社会角色扮演发生持续性的影响;次级越轨,指卷入违反社会规范的行为,并被其他人标签为越轨而且越轨者本人也这么接受了。在次级越轨中,越轨者必须围绕越轨者的角色来认知他们的行为和自我观念。如果他们自己将其行为认定为是越轨者,那么别人就会界定他们为越轨者。所以,社会工作在这一理论层面上的主要任务就是做一个协调者,努力使受助者生活环境中的其他人肯定受助者的非越轨行为;同时,也应该努力使受助者自身改变行为,相信其自身的改造潜能。

(四) 沟通理论

沟通理论认为当我们采取某种行动的时候,我们总是为了响应某些获得的信息。信息可能是事实,也可能是我们捕捉的其他东西,如情绪、记忆、身体的感觉,或者别人对你的看法等。捕获这些信息后,我们必然要作出评价,这就是信息处理的过程。然后,我们再给对方予以反馈。对方就会得到一些关于我们如何接受他的信息和如何评价他的信息。按照处理信息的内部规则,我们总是会重视一些信息,忽略另外一些信息,这就是所谓的"选择性感知"(selective perception)。在信息沟通中,即使沉默也是一种沟通。而且,所有的沟通都必须放在特定的背景中去理解才会产生现实意义,在某个地方、某段时间内显得奇怪的行为,在另外一个地方或时间内却是非常正常的。沟通方式有口头沟通,也有非口头沟通;另外,还有一种元沟通(metacommunication),它是对于人们之间关系本质的一种探讨。许多人在沟通过程中可能会遇到许多问题,例如,人们在沟通中没有很好地捕捉到信息,或者他们作出了错误的评价,或者他们没有给出让对方容易理解的反馈,等等。这就是"信息处理阻断"(information processing block)。根据沟通理论,社会工作的一个基本任务就是帮助受助者消除这些沟通过程中的障碍,使其能够顺利地与人沟通。具体方法是:

(1) 帮助受助者获取信息;
(2) 帮助受助者作出反馈;
(3) 帮助受助者发出信息;
(4) 帮助受助者筛选、整理、改变来自外界的信息。

为了防止沟通阻断现象的出现,更好地帮助受助者与其生活环境中的人或组织沟通,社会工作者首先要做好自己与受助者之间的沟通工作,例如,与受助者一起讨论如何解决问题,把社会工作者的做法告诉受助者,并向他解释为什么这样做是恰当的。

三、结构和制度理论

(一) 马克思主义理论

(1) 生产方式。社会生产中商品的生产方式,也指人与人结成的社会关系。资本主义生产的典型的社会关系,即整个社会越来越分化为工人和资本家两大阵营。

(2) 阶级。在马克思主义的理论中,阶级的概念被用来解释社会变迁。马克思主义认为社会总是处于不断的变迁之中,社会关系不是静止不变的。阶级就是那些具有共同利益的社会集团,这是由生产关系决定的。

社会工作者是工人阶级的一部分,因为他们也是靠出卖劳动力为生,他们的角色是站在资本主义国家机器的立场上通过教育和对人们行为的调适,使资本主义的社会关系得以再生产。所以,他们的角色是矛盾的。要从根本上改变社会关系,首先就必须认识到阶级之间的利益冲突和斗争的重要性,即要有阶级意识。但是,大部分人在生活中往往更多的是想方设法保护自己的利益,而不是积极地谋求社会变革。只有阶级斗争才能带来深刻的社会变迁。所以,要想取得一些大的社会变迁和进步,社会工作者就必须与工人阶级联合起来。社会工作者可以通过一些信息的传递和有关福利权利的建议,使工人阶级认识到国家机器在资本主义压迫工人阶级过程中的作用。

依据马克思主义的理论,社会工作者在实践过程中可以有很多作为,例如:(1)与其他类似活动的人联合起来工作,尤其是社区环境中;或者在各种劳资谈判中与工人阶级联合起来。(2)帮助建立家庭生活和社会生活中的协作机制,使个人不再感受到市场经济中人与人之间那种普遍的陌生感、疏离感,使个人建立起良好的集体意识。(3)帮助家庭应付市场经济及消费主义对家庭生活的冲击。(4)介入儿童和妇女的社会化过程中,因为儿童还没有完全社会化,比较容易改变他们的世界观和人生观,而社会工作者也完全可以帮助妇女摆脱传统的家庭分工和劳动分工。(5)使人们意识到自身的经历正是经济发展、生产方式及制度安排的结果,例如,市场经济的发展要求家庭规模变小,老龄人口成为社会的大问题。

(二) 女性主义理论

社会工作的各种模式大多数是以男性为中心建立的,使用男性的语言和思维方式进行工作,女性的声音却因为男性主导视角的存在而被压抑了。所以,女性主义者想要追求的是依据女性自己的视角和有别于男性的价值来理解女性的生活经历。女性主义的社会工作理论根植于20世纪六七十年代的妇女运动。人们在对女性压抑的关注过程中开始怀疑那些对女性的帮助的价值。所以,性别平等的观念,以及平等主义成为女性社会工作的主要问题。

性别对于女性的生活经历来说影响很大,女性的社会角色、社会地位甚至自我意识都受到性别的界定,如是否结婚、离婚或未婚;而男性更多受到其他因素的影响,如工作。尽管女性之间也存在许多差异,如工作地位的差异、种族的差异、权力地位的差异等,这些差异的存在使不同的女性对于社会生活的认识和期望也会不同;但总的来说,女性之间还是有很多共同点的,例如,既要做家庭主妇又要工作,既要与男性生活在一起又要照顾男性,既要做母亲又要照顾孩子和老人,等等。特定的社会性别使得女性成为社会生活中的照顾者、男性的隶属者。社会工作者应该首先辨别出女性的这些共同特征,以此为基础开展社会工作。

女性主义自从兴起以来已经发展出许多不同的流派,总的来说主要有自由主义的女性主义、激进的女性主义、社会主义的女性主义、马克思主义的女性主义、黑人女性主义、后现代的女性主义。这些不同流派的女性主义对社会工作的影响也各不相同。总的来说,这些女性主义的流派都包含以下一些方法:

(1) 把女性作为理论分析和实际工作的出发点;

(2) 以解放女性为目标;

(3) 以一种平等的方式与女性一起工作;

(4) 与其他女性集体工作;

(5) 对女性负责；

(6) 把女性个人的生活经历与她们所处的社会地位相联系；

(7) 在女性之间建立联系；

(8) 使人们认识到人际关系中的权力关系；

(9) 承认女性主义活动中程序的重要性；

(10) 注重理论与实践相结合；

(11) 承认、尊重并且能够辨别出女性之间的差异；

(12) 进行自我批评并对批评作出回应；

(13) 尊重女性并且使女性的价值重新得到评价；

(14) 发展出不同的世界观，如女性的世界观，并且能够此时此地就应用到实践当中。

因此，女性主义的社会工作理论主要关注女性所受到的社会压抑，社会工作的目的就是探究由于社会生活中存在的性别歧视而导致的对女性的压抑，并且努力排除由此带来的影响，从而使受助者能够获得更大的自由，把握自己的生活，并且增加她们自我成长和发展的能力。

(三) 赋权或倡导理论(empowerment and advocacy)

这是受马克思主义影响而形成的一种社会工作理论。

在现实生活中，社会工作者更多地关注一些小的社区或者关注个人、家庭和小的群体，而不是一些政治行动。这些小规模的社会工作实践不与大的社会结构存在发生冲突；但是，他们认为通过实实在在地改进受助者的经历也可以促进社会的变革。所以，在这种思想的指引下，社会工作者更多地关注少数民族、女性等社会弱势群体。社会工作者在这方面主要扮演的是一个倡导者和赋权者的角色，即：关注并呼吁社会来关注弱势群体的权益保护问题，同时，通过各种途径为受助者向现存的社会秩序争取权益，或者促使现存的社会秩序作出一些制度性的安排以保障受助者的权益。这种指导小规模的社会工作实践理论，就是赋权或倡导理论。

所谓倡导，其目的就是要改善受助者对他自己的生活、社区和服务的控制和卷入情况。个案倡导(case advocacy)由专业工作者实施，目的是为了让受助者接受为他设计的计划；原因倡导(cause advocacy)则站在受助者所在的社会群体的立场上促进社会变革。

赋权的目的，就是运用特定的策略减少、降低、阻止和改变社会强势群体对社会弱势群体的负面评价(negative valuation)。但是，社会工作者的工作机构也是社会强势体系中的一部分，它可能会有意无意地作出负面评价。因此，平等的对待每一个受助者是非常重要的，只有这样才能有助于减少普遍存在的社会歧视。

赋权的目标，就是让受助者把他们自身看成是寻找问题解决方案的能动者，把社会工作者看成是拥有知识和技能并能为其所用的人，同时也把社会工作者看成是解决问题过程中的合作者，把权力结构看成是复杂的并且可能被部分地改变。

社会工作者在该理论的角色定位是：(1) 资源顾问。以一种改进受助者自我评价和问题解决能力的方式把受助者和资源联系起来。(2) 催化剂。帮助受助者增加对自我的认识。(3) 老师或训练者。向受助者传授一些有助于问题解决的方法和技巧。

除了以上这些理论外，还有其他的社会工作理论，如危机介入理论、任务中心理论、人文主义理论、后现代主义理论等。

课后实训题

强强,男,16岁,1米83,初三就读。个人爱好篮球运动,非常崇拜NBA球星麦迪;喜欢打网络游戏,尤其是魔兽游戏。强强从小由爷爷、奶奶带大。父亲为国家某部委工作人员,母亲是名军医,9岁时父母离异,强强跟随父亲。目前强强跟爷爷、奶奶、父亲一起生活。爷爷、奶奶都是退休老干部军人,老家湖南,曾经参加过抗美援朝,非常有地位和荣誉,也算是知识分子阶层。家庭经济情况算比较宽裕,在吉安有两处房子,目前主要住在爷爷、奶奶单位分的房子里,算是一个高档社区。父亲自己还有另外单独的一套房子,离单位近但离家远,还有一辆很高档的车。这是一个高薪阶层家庭,但又不是很奢华,爷爷、奶奶看着很节俭。

问:在该案例中,受助者面临哪些问题?其潜在的资源有哪些?如何结合理论进行具体分析?

项目四

社会工作实务的通用过程

社会工作实务的通用过程,是指适用于为个人、家庭、群体、组织和社区提供服务的,由朝向一些既定目标的系统化的系列行动组成的助人过程。社会工作的通用过程吸取了存在于各种助人模式中的、普遍的和共同的因素,为社会工作者在助人过程中组织起自己的想法和行动提供了基本的指引。社会工作的通用过程包括接案、预估、计划、介入、评估和结案六个阶段或称步骤,每个阶段或步骤都有不同的工作任务、内容、方法与技巧。

【学习目标】

- ◆ 了解社会工作实务的通用过程
- ◆ 掌握不同工作阶段的任务、内容
- ◆ 熟悉不同工作步骤的方法、技巧
- ◆ 通过学习为实践活动提供理论指引

【案例导入】

留守儿童的成长困境

小丽,女,9岁,父母长期在外打工,小丽从小由奶奶抚养。由于父母常年不在身边,生活中缺少玩伴,因此小丽性格孤僻、沉默寡言。上学以后由于和同学缺少沟通,同学们都排斥她,使得小丽缺少自信,上课也不能集中精神听课,成绩一直不佳。一次与同学发生争执,同学们都排斥她、耻笑她,更让小丽觉得无地自容,并且不愿再去学校上课。小丽奶奶不知道怎样教育孙女,于是叫回在外打工的小丽父母,小丽母亲得知小丽不愿上学,非常生气,不问缘由将小丽痛打一

> 顿。小丽认为父母只知道挣钱,出了事情不问缘由就打她,不够关心她,不够爱她。小丽害怕妈妈再打她,回到学校上课,可是厌学情绪依然存在,性格更加封闭。小丽奶奶经人介绍来到社区,向社工寻求帮助。
>
> 思考:针对小丽的情况,社工介入过程是怎样的?每个阶段的主要任务是什么?

模块一　接　案

"接案"是社会工作实务过程的第一步,是社会工作助人活动的开端,也是整个助人过程的基础和起点。

一、接案阶段社会工作者的主要任务

在接案阶段,社会工作者的主要任务是了解受助者的求助过程、初步评估受助者的问题、建立专业关系、决定是否服务、订立初步合约。

(一) 接案的重要性

1. 什么是接案?

所谓接案,是指社会工作者开始与受助者接触时的第一步工作,包括社会工作者与受助者就社会工作者的角色和受助者的需要而展开的沟通,包含了社会工作者如何与受助者开展工作的知识和技巧。成功的接案是专业助人活动的前提。

2. 接案的意义

接案期的工作非常重要,它的目标是要通过与前来求助的受助者的接触,在社会工作者和受助者之间建立起一个彼此信任的、良好的专业关系,使其成为"实际的"受助者,同时为后续的预估和介入打下良好的工作基础,以便社会工作者和受助者能以此为起点一道工作,实现服务对象和社会工作的目标。其重要性包括以下五点:

(1) 澄清社会工作者和受助者双方的期望和义务。接案工作的意义在于使有关各方了解各自的期望,明白各自应尽的义务,避免因误解而给后续工作带来障碍。

(2) 激励受助者。对双方各自角色和责任的了解能够激励受助者为解决自己的问题而努力。

(3) 促进和诱导受助者的改变。如果社会工作者在接案时即与受助者建立起信任的关系,就能增强其参与助人过程的意愿,否则会造成因受助者没有了解其任务而中途退出的问题。

(4) 影响后续工作关系。接案过程不仅决定着受助者是否能从潜在的服务对象变为现有的服务对象,而且影响着受助者在后续服务中与社会工作者的关系,以及参与助人过程的积极性。

(5) 影响今后的互动。接案阶段的早期印象会对社会工作者与受助者今后工作中的互动产生影响。如果这个阶段的工作不成功,随着助人过程的推进,会严重影响工作的顺利进行。

(二) 接案阶段的主要任务

1. 了解受助者的来源

一般来说，受助者的来源通常有三种情况：

(1) 主动求助的。所谓主动求助的受助者，是一个人、家庭或团体、组织、社区带着超出他们能力之外不能解决的问题主动前来寻求帮助。这种受助者通常是比较了解社会工作机构相关服务信息的，他们知道机构能够为他们提供什么服务。因而，机构提供的服务与他们的期望两者之间具有较大的一致性。

(2) 他人转介的。这种受助者是由他人转介而来的，他们可能是由社区内的相关机构（如街道办事处、居委会）或邻居发现因存在严重的个人、家庭或群体问题而影响到了正常的社会功能发挥，从而要求社会工作者介入来帮助他们解决问题。

(3) 由社会工作者主动接触而成为受助者的。对于由社会工作者认定为受助者的人来说，没有主动求助或者说没有求助动机并不等于他们就不需要服务、不想得到服务。面对此类受助者时，社会工作者的重要工作和任务，是消除他们对机构和社会工作者的不信任甚至是怀疑，引导他们接受服务。

2. 认定受助者的类型

受助者真正接受机构服务之前，他们都还是"潜在的受助者"。换句话说，从服务受益的人才是真正的受助者。要使接案工作顺利进行，社会工作者需要在接案前对受助者的类型进行辨别，以便提供合适的服务。

(1) 自愿型受助者。认识到需要协助而自己主动求助的，以及由他人介绍而接触社会服务机构并愿意成为其服务对象的人。这类"自愿型受助者"求助动机强，社会工作者比较容易与之建立关系，机构的服务与他们的需要也会比较吻合。

(2) 非自愿型受助者。那些由政府、法院或其他有权力的部门或个人（包括父母、老师等）转介给社会工作的服务机构、以协助其解决问题的受助者，他们是被动接受服务的人。这种特性使得他们在接受服务时通常会存在或表现出某些抗拒情绪和行为。这种受助者虽然是被动接受服务的人，但如果他们拒绝服务则可能会有不良后果。例如，流浪儿童并不是依法必须接受服务的人，但由于拒绝接受服务，他们中的有些人在街头会受社会不良分子的欺侮、教唆、控制、威逼做坏事。所以，社会工作者要识别哪些人或者哪些群体是高危人群，主动劝说他们接受服务。

(3) 不自愿或被强制接受服务的受助者。那些依法必须接受社会服务机构服务的人。因为他们是在法律规定下接受服务的，我们称之为"强制接受服务的受助者"。这些受助者如果不接受服务将依法受到相应的"制裁"，这种特性使得他们在接受服务时通常会存在或表现出某些抗拒情绪和行为。在社会工作的助人活动中，与这类受助者的专业关系通常不易建立，需要进行相当细致的工作，同时需要非常娴熟的工作技巧。

3. 了解受助者的求助过程

为了准备接案，社会工作者除了需要了解受助者的来源、类型外，还要了解他们的求助过程。前来社会工作机构求助的受助者通常带有不同的问题和不同层次的需求。一般来说，大多数受助者来求助是在尝试自己解决问题不果后所作的最后选择。例如，研究显示，城市因下岗失业而陷入贫困境况的家庭和个人，当他们因孩子上学、家人生病而需要帮助时，通常首先是向家人和朋友等非正式助人网络求助，申请低保是最后才采取的行动。

4. 使"潜在受助者"成为"现有受助者"

现有受助者,是指前来社会工作服务机构求助,并已经使用社会工作者所提供的资源或正在接受社会工作者协助的受助者。

潜在受助者,是指那些尚未使用或接受社会工作协助和社会工作资源帮助,但未来可能需要服务资源和协助的受助者,或者当受助者并没有求助,但可能需要协助,或者是虽然没有求助,但已妨碍他人或其他系统社会功能的正常发挥时,他即成为潜在的受助者。例如,在一个父母因孩子学校生活适应困难而求助的案例中,学生在老师介绍下接受社会工作者的协助,这个学生即是社会工作的实际受助者。学生的父母因为感觉自己的孩子与其他同龄孩子不同,对教育孩子感到非常困惑,不知如何处理孩子在性格、学习和成长方面的问题,因而对孩子的问题束手无策,故需要协助的还有这个学生的父母,因此父母就是潜在的受助者。

二、接案的步骤及核心技巧

接案是一个有结构的操作过程,遵循一定的步骤并使用专业的方法技巧,包括准备、面谈、收集资料和记录。

(一)做好面谈的准备并拟定初次面谈提纲

为了顺利进行接案会谈,事前的准备工作非常重要。准备工作主要包括资料准备和拟定面谈提纲等。

1. 资料准备

负责接案的社会工作者在面见受助者之前要做好接案的资料准备工作。

(1)事先研读受助者资料,记下不清楚的地方,以便在面谈时进一步了解情况。

(2)了解其是否接受过服务。如果是其他机构转介来的受助者,则要阅读以前服务机构的记录,以便在会谈时有的放矢地与他们沟通交流,避免由于不了解情况而让受助者有不被重视的感觉。要让他们感觉到社会工作者明白其需要,并且是为他们着想的,从而愿意接受社会工作者的协助。

(3)了解受助者是否有特殊事项需要谨慎小心处理。如是否有精神健康方面的问题,并为此做好预防工作,必要时可以邀请相关专家一起与受助者见面。

(4)走访社区。通过受助者的社会网络来了解其社会功能及社会处境方面的情况,包括走访受助者的家人、邻居、朋友、居委会及相关的街道办事处、派出所等。社会网络本身不但可以直接给受助者提供帮助,其所提供的有关受助者的信息也可以帮助社会工作者对受助者有更深入的了解。

2. 拟定面谈提纲

详细的面谈提纲可以帮助社会工作者理清工作思路,从而在面谈时有备无患,且能够有序并有效地与受助者进行沟通。提纲的内容一般包括:

(1)介绍自己和自己的专长;

(2)简要说明本次会谈的目的和内容,双方的角色和责任;

(3)介绍机构的功能和服务、相关政策(如保密原则)和工作过程;

(4)征求受助者对会谈安排的意见,对机构和社会工作者的期望;

(5)询问受助者是否有需要紧急处理的事情,以便提供及时的协助。

(二) 面谈

1. 面谈的目的

促使受助者进入助人过程中是接案阶段的重要工作,而面谈则是主要的工作途径,是社会工作者与受助者之间一个面对面地讨论问题以确定是否建立专业协助关系的过程,同时也是一种有意识、有目标的人际互动。

2. 面谈的主要任务

(1) 界定受助者的需要和问题。对受助者的需要和问题的界定是通过会谈来进行的。社会工作者要注意,受助者自己对问题的看法是界定问题时最重要的起点,因此,在使用沟通技巧与受助者会谈时,受助者所关心的问题、他们的困惑即是界定问题的入手点。这时的主要工作包括以下三点:

第一,了解受助者寻求帮助的原因。了解他们生活中发生了什么使得受助者需要求助。

第二,了解受助者对自己的看法。他们认为自己存在什么问题?有什么困难和需要?问题的范围、持续时间、原因及程度如何?等等。

第三,了解受助者希望达到的目标。社会工作者要了解受助者的求助愿望,了解他们希望从与你的接触中获得什么,解决什么问题,产生什么结果;受助者解决问题的动机强不强,面谈中的表现如何,什么是他最担心、忧虑的,什么是最希望的,这些是否就是使事情或者问题发生转机的契机和动力,等等。

(2) 澄清角色期望和责任。面谈要澄清双方的期望和应尽的责任,通过协商减少差异,并尽量发现受助者那些隐藏的动机,使双方彼此能坦诚相见,相互信任。同时要互相澄清并讨论对对方的角色期望,包括:受助者对自己的角色期望,对社会工作者的角色期望;社会工作者对受助者的角色期望,对自己的角色期望;对比并找出双方与各自想法的差异和距离;协商并达成一致的看法。接案面谈时如果不将期望和责任明确,有关各方可能会在工作一段时间后发现大家对问题有不同认识,对方有不同期望,轻则会伤及双方的专业关系,重则使工作陷入僵局,而不得不从头开始。

(3) 激励并帮助受助者进入受助角色。接案面谈是社会工作者与受助者建立专业关系的开始,此时,社会工作者要帮助并引导受助者逐渐接受自己的角色,以便双方能够相互配合,包括:其一,进行角色引导;其二,训练并帮助受助者逐渐接受其角色。这样做的好处是双方能有一致的目标,不会因工作过程中有不如意就放弃自己的责任。进行角色训练的方法包括展示助人过程,详细说明受助者应有的适当行为。也可以通过观看录像带、直接观察社会工作者为其他受助者提供的服务,或者与以前的受助者分享他们的受助经验等来促进受助者进入角色。

(4) 促进和引导受助者态度和行为的改变。接案面谈时双方的良好沟通会成为激励受助者改变的动力。当社会工作者和受助者为改变态度和行为所进行的努力出现效果时,受助者解决问题的动机也会得到强化。

3. 面谈的技巧

(1) 主动介绍自己。主动介绍自己在初次面谈时是一个非常重要的技巧。一般来说,当社会工作者接受有关人士的要求而介入受助者的生活时,很多时候会引起对方的愤怒和焦虑。无论是对个人、家庭还是群体来说,与社会工作机构和社会工作者接触都意味着他们需要协助,这在一个非常看重面子的社会里不是一件很容易的事。受助者中有些人由于不了解机构和社会工作者的意图而对社会工作者怀有很强的戒心,一直要到他们能够让自己明白你协助的动机、你对他们有多少了解、你到底要干什么时,他们才能接受你的介入。因此,要打消受助者的戒心和防卫,一个好办法就是社会工作者主动介绍自己,向他们说明协助的目的,主动介绍机构的目标、功能,自己的工作经验和专长,对求助受助的看法,等等,这些都会有助于消除受助者的疑虑,使他们顺利进入受助者的角色。

(2)沟通。所谓沟通又称为人际沟通,是一个人和另一个人(或两个以上的人)借助语言或非语言符号互相交换观念、信息、态度、感受和情感等内容的动态过程。社会工作者在接案阶段通过面谈与受助者进行沟通的内容包括:了解受助者的问题和需要,交流双方对受助者的问题和社会工作机构的功能,以及社会工作者的角色的看法和期望。在社会工作者与受助者沟通上述"事实性"内容之外,社会工作者也要有意识地与受助者进行治疗性沟通。所谓治疗性沟通(或具有治疗效果的沟通)是指这样一种人际沟通:通过人与人的交往,达到一个人对其他人进行帮助的目的。

(3)倾听。倾听是面谈的基本技巧。倾听技巧的运用包括如下三个方面:第一,因为倾听即是通过语言和非语言行为向对方传达一个信息,"我正在很有兴趣地听着你的叙述,尝试理解你",所以,倾听包括社会工作者通过身体传达的对受助者的专注,以及从态度上所传达的内心的专注。第二,面谈中的倾听不仅是为了了解情况,也是为了建立专业关系,鼓励对方更加开放自己,以使社会工作者能更多地了解受助者的情况。第三,倾听时不仅要"听",还要有"参与",与受助者互动,对受助者的叙述给予适当的回应。回应既可以是言语性的,也可以是非言语性的。比如,用"嗯""是的""然后呢""请继续"等言语来鼓励对方继续说下去,或者用微笑、眼睛的关注、身体的前倾、相呼应的点头等传达你的关注。

4. 面谈中回应受助者的方法

(1)对受助者的想法与反应有透彻的了解。面谈时,大多数受助者会有如下一些顾虑:一是因为不愿意被别人看作是弱者,所以不愿意接受帮助;二是怕别人知道求助而丢面子,从而失去原先被尊重的地位和权威;三是对能否改变目前的处境信心不足;四是想改变,但又不愿花时间和精力;五是担心改变及改变所带来的后果;六是害怕(或实际已遇到)生活中的重要他人对改变的阻拦。针对受助者的上述顾虑,社会工作者要做到对他们的想法与反应有透彻的了解,有的放矢地消除顾虑,这样才能让受助者放下包袱,促进双方的沟通。

(2)将自己与受助者融合。通过了解受助者及受助者的处境,对照自己对受助者的感受和他们对接受服务过程的感受,缩短自己与受助者的心理距离。

(3)敏锐地感觉受助者的各种情绪态度及反应。这里包括语言的和非语言的——表情、衣着、情绪及言谈举止——暗示,将受助者的感受用语言表达出来,使受助者有"知我者,社会工作者也"之感,从而愿意接受帮助。

(4)向受助者表达愿意协助的态度。在某种意义上说,社会工作者愿意协助的态度是接案成功的关键,很多受助者都是从社会工作者的态度中感受到了关切,从而增强他们改变决心并接受社会工作协助的。

(三) 收集资料

1. 资料收集的范围和内容

(1)个人资料。年龄、性别、籍贯、教育程度、家庭情况、婚姻状况、职业、收入状况等。

(2)身体情况。受助者的健康状况、营养状况、既往病史、用药情况等与当前问题之间的关系;了解受助者的病史,有无残疾、遗传病及长期慢性疾病,目前的生理状况如何等。

(3) 受助者的特点与能力。如受助者的心理状况、智力水平、认知能力、个性特点、自我概念、情感及行为方式等。

(4) 受助者所处的社会环境。受助者的人际关系状况,与家人、朋友、同事的关系;受助者成长的背景、学习、工作和生活的环境,例如,家庭的经济状况,家人之间的关系形态,父母的影响,以及邻里关系等。

2. 收集资料的主要方法

收集受助者资料的方法有很多:亲自向受助者进行询问;向受助者的相关人进行咨询,如为受助者进行过治疗的医生、给受助者提供过帮助的人等;查阅受助者的档案记录;进行家访;等等。

(四) 初步预估

初步预估的任务主要是界定并确认受助者的问题,对照机构功能看是否能够处理,通过了解受助者对问题的看法,看受助者是否愿意由社会工作者协助,最终达成服务协议,同时确定受助者要解决的问题的轻重与先后次序,看是否需要马上处理一些对受助者有严重影响的问题。

在接案阶段,社会工作者必须要确定所能提供的服务是否能够满足受助者的需要,解决他们的问题,这是此时作预估的最主要原因。此时,社会工作者必须粗略地掌握受助者的需要或问题,以便知道受助者将得到的服务是否就是他们所需要的。如果发现机构不能提供受助者所需要的服务,就要尽快地将其转介给其他机构。

(五) 建立专业关系

1. 什么是社会工作的专业关系?

社会工作的专业关系是社会工作者与受助者之间态度与情感的互动,目的在于帮助受助者与环境之间达到更适应的合作关系。

2. 社会工作专业关系的功能

社会工作者与受助者之间专业关系的本质是,它提供了受助者与社会工作者之间一种有意义的联结,激发了受助者的学习动力,使得受助者愿意利用社会工作者的协助,自觉接受社会工作者的影响。因此,专业关系能够使工作过程有计划、有目标、有亲切感,成为促进受助者改变的动力。

3. 社会工作专业关系的特点

专业关系是社会工作者与受助者之间为解决问题而进行的一种联结,是双方的一种默契,表现为存在于两者之间的一种气氛和协议。它有如下五个特点:

(1) 有一个双方共识的目标;

(2) 有一个特定的时间架构,即有时间的限制;

(3) 在此关系中,社会工作者不以自己的利益为取向,而以受助者的利益为中心;

(4) 在这个关系中,社会工作者是握有专门知识、具有专业伦理和专门技巧的权威;

(5) 这种关系是"控制性"的,社会工作者要掌握工作的大方向,并控制自己的感情投入和采取的行动。

4. 建立专业关系的技巧

(1) 同感。增进同感的能力可以从两个方面入手:一是在没有与受助者正式接触前,通过阅读受助者资料,琢磨和投入他们的感受和所关心的事情中,借此增进对受助者的认识和理解;二是想象和感受受助者所面对的一般情况、特殊情况和目前所处的与社会工作者关系的阶段,问自己如果是你,会有什么感觉和想法,以此增加对受助者的同感。

(2) 诚恳。社会工作者要在专业关系中始终保持诚恳的、开放的、真实的态度。向受助者实事求是地介绍机构的政策和社会工作者的角色,而不加以任何修饰;完全以受助者的需要作为自己工作的出发点,接纳受助者,全神贯注于受助者的处境。

(3) 温暖与尊重。社会工作者要关心、关注受助者的一切,并能够向受助者传达这种情感,包括:对受助者的责任感,关心、尊重、了解、希望促进受助者提升生活质量的愿望,以及愿意为此提供协助的意愿。

(4) 积极主动。积极主动的态度表明社会工作者对受助者有兴趣,关心他。但积极主动并不意味着对受助者的控制和支配,而是要在适当的时间里给受助者适当的回应。

(六) 决定工作进程

在初步接触和面谈后,双方要决定下一步需要采取的步骤,一般来说,有如下三种可能。

1. 终结服务

在完成对问题界定的任务后,社会工作者需要作出一项决定,即终结服务还是继续服务。这要考虑机构的功能是否能满足受助者的需要。当如下情况存在时,即可终结服务:

(1) 机构缺乏合适的工作人员;缺乏具有必要技能的工作人员。

(2) 受助者或其问题不在机构正式或经常的职责、使命或功能范围之内;社会工作者认为其他机构的资源、服务质量更优越。

(3) 其他机构具有处理特定受助者或问题的特权(如社区矫正服务的专门机构)。

(4) 当受助者不愿接受服务、机构功能不符合受助者需要、或已经解决了问题时。

(5) 受助者对问题的看法和期望与社会工作者所能提供的服务不相符;社会工作者所能提供的服务不能解决问题;受助者没有充分的动机投入必要的时间、力量和资源。

2. 转介其他服务

转介可以是正式的,也可以是非正式转介。

3. 进入下一个助人阶段

如果受助者与社会工作者对问题有共识,受助者又愿意由机构和社会工作者提供协助,那么接下来就要对问题的轻重缓急与先后顺序进行讨论。

(七) 签订初步的服务协议

经过了以上的初步接触阶段,社会工作者与受助者双方对各自有了一个基本的了解,此时社会工作者与受助者就可以签订一个初步的服务协议。服务协议的内容:

(1) 对受助者问题的初步界定;

(2) 机构和社会工作者可以提供的服务;

(3) 相互的角色期望及暂定的工作时间长度。

服务协议的形式可以是书面的,也可以是口头的,主要目的在于双方有一个目标与约束,以便使后续工作富有成效。

三、影响接案成功的因素

影响接案成功的因素因人而异。常见的接案不成功的影响因素包括如下六个方面。

(一) 社会工作者和受助者的期望不一致

例如,有些流浪儿童希望社会工作者给他们提供刮风下雨时的临时住所,而社会工作者却希望将他们安顿下来,并提供必要的教育,帮助他们回归家庭、回归社会。在这种情况下,社会工作者与受助者的期望不一致,如果双方不能调和,就不能成功接案和提供后续服务。

(二) 社会工作者的能力不足以提供帮助

例如,当受助者患有精神疾病,而社会工作者没有相关的专业训练时,就要将受助者转介给其他相关的专业服务机构。

(三) 临时事件和外部障碍

例如,当受助者搬迁、患病、被捕时,就可能使服务中断。另外,有时受助者的家人出于各种原因不愿让其接受服务,给接案带来阻力。

(四) 受助者不愿接受帮助

有些受助者对接受社会工作机构的协助存有疑虑,不信任机构;有些受助者认为,接受服务就意味着自己没有能力,因此拒绝受助。

(五) 社会文化因素

社会文化中有关求助与受助的观念和看法也是影响能否成功接案的重要因素。在中国文化中,助人被看作是行善,是积德和崇高的行为,也是做人的本分。但从受助方来看,要求或接受他人的帮助是很有讲究的。一般中国人以"差序格局"来区分远近亲疏,决定接受来自外界帮助的先后次序。人们首先是接受"自家人"的帮助,其次才是"他人"的帮助。接受"他人"的帮助对讲究"面子"的中国人来说不是一件小事。因为,接受帮助等于承认自己处于无力改变的处境中,而且欠下了助人者的一笔人情债。再有,一般来说,个人和社会对于因个人错误或人格问题而导致的困难与因社会环境因素而对个人造成的困难的态度是有分别的。对于前者,社会的同情小,当事人也比较羞于求助;对于后者,社会的宽容与同情都比较多。很多人是由于惧怕因求助而引起的压力和负担而不愿接受帮助。社会工作者要对此有所认识,才能知道如何处理影响成功接案的相关的文化因素。

(六) 不同专业间的配合出现问题

当受助者需要接受不同专业的服务时,社会工作者要对此进行协调,避免重复提供服务,或者相互竞争。如果不同专业为争取受助者而竞争,就有可能导致受助者无所适从,终止专业关系。例如,社区青少年事务社会工作者已经与网瘾少年小亮进行了接触,但学校社会工作者要求接管工作,社区工作者就不能成功接案。

四、接案应注意的事项

(一) 决定是否需要紧急介入

社会工作者要谨记,并非每个个案都是从接案开始的,遇到紧急情况(如自杀、性暴力问题)时,就要跳过其他阶段直接进入介入程序。社会工作者要辨别受助者问题的迫切性和严重程度,从而决定何时和如何开始工作。例如,对离家出走的孩子来说,社会工作者需要及时将他们安置在儿童保护中心;如发现有被虐待危险的孩子,则要提早进行预防。这些都需要决定是否跳过接案阶段,而提供紧急介入服务。

(二) 权衡是否有能力处理问题

受助者的需要是多方面的，接案面谈使社会工作者有机会通过与受助者的沟通交流来了解他们的需要，权衡是否有足够能力为受助者提供所需服务。例如，在处理离婚案、婚外恋问题时，社会工作者一方面需要审视自己的价值观是否与受助者的价值观有冲突，另一方面要权衡自己的专长是否能够处理受助者的问题。如果双方的价值观有严重冲突并影响到自己对他们的态度和行为时就要及时进行转介。通常是向机构的督导报告，由他们安排其他合适的人选，机构为受助者继续提供服务。

(三) 决定解决问题的先后次序

很多时候受助者的问题不止一个，社会工作者需要协助他们辨识问题的轻重缓急，及时满足最迫切的需要，使服务能有效果。需要注意的是，社会工作者应该与受助者一同讨论决定解决问题的次序。工作的原则是：第一，尊重受助者意向；第二，先易后难。这样既能使受助者愿意努力作出改变，增强改变的信心，又能让受助者有机会认识自己解决问题的能力，从而成功与他们建立专业关系。

(四) 保证受助者所要求的服务符合机构的工作范围

社会工作者要保证提供的服务是受助者所需要的，并且不因机构和社会工作者的原因阻碍和延迟受助者需要的满足，致使问题延续或者恶化。

模块二 预 估

社会工作者接案后要进一步了解受助者的情况，了解受助者出现问题的原因。为了帮助受助者，社会工作者需要了解受助者的详细信息和资料，从而能够全面地认识和了解他们，并且能够对他们所表现出的问题给予解释。这个工作过程，就是社会工作助人过程中"预估"阶段的工作。

一、预估的目的、任务、特点及原则

(一) 什么是预估？

所谓预估，即是收集与受助者有关的详细资料、了解受助者问题形成的过程，是依据既定情境中的事实与特点推论出有关受助者问题含义的暂时性结论的逻辑过程。换句话说，预估就是收集资料和认定问题的过程，是把所有有关受助者的资料组织起来并使其具有意义的专业实践活动。

(二) 预估的目的

1. 识别受助者问题的客观因素

为了有效协助受助者解决问题，在与他们建立专业关系之后，社会工作者的第一步工作就是要收集与受助者和其问题有关的资料，包括：

(1) 受助者的背景资料；

(2) 与受助者生活有关的重要系统的资料；

(3) 问题因何发生、存在了多久、使用过的处理问题的方法等。

了解上述资料是为了更好地了解受助者的问题，认识、了解问题情境中的主要因素，并针对上述诸点作深入研究。

2. 识别受助者问题的主观因素

所谓主观因素,是指受助者对问题的个人感受。识别问题的主观因素即是要认识受助者是如何看待自己的问题的,站在他的角度来理解这些问题对他的意义,他为什么会有如此的主观理解,这些问题对受助者现在的社会心理有什么影响。理解受助者问题的主观因素是评估问题的重要方面。

3. 识别受助者问题的成因与使问题延续的因素

预估的目的在于得到对受助者问题的深入认识,识别那些造成受助者问题的原因和使问题延续的因素,让社会工作者能够由表及里地探查问题,而不仅仅是停留在问题的表面。

4. 识别受助者及环境中的积极因素

预估的目的在于达到对受助者和他的问题的正确认识和判断。社会工作者要注意,预估不但要集中在对受助者问题的认识上,更重要的是找出受助者系统内外的资源,并运用这些资源去帮助他们。识别环境中的积极因素,即是运用专业知识去思考、辨认情境中可以成为改变资源的部分,将着眼点放到受助者的能力和优势上。

5. 决定提供服务的方式和内容

进行预估的目的是要找出正确的方法和介入途径去帮助受助者。帮助的方法多种多样,包括个人工作、小组工作和大型活动,很多时候需要综合运用这些不同的方法来帮助受助者。预估的目的就是要提出解决问题的建议,计划如何使改变现状的愿望变为现实。

(三) 预估的任务

(1) 了解受助者存在的问题,问题的性质、成因、程度及对受助者的影响。

(2) 了解受助者个人生活经历及行为特征,包括受助者的人格特征、能力、优势和弱点。

(3) 了解受助者与环境的互动状况,及其对自身问题的认识和改变的动力与能力。

(4) 了解受助者所处的环境系统的状况,包括家庭、朋友、工作单位、邻里及社区的情况,从中找出有利于和不利于受助者改变的因素。

(四) 预估的特点

1. 持续性

预估是一个动态、持续和有焦点的过程。随着社会工作者与受助者接触的不断增加,相互间信任的不断发展,社会工作者对受助者及其问题的认识和了解也会越来越深入,所以需要不断地对问题进行再预估。所谓"动态"的意思即是说,预估要根据改变过程的进度不断进行,根据变化了的情况随时调整工作的步调与目标。因为这种调整和预估贯穿于整个助人过程之中,因此说它是一个持续的过程。

2. 社会工作者和受助者共同参与

预估的重点是人的需要和问题。社会工作者在进行预估时要清楚地刻画和说明受助者所面对的需要和问题是什么。此外,预估也是一个社会工作者与受助者一同参与的过程。社会工作者要与受助者一起发现问题、了解问题的成因,共同寻找解决问题的方法与途径。因为,只有受助者最了解自己及自己的处境。在参与预估的过程中,受助者会对自己和问题有越来越清晰的认识,这样的预估才准确。

3. 行动取向

预估不仅仅是为了说明问题,更是为介入行动服务的,是具有行动倾向的;预估不但要说明减少和解决问题的方法,同时也要指出采取什么行动来消除问题。

4. 有可识别的步骤

预估是一个"科学"的行动过程,是有计划、有步骤的。预估的逻辑起点是从收集与问题有关的资料开始,通过将资料进行系统整理分析,勾画出问题的性质与状态,最后得出预估报告。这个过程是系统有序的,可以重复的。

5. 渗透了专业判断

预估是一个涵盖了知识运用、专业判断和决策的过程。例如,在纷繁的问题面前如何收集资料、收集谁的资料等都不仅需要运用知识,也需要进行专业的判断。社会工作者要切记,专业判断不等于先入为主,要以事实和资料为依据。同时,预估也是一个分析与行动并重的过程,社会工作者要运用专业判断帮助受助者。

6. 有局限

任何预估都不可能是尽善尽美的,因为,人们对问题的认识和了解、认识的能力都是有限的。预估的局限性提醒我们,在助人实践中,要不断修正先前所作的判断,为受助者提供符合他们需要的服务。

(五) 预估的原则

1. 个别化原则

个别化原则来源于受助者的特点。社会工作者相信,每个人都是独特的,都具有长处和弱点。预估要准确反映受助者的特点及其问题的特殊性,这样才能使介入工作是有的放矢的、有效的、为着特定的受助者的。

2. 合作原则

预估需要受助者一同参与,来决定探索问题的领域和探索的方式。所以,预估也是一个社会工作者与受助者合作的过程。受助者的参与将使对问题的预估更全面和更准确。

3. 避免片面

为了确保资料的准确性,社会工作者要采用多种方式收集资料,以防止资料的片面性,保证资料的可信性。

4. 避免简单归因

因为人是社会性的,他们的问题与其生活的环境密切相关。因此,预估时要尽量全面,避免对问题作简单归因。如此,才能识别出问题与环境、与其他因素之间的关系,识别出问题的产生、演变与发展的过程,使预估为科学的介入提供坚实的事实依据。

5. 兼顾受助者的弱点与长处

预估要采用"优势和能力"视角,既要找出受助者的弱点,也要发掘其长处。发现弱点能够帮助社会工作者认识和知道受助者的问题所在,而发掘优点和长处则可以为社会工作者提供解决问题和满足需要的资源。兼顾弱点和长处的预估才是全面的。

二、预估的基本步骤

预估是由系统中有序的程序组成的,是一个不断循环往复、向前推进的过程。

(一) 收集资料

能否对受助者的问题有正确的认识和判断,在一定意义上取决于我们所能得到的资料,以及资料所提供的信息。因此,收集资料就成为预估的第一步工作。

1. 个人资料的收集

(1) 基本资料。年龄;简历;社会经济地位;生活中的重要人物;相关的社会系统等。

(2) 主观经验。受助者如何看待自己的问题;自己觉得问题出在什么地方;原因是什么;问题持续的时间、频率和强度;问题的后果;为解决问题所作的努力;使用的方法等。

(3) 解决问题的动机。受助者是否有不适感;受助者对解决问题的希望等。

(4) 生理、情感和智力方面的功能发挥。生理方面:健康状况、活力水平;情感方面:处理情绪、挫折和愤怒的能力;智力方面:认知能力、抽象思考能力、作决定的能力。

2. 环境资料的收集

受助者的环境资料包括家庭、亲属、邻居、学校、工作单位,以及可以得到的其他资源的系统。

(1) 家庭状况。对家庭的了解:家庭成员的基本情况;家庭的基本情况,包括家庭收入状况、居住环境、家庭成员的健康状况等;家庭成员的角色和互动情况,包括夫妻、父母、兄弟姐妹、父母—子女的角色;家庭规则,包括如何解决分歧、冲突,家庭的权威关系;家庭成员的沟通方式,包括如何表达期望、需要、情感等;家庭关系,包括家庭内的次系统;家庭的决策和分工方式。

(2) 社会环境。预估社会环境时需要考察:社会支持系统及其功能发挥;物理环境及对受助者需要满足的程度;受助者对环境资源的主观认知;受助者的社会网络环境;社会的体制和组织环境等。

3. 交互作用

受助者的问题可能出在他(他们)与环境间的交互作用上,所以,收集资料的第三个领域是受助者与其环境间的交互作用方面。交互作用是指个体或群体、组织、社区与其环境交接的状况,指示出"环境中的人"这一视角中各系统间关系的性质。由于任何一种交互作用一般都会受到其他系统交互作用和关系的影响(如母子关系会受到母亲与孩子父亲和其他家庭成员关系的影响),所以,社会工作者需要将其他各系统间的交互作用作为资料收集时的一个重要组成部分,这样才能对受助者的问题有更好的了解。

4. 收集资料的方法

收集预估所需资料的方法很多,社会工作者要根据实际情况灵活运用多种方法,以便全面地了解受助者和他们的社会环境。具体来说可采取以下五种方法:

(1) 询问。询问的方式主要有以下几种:

会谈:会谈可以是个人会谈,也可以小组进行。要使会谈有成效,社会工作者需要掌握会谈的技巧,如提问、话题衔接、澄清、反映感受、释意和总结等。

角色扮演:以角色扮演方式收集资料在某些情况下可以帮助社会工作者了解受助者的需要和问题。例如,以角色扮演的方式让一对关系紧张的父子将他们的互动方式展示出来,社会工作者可借此了解父亲和儿子各自的需要和感受,他们处理问题的方式和方法,以及他们之间的关系形态,从而发现问题所在。

问卷调查:问卷是非常有用的收集资料的工具,特别是在社区工作中,利用问卷可以收集社区需要、问题和居民意愿等资料。问卷的问题可以是结构性问题,也可以是开放性问题。结构性问题为受助者提供了一系列可供选择的答案,开放性问题则让他们按照自己的想法自由选择答案。

结构性问题例子:

你与邻居见面的次数是多少?(请在选项括号内打"√")

（　）一个月不到2次

（　）一个月2—4次

（　）一个月5—6次

（　）一个月7—8次

开放性问题例子:

请列出你对社区环境最不满意的三件事:

A _____

B _____

C _____

完成句子:当不能直接获得资料时,运用完成句子这种方式可以获得相关资料。例如,为探询儿子对父亲的感受,可以请当事人完成下面的句子:

当时,我爸爸就会责骂我。我跟爸爸在一起时不快乐,因为_____

（2）咨询。为作出准确的预估,社会工作者也常常向其他专业人士咨询意见,以求对受助者的问题有全面、正确、科学的认识。如社会工作者为自闭症儿童提供服务时,常常向有关医学专家咨询自闭症的病理与临床治疗知识,以获得对受助者问题的科学认识和有关受助者问题的资料。社会工作者也可以通过转介让受助者接受其他专业系统的预估来获取受助者问题的资料。例如,对那些适应工作有困难的受助者,社会工作者可以转介他们去作职业评估、心理评估,从而获得对受助者个人资料的全面了解。

（3）观察。通过实地观察,可以增加社会工作者对受助者及其社会环境的了解,增加对问题的实地感受,使所收集的资料更丰富和准确。观察有参与观察和非参与观察两种。在非参与观察中,观察者置身于被观察的对象或系统之外,观察对象不受观察者的影响,相对来说,这样收集的资料比较客观。但由于观察者是局外人,因而也会限制对观察现象的深入理解。在参与观察中,观察者自己本身也是观察系统的一分子。例如,小组工作者在领导小组时就既是参与者,同时也是观察者。这种特点使得观察者能够融入所观察的现象中,但同时也要注意在参与观察中不因过度介入而影响到所观察的现象。

（4）家访。家访是社会工作收集资料时常用的方法。在家访中,社会工作者有机会观察受助者在自然的家庭生活环境中与其家庭和相关社区系统的互动形态,观察和了解到很多在机构会谈中不能发现的东西。

（5）利用已有资料。这主要是利用机构已有的受助者资料、机构转介资料、工作报告、调查研究报告及政府机构所提供的有关问题与政策的资料等。受助者若有其他方面的档案资料,也都可作为收集资料时的重要来源。例如,学生的成绩单、品德鉴定,低收入家庭申请救助的资料等。这些资料对了解受助者的问题具有重要参考价值。

(二) 分析资料

受助者的资料与问题资料本身并不会说话,它们在很多时候甚至是支离破碎的。要使资料具有意义,就要对它们进行整理,找出它们之间的逻辑关系,进而进行分析和解释。所谓分析,是把整体分解为部分,以发现整体的性质、目的和作用;而解释则是阐明事件的含义,使之能够被理解。分析资料的具体方法有以下四种。

1. 排列次序

按顺序和重要性对资料进行排序,将其排列成为在时间上有先后次序的、在逻辑上有因果联系或者有其自身脉络的事件图。

2. 发现

识别资料间的关系或形态,发现资料各部分间的逻辑关系,将零散的资料组合成为一个完整的整体,从而对受助者的需要和问题有完整的了解。

3. 识别

识别是指将那些形成问题或者可以缓解问题的因素找出来,进而确定事件各因素间的关系和形态,确定导致问题的原因。识别要求社会工作者从问题的表面深入问题的内部,通过探查问题内在深层的因素,找出问题形成的本质原因。

4. 对受助者的问题与需要作出解释

所谓解释,即是将所获得的有关受助者系统的资料、直觉及受助者和社会工作者对需要与问题的认识加以整理和组织,形成概念性的认识,去解释问题。在解释清楚的基础上才能寻求解决办法,从而去改变问题情境。

(三) 认定问题

在掌握了丰富的资料后,社会工作者下一步的任务便是要探究受助者的情况、问题与需要,形成问题阐述。这要从六个方面来做。

(1) 描述受助者的问题与需要。问题是什么,问题的范围、原因、严重程度及持续的时间。

(2) 描述问题是如何发生的,问题发生的原因是什么。描述受助者的问题与需要的发展情况:问题是在什么情况下产生的,产生的时间与先后次序;受助者和其他重要系统的反应及应付措施。

(3) 描述受助者的处境及其社会系统的情况。确定受助者系统、目标系统和行动系统,描述出受助者系统之间的关系、受助者系统与目标系统、行动系统之间的关系。

(4) 探究受助者问题得不到解决的原因。作为社会工作者要知道,受助者问题得不到解决的原因非常复杂。首先,受助者对问题的看法很可能就是影响他们解决问题的原因。例如,很多弱智儿童或脑瘫儿童的家长认为,自己命苦,有这样的孩子只能认命。因此,他们很可能根本没有尝试过解决自己的问题和困难,"忍受"是他们对待困难和问题最常用的方法。其次,对问题的处理方法也会影响问题的解决。例如,对于问题青少年的教育,有人认为应该采用严厉的惩罚手段,也有人主张采取放纵、放弃的方法,这两种极端的方法都不能真正解决问题。第三,与资源系统的联系和关系形态也会影响问题的解决。例如,脑瘫儿童的生活自理能力差,很多学校因此不愿收他们入学。这样,脑瘫儿童与教育资源系统的关系便成为脑瘫儿童上学难问题的原因。最后,政府对资源系统的政策协调也是影响解决问题的重要因素。例如,脑瘫儿童的上学难问题,并不是因为缺少教育资源,而是脑瘫儿童与教育资源的连接出了问题,需要政府有关部门制定政策,协调学校与有关脑瘫儿童康复训练的工作与政策,解决脑瘫儿童受教育的问题。

(5) 描述受助者系统的发展阶段。无论受助者系统是个人还是家庭,他们都有其"生命周期",也有与生命周期对应的发展阶段及其各发展阶段的特征。同样,一个小组或社区在为某项工作而运作时也有其发展的不同阶段。了解受助者系统的发展阶段与状况,能够帮助社会工作者加深对问题与需要的认识和理解。

(6) 描述并鉴定受助者系统的资源状况。预估受助者参与解决问题的动机强度、学习的能力、资源和时间等情况。

(四) 撰写报告

认定问题后就可以准备撰写预估报告了。预估报告要清楚表达对问题的认识,为社会工作者自己和受助者、社会工作机构、法庭,以及那些与受助者有关的系统提供关于受助者的需要与问题的准确和详细的信息,作为下一步制订介入计划的依据。

1. 撰写预估报告应注意的事项

(1) 确定报告的目的和读者:报告给谁看?要达到什么目的?
(2) 确定报告应使用的资料。
(3) 将资料组织成为有意义的不同部分。
(4) 将事实与判断分开。
(5) 语言简洁精练。

2. 预估报告的结构

(1) 第一部分:资料和事实。这部分主要是对问题的呈现,包括问题的时间及涉及的人和系统,以及受助者和问题的背景,如家庭背景、教育背景和学业、就业历史等。

(2) 第二部分:专业判断。这部分要阐述如下内容:对资料的理解;对受助者问题的评估;对形成问题原因的分析,对问题原因的理解和解释;判断改变的可能性和改变的益处。

三、预估的主要方法

预估的方法很多,包括上面介绍的各种方法。社会历史报告、家庭结构图、社会生态系统图和社会网络分析等方法具有简明和直观的特点,是进行预估时经常使用的方法。

(一) 社会历史报告方法及其运用

社会历史报告是通过对受助者社会生活历史的梳理,将各种信息进行整理分析后的综合报告。社会历史报告的内容主要包括受助者社会生活历史的资料及社会工作者对这些资料的思考和预估。社会历史报告包含的资料有以下三个方面:

(1) 受助者系统的资料;
(2) 受助者关心的事项、需要、与需要相关的问题,这些事项的发展过程;
(3) 受助者现在的能力和限制等。

表 4-1 为一张具体的社会历史报告信息表。

表 4-1 张敏社会历史报告信息表

接 案 信 息	详 细 说 明
导致现在的问题及求助行为的重要事件	2006 年 3 月张敏递交起诉书,准备与丈夫离婚。同时重返工作,在一家大公司做清洁工。孩子们放学后,由姥姥帮助照顾 张敏不存在虐待儿童的问题,但她意识到离婚对她和孩子影响很大,表示愿意接受辅导

(续表)

接案信息	详细说明
受助者处理问题的方式及效果	张敏在面谈中不愿提离婚的事,她说自己还没有告诉家人,因为离婚不是什么值得骄傲的事情,告诉也没用。妈妈和妹妹知道这事。虽然上班时,妈妈帮助照顾孩子,但是张敏并没有与她妈妈深谈自己的这些事情 张敏处理家庭危机的方法是,不让孩子问父母的离婚问题。孩子想念爸爸,当她们提起爸爸时,即被张敏认为是不孝顺,并粗暴地对待孩子。张敏的表现反映出她可能还不能处理好婚姻问题带给她的影响
受助者的情绪状态	面谈中,张敏表现得安静、谨慎,有所保留。她的肢体语言(交叉手臂,眼睛经常向下看)表明她不愿公开讨论离婚问题,也不愿讨论对待孩子的粗暴态度和过激行为 在从1到10的压力测量指标中,10代表最不堪压力,张敏对自己的评价为"8" 小女儿小玲在面谈中情绪激动。她能够敞开谈论家里发生的事,通过一个游戏和玩具表达自己的悲伤和痛苦。她能够描述发生的一切,能够向学校老师说明情况寻求帮助——尽管是以一种消极的方式,如指责妈妈打她、责骂她
精神疾病记录	无
健康情况	未发现健康问题
经济情况	丈夫还继续给张敏钱,张敏说钱够用。但她担心丈夫可能有一天会不再给家里钱,为防万一所以开始重新工作
暴力/虐待史	无
支持网络	张敏的妈妈和妹妹。张敏与其他亲友保持距离并拒绝向他们寻求帮助 张敏并不反对丈夫回家看孩子。她认为孩子对父亲回家很高兴,而她也并未对此作出消极反应
接案社会工作者的评价——有风险及须进一步调查处理的地方	张敏需要鼓励和支持,帮助处理她的愤怒和悲伤,她也需要与两个孩子进行沟通,告诉她们家里发生的事情 通过小玲在游戏中的角色扮演,社会工作者帮助张敏认识到应该停止打骂孩子。为了让自己有更多的时间平复情绪,社会工作者建议张敏暂时延迟外出工作的计划 与整个家庭进行会谈将有助于张敏和孩子明白怎样相互理解 张敏的精神健康情况需要进一步检查跟进,她可能有抑郁症,因此有转介心理帮助的必要
需要的转介服务	小玲和小梅可以转介到社区阳光青少年中心,由社会工作者提供孩子"放学后照顾服务" 张敏可转介到本机构的离婚自助小组

(二)家庭结构图描述方法及运用

家庭结构图也称家庭树或家庭图谱,是以图形来表示家庭中三代人之间关系的方法。家庭结构图可以直观地提供有关家庭历史、婚姻、伤病等重要家庭事件、家庭成员间的沟通和互动状况等重要信息,帮助社会工作者了解受助者的家庭模式、受助者在家庭中所处的位置,以及家庭对受助者的影响等。家庭结构图的内容与功能有以下三个方面。

(1)描述家庭的历史。

(2)提供有关家庭婚姻、死亡、家庭成员所处的地位和位置、家庭结构等与受助者有关的简要信息。

（3）包含家庭几个不同世代关系的资料；提供社会工作者有关家庭关系、资源、受助者问题与家庭间关系等方面的资料。

使用家庭结构图作预估时，需要社会工作者和受助者一同为家庭结构图加上图示，包括家庭的代际间关系、主要家庭事件、家庭成员的职业、死亡、家庭的迁移和分散、角色的分配和指派、家庭内的关系及沟通模式等。

在家庭结构图中，要使用不同符号来表示包括上述内容在内的特定的含义。一般用方形和圆形分别表示男女性别；用线段表示家庭成员的关系形态或者婚姻状况：实线代表已婚，虚线代表未婚；从夫妇关系衍生下来的孩子以线段相连，父母和子女之间、子女之间用粗细实线表示关系的紧密和不紧密状况，虚线表示关系有问题和关系不好；夫妇分居和离婚分别用"/"和"//"符号表示，孩子以出生时间从左到右排列，死亡的家庭成员在方形或圆形图上用"×"表示；还可以在每个图示上注出家庭成员的名字和年龄，以不同符号表示有关结婚、分居、离婚、死亡等情况。例如，M'1999 表示 1999 年结婚，C'2000 表示 2000 年同居，S'2004 表示 2004 年分居，D'2005 表示 2005 年离婚等。另外，还可以用一些简单符号来记录家庭生活中的重大事件，如家庭成员的出生/死亡、毕业、工作/工作变动、生病、搬迁、意外事故、伤害等，在图下以说明的方式记录事件发生的时间、地点、信息提供者等。

家庭结构图示例：

受助者姓名：张敏，接案日期：2006 年 5 月 23 日

第一，表现出的问题

张敏的女儿小玲告诉学校班主任，她妈妈最近几个月经常责骂和打她。起初社会工作者怀疑这可能是虐待儿童个案，后经调查确认，儿童虐待问题不成立，但张敏被介绍来要求做家庭辅导，以帮助她处理离婚问题。

第二，家庭结构和家庭关系

第三，背景信息

张敏与丈夫结婚 15 年，有两个女儿，小玲（13 岁）和小梅（15 岁）。6 个月前，丈夫在上海做生意时认识了一个年轻女人，他们的婚姻开始恶化，两个月前在大吵一架后丈夫不再回家。据张敏说，他们的婚姻已无法挽救，她已经起诉离婚。同时，小玲告诉学校老师，妈妈经常打骂她。张敏承认自己不能处理好离婚及离婚所带来的负面情绪，工作问题和女儿的叛逆也带给她很多压力，导致她不能很好地控制情绪并偶尔打骂孩子。

张敏的家庭结构图见图 4-1。

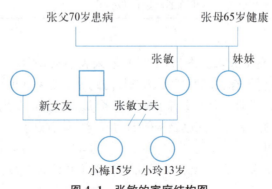

图 4-1 张敏的家庭结构图

社会工作者签名：_____　　日期：_____

督导签名：_____　　日期：_____

(三) 社会生态系统图方法

社会生态系统图也简称为生态系统图，是根据生态系统理论发展出来的。

1. 生态系统图的功能

生态系统图展示了受助者的社会环境，清晰地呈现出个人、家庭、群体、社区及社会系统之间的相互作用和影响，有效地将受助者与外在环境系统的关系通过图形的形式呈现出来，说明了系统之间能量的流动和各系统间的关系本质，以及上述关系与受助者需要和满足需要的资源系统、受助者问题之间的关系。

生态系统图具有如下功能：

（1）描述受助者的社会功能；

（2）以直观的方式呈现受助者与这些系统的关系；

（3）勾勒出系统间的交流；

（4）呈现可使用资源的相关信息。

从生态系统图中，我们可以得出一幅整体图像，从中可以看出哪些是个人、家庭、群体和社区可运用的资源，哪些资源或支持力量不足或不存在，从而认识个人、家庭、群体和社区与环境之间关系的本质（通常以连接图中各系统的不同线段表示关系的性质，包括强、弱、紧张等，以箭头表示关系及资源的流向）。

根据受助者的生态系统图，社会工作者可以问下列问题：

（1）受助者收入能否满足基本需要？

（2）受助者能否获得足够食物和合适居所？

（3）受助者的邻里关系是否和谐？居住的环境是否安全？

（4）受助者能否获得足够的预防性医疗服务和良好的医疗资源？

（5）受助者能否获得所需资源？是否会因地理环境、缺乏必要的沟通工具（例如电话等）、交通设施等因素而使受助者未能获得所需资源？

（6）受助者是否与邻居、朋友及社区组织保持良好关系？

（7）受助者是否属于某些群体，或参与其活动？

（8）社会系统是否能接受其他不同的文化、不同种族的价值观？个人、家庭、群体或社区现时持有的价值观是否与周遭的环境有所冲突？

生态系统图所带出的这些问题能帮助社会工作者认识和判断受助者的需要、问题及满足需要和解决问题的途径与方向。

2. 生态系统图的绘制方法

首先，用圆圈将受助者家庭系统表示出来，并将受助者置于圆圈的家庭系统，然后将受助者及其家庭的社会环境系统包含的人和团体、组织、机构等用圆圈（或方形）表示出来；接着，用线段将各系统即圆圈连接起来，圆圈间的距离表示了关系的亲疏；连接圆圈间的线条构成则代表关系的本质：实线代表关系紧密，虚线表示关系不紧密，曲线表示关系有问题、有张力或关系紧张；系统间关系线条的箭头则表示关系的方向性。

下面以孟健的个案来具体说明社会生态系统图的分析方法。

孟健是一位艾滋病患者。孟健年迈的父母和姐姐得知情况后，当即与他分开吃住，孟健每天只好单独用消毒剂浸泡个人碗碟,单独吃饭。父母还让他从房间搬到狭窄的阳台上去睡;他夜里经常要跑下六楼,到公共厕所解手。除了家人给孟健造成的压力外,街坊和邻居对他也敬而远之。每次他与家人回家碰到邻居时,他们都显得惊慌失措,退避三舍,当着他的面重重地关上家门。街道、居委会的工作人员趁他外出时,多次上门做他家人的工作,要求孟健"应邻居要求离开,以免累人累己"。而在此之前,当孟健开始发病的时候,他曾在女朋友的陪伴下去广州一家很有名的中医院就诊。在急诊室,医生护士边为他处理伤口,边准备安排手术。为协助治疗,孟健向医生透露了自己患艾滋病的实情。"一听到我的话,高大英伟的急诊医生脸色变绿了,护士吓得当场把手里的针筒扔掉。急诊室里所有的人一秒钟以内都弹开到一米以外,一个病人甚至因此碰翻了护士的手推车。"于是,这家中医院的医生很快作出了反应,对他解释说该院是中医院,不具备某些手术条件,请他到附近一家综合大医院治疗。孟健只好在女朋友的搀扶下离开了医院。在第二家医院,孟健不敢再透露病情,而那家医院很快为他安排了急诊手术,切开感染的部位,引流脓液后,把他送到病房住院。第二天,主管医生在补写入院记录为他体检时,看到他双臂布满针眼,当即要求他抽血验艾滋病。他只好承认自己携带艾滋病毒,并且已经发病。主管医生二话不说离开病房。那天上午,没有一个医生护士敢来他的房间,他在吊完针水后按铃要求拔针,护士只在扩音器里告诉他自己把针头拔出来,用棉花按一按止血就行了。下午,医院派出一个护工告诉他,艾滋病要转到专科医院治疗,请他马上走。刚做完手术的他说没法自己走路,护工推来一辆轮椅,在上面铺了两层床单,远远指挥他的女朋友把他抱上轮椅。戴着胶手套、隔着几层布,护工把他推到医院门口,"打的"转院到广州市某艾滋病指定治疗医院。

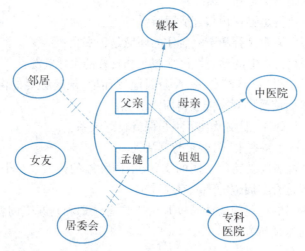

图 4-2　孟健的社会生态系统图示说明:强关系——　弱关系……　恶劣关系-╫-

图 4-2 中的大圆内是孟健的家庭系统,外围是孟健及其家庭所处的社会环境,包括围绕着孟健和他的家庭、对孟健和他的家庭有影响的不同社会系统,这些系统与孟健及其家庭相互作用,相互影响,构成了孟健及其家庭的社会生态系统。大圆左上方是孟父,右上方是孟母;左下方是孟健,右下方是孟健的姐姐。

从图 4-2 来看,孟健的家庭生态系统处于一种严重失衡状态。主要表现在以下两个方面:第一,家庭系统内部各成员之间关系失调,家庭作为个人最基本的社会支持网络,对受助者提供的物质和精神帮助非常有限。在得知孟健感染艾滋病毒以后,父亲、母亲和姐姐都和他保持一种疏离的生活方式,从而使孟健与其他家庭成员之间的次系统消失。在这种情况下,孟健可能从家庭系统中获得的物质和情感资源数量几乎为零。第二,家庭系统与周围环境系统之间缺乏良性的交叉和双向互动,互动的频率较低。从图中我们可以看到,受助者周围存在六个次环境系统,从受助者出发指向这六个环境系统的线条几乎全部是虚线,这就表明受助者与其环境系统之间存在非常弱的关系,表现在以下几个方面:媒体在曝光孟健病情后,没有给予孟健应有的关注和支持;邻居在得知孟健的病情以后,退避三舍;社区居委会等社区组织站在大多数社区居民的立场上排斥孟健;医疗机构以各种不正当理由拒绝为孟健进行治疗,以至于孟健的病情得不到及时有效的救治。

(四) 社会网络分析

社会网络分析可以评估和测量受助者社会支持网络的种类和规模,并从受助者主观经验的角度将其获得的支持的性质和数量呈现出来。

1. 社会网络的种类

社会网络在社会工作实务范畴里泛指社会支持系统,通常指由家庭、朋友、专业人士或其他社会系统提供的帮助、指导和关怀。社会支持是指个人与社会环境的正面互动,而社会网络是由正式和非正式支持系统组成的。正式的社会系统包括社会工作者、医生、律师和其他专业的助人者,非正式的系统包括家庭、朋友、同事、邻居等。

社会网络可以有正反两种描述方法,例如,一个年轻母亲要照顾患病孩子而启动身边的支持网络,如家人、朋友、社会工作者等,这是社会网络的正面描述;但社会网络也有负面的描述,如进城务工的农民被城市人排挤这种情况就描述了进城务工农民城市负面社会网络的情形。但严格来说,社会网络是中性的,即是说,社会网络被视为社会工作实务中一种分析问题的方法,目的在于帮助社会工作者准确地理解人们是因何,以及怎样通过各种社会交往或通过资源的施与和接受而互相作用和影响的。

受助者系统的社会支持网络的类别可见表4-2。

表4-2 受助者系统的社会支持网络表

非正式系统	正 式 系 统	
	社会性系统	专业系统
配偶 合作者 子女 家长 兄弟姊妹 家庭 朋友 邻居 同学 同事	工作单位 学校 社团 俱乐部 各种协会和社会组织 工青妇组织 联谊会 休闲娱乐会员服务 互助组织	社会工作者 精神健康工作者 教师 律师 医护人员 营养师 语言治疗师 心理学家 政府公职人员

2. 社会支持网络评估表

一般来说,具有支持性的社会网络包括:家庭和家庭成员,家庭及其亲属、朋友、邻里,以及正式的社会组织(如工作单位、学校、自助团体的成员和其他正式的服务机构)。

社会工作者可以使用表4-3作为进行社会网络评估的工具,找出受助者正式和非正式的社会支持网络,方法是:首先由受助者找出他们支持网络的成员,然后将支持网络成员和他们提供的支持按其所回应的具体问题进行分类,再由受助者描述他们如何看待所获得的这些支持。

表4-3 社会支持网络评估表

姓名,地址,电话	关系(亲戚、朋友、邻居、工作、专业社会工作者等)	帮助他人的愿望(高、中、低)	助人能力(社会/情绪)	资源/物资(简略说明)	接触次数(每日、每周、每两周、每月、更少)	相识时间(一个月、六个月、一年、一至五年、更长)	关系密切程度(简略说明感情和舒服程度)

模块三 计 划

获得了对受助者问题、需要与环境交互作用的资料及对这些方面的问题的基本判断后,社会工作者需要设计指导介入行动的整体计划来帮助受助者。

一、什么是服务计划?

服务计划是基于对受助者问题的理解,通过预估阶段的探索获得的。在预估阶段,社会工作者将所获得的有关受助者系统的资料、直觉及受助者和社会工作者对问题与需要的认识加以整理和组织,形成了对受助者及其问题的概念性的认识,并力图去解释问题。在解释清楚的基础上寻求办法去改变问题情境,就是计划要完成的任务。服务计划需要将所有搜集到的有关资料综合起来,包括受助者系统的家庭结构、经济状况、教育背景、就业资料及社区环境,也包括受助者系统的求助过程及对受助者问题的界定、解释问题的理论架构等。这样,计划就不是只着眼于某个因素,而是将各种因素的互动关系串联起来,构成对受助者系统情境的完整认识。只有这样的计划才能具有帮助受助者改变的功能。所以,制订服务计划是一个理性思考及作决定的过程,包括制订目标及选择为了达到目标而采取的行动。所以,计划是为下一步的介入行动服务的,也是介入行动的蓝图。

二、服务计划的构成

通常,一项服务计划的构成包括如下六方面内容。

(一)目的和目标

目的和目标是社会工作介入要达到的最终成果。所谓目的,是指介入工作总体要达到的方向和最后的结果,而目标则是指具体的工作指标,是为实现最终结果而做工作的过程和中间阶段要获得的具体的、近期的阶段性的成果。可见,目的是介入工作的长远目标,目标则是每个阶段的近期具体计划。只有实现了一个个具体的目标,才能达到总体的目的。目标是具体的工作,是对总体工作目的的分解。制定目标时,可分为长期目标及短期目标,分阶段完成,最后达到改变的总目的。

1. 制定目标的要求

社会工作认为,人的问题与其生活在其中的社会是紧密相连的,因此也是复杂的,这使得介入目标的设置成为一项具有相当技巧性的专业工作。一项设置得当的目标应具有如下五个特点。

(1)目标陈述要明白易懂,重在促进受助者的成长。

首先,清楚明白的目标可以防止社会工作者和受助者对介入工作的分歧,使双方能够投入工作过程。其次,目标陈述要放在介入工作期望建立的积极正面的态度和行为上,而不是将消除负面态度和行为作为目标进行陈述。所谓消除负面态度和行为的目标,是将重点放在受助者要放弃的部分,如打架、逃学等。对于受助者来说,消除负面态度和行为无疑是建立积极正面的态度和行为的前提。但是,如果将目标放在这些负面目标上,会使受助者因这些日常习惯不断被提起而感到沮丧。所以,有益的做法是将正向态度和行为作为目标陈述,即将受助者要做的有益改变和成长作为目标的界定重点,强调受助者的成长目标及具体的指标。正向的目标是获益性的,而非损失性的,它能够减缓受助者的反感而促使其态度和行为朝着正向化发展,从而形成一种优势视角,以激发和调动受助者的潜能。

表4-4是一例正向与负面目标的陈述。

表4-4 正向与负面目标陈述

负面目标陈述	正向目标陈述
减少指责和批评孩子的次数	发现孩子的长处和优点,增加用正面语言鼓励和表扬孩子的次数
消除与孩子沟通中的障碍	坦诚、开放、及时并具建设性地表达彼此间的意见

(2)目标要可测量。以受助者希望达到的行为为介入目标,这样目标就很具体,又可以与改变前进行对比,从而能够测量。一个非常宽泛的目标,如帮助受助者感受好些,或促进受助者的亲子关系等都不够具体、详细,等于空设。

(3)目标要具有操作性和现实性。介入目标应是可行的。这需要考虑受助者的动机和能力、能够投入的精力和时间、社会工作者的专长等因素。切忌目标大而不当,不能在一定时期实现,使双方的积极性和自信心受到挫伤。此外,计划的目标还要是受助者容易理解的,有能力达到的,有资源支持目标的实现。因此,目标要具有可能与现实性。

(4)应说明完成目标的时间。给出或者制定出达到目标的时间表,作为考核指标。例如,"帮助小明每天按时完成作业"这一目标虽然清楚标明了改变的行为和期望,但其中的时间并没有很清楚地设定。为清楚标明完成目标的时间,可将上述目标改为:"到2007年9月,每天花三小时完成作业,到10月31日,每天用两小时完成课外作业。"

(5)目标应与机构功能保持一致,与社会工作者的能力相符,并符合法律和社会工作伦理。

2. 目标的类型

目标可以分为不连续目标和连续目标。不连续目标是指一次性行动或改变即可解决或减轻问题,包括:获取必要的资源(如获得低保解决生活问题),作出一项重大决定(如决定离婚,以使自己脱离丈夫的暴力),或者改变环境(如通过转学在新环境中重新建立自信)等。连续目标是指通过多次的持续行动逐步积累而达到某种改变,包括学习沟通技巧、提升个人学习技能、争取和维护权益等。不连续和连续目标可以按内容将其归为五类:

(1)获得具体的物品、服务和资源,如经济补助、工作机会、健康照顾等;

(2)生命中重要决策的思考、解决危机、减缓困扰或去除阻碍改变的因素;

(3)通过改变沟通模式、互动行为、角色或规范,修正社会系统的架构(如家庭、学校、组织和社区等);

(4)通过长期计划实现抱负;

(5)识别成长或改变的基本价值,寻求社会服务以发挥个人潜能等。

3. 制定目标的意义

制定目标的意义在于激发受助者和社会工作者投入行动,朝向共同的方向以获得改变和成长。对于受助者来说,目标能够使他们明确行动的方向,振奋精神,督促他们坚持不懈,寻找策略,促使目标的实现。对社会工作的专业实践来说,目标能够使社会工作者和受助者对工作任务拥有共识,为助人历程提供方向,避免不必要的摸索,少走弯路,并能够选择恰当的策略和方法协助受助者。目标还能够作为评估介入工作进度和成效的指标,帮助社会工作者和受助者不断在工作过程中总结经验,推进工作。

(二)关注的问题与对象

所谓社会工作介入工作所关注的问题,是指介入工作要加以处理、以改善受助者社会功能的问题。计划中要明确和详细写出在预估阶段社会工作者和受助者所共同认定的问题,以便在介入阶段督促受助者为解决问题而努力。关注对象是指介入行动要改变的系统,即目标系统,它是整个介入工作的核心焦点。

由于在整个介入工作中,为达到帮助受助者的目的,介入目标不只是一个,还可能涉及不同的个人、家庭、群体、组织和社区,所以在每个具体目标下要详细列明关注对象。

通用过程模式的关注对象包括以下五种。

1. 个人

当受助者的需要与问题可以通过对其个人的介入而解决时,社会工作的关注对象即为个人。例如,如果一位小学一年级的学生不适应学校生活,学习方法不当,成绩不理想,社会工作者即可将其作为关注对象,通过给予辅导、教授学习方法,帮助其学习如何听课、如何通过完成作业来巩固学习到的知识,最终使其胜任小学的学习任务。

2. 家庭

当受助者的需要和问题与其家庭有关时,家庭便应该成为介入的对象。从社会系统视角来看,个人问题常常与个人所处的家庭有密切联系,因此家庭系统也是社会工作介入的关注对象。例如,一位网瘾少年在青少年服务中心接受社会工作者的帮助后行为已有很大改变,但跟进服务时社会工作者发现,他又流连于网吧而不回家。跟进服务发现,少年的父母关系不好,少年回家后常常被卷入父母的争吵中,因而不愿待在家里。此时,社会工作者便应把家庭也列入关注的对象。

3. 小组/群体

当有事实表明某个群体对受助者个人有明显和重要影响时,社会工作者就要选择这个群体/小组作为关注对象。实际上,这种情况是在提醒社会工作者,这个群体/小组成员是一群面对类似问题、有着相同需要的人,帮助这个群体不但是帮助有类似问题的个人,使个人在与群体/小组的互动中获得改变和成长,更重要的是关注有相同和类似问题的这个群体。此时,群体就应成为工作的关注对象。

例如,一位母亲因孩子的网瘾问题求助,社会工作者在提供协助的过程中发现,大多数有网瘾问题的孩子与父母的关系都存在困难,换句话说,孩子的网瘾问题与亲子关系问题有密切的联系。于是,网瘾少年和网瘾少年的母亲们便成为社会工作的关注群体。社会工作者通过开办网瘾少年与父母小组,帮助父母了解孩子网瘾问题的产生与父母对孩子的教育方式、孩子与父母关系的形态等因素之间的关系。这样,不仅帮助了网瘾少年,也帮助了他们的家庭。

4. 组织

组织的存在是为了满足人们的需要。当一个社会工作的服务机构因内在政策、结构和工作程序而影响其运行效率时,就成为介入对象。例如,一个为满足社区居民多种需要而成立的社区服务中心,刚开始时很多社区居民到中心参与行动,但不久社会工作者发现,来中心使用服务和设施的人越来越少。于是,这个社区服务中心(组织)便成为关注对象,发现问题后,中心决定对工作程序和服务传递方式进行评估,以改进工作,服务社区。

5. 社区

当社区缺乏适当资源和服务,社区环境影响到社区大多数人和家庭的生活时,社区便有可能成为社会工作者的关注对象。例如,社区内建有很多网吧,却没有公共的活动场地。社区青少年课后大多数都到网吧消磨课余时间,有些孩子还上网成瘾,影响了正常的学习和生活。社会工作者在关注网瘾少年问题时发现了社区环境对青少年的影响,此时社区就成为社会工作者的关注对象。

(三) 介入策略

所谓介入策略,是指社会工作介入受助者需要与问题的整体方案,是改变受助者态度和行为的一套方法。介入的策略包括介入的技巧、社会工作者的角色和所担当的任务。一般来说,根据所要处理问题的类型,社会工作者要担当不同的角色,完成不同的任务,包括社会经纪人、促进者、教育者、倡导者、调解者和社会控制者。

介入的策略原则是多层次介入,包括直接提供服务给受助者以解决问题和满足需要,改变他们的观念及应对问题的方法(如训练家长协助脑瘫儿童对生活技能的培养,直接提供训练给脑瘫儿童,让他们能独立在校生活等);也包括间接介入策略(如通过政策倡导为脑瘫儿童及家庭提供服务资源,以满足他们的需要等)。

(四) 协同工作的合作者

为了实现计划的目标,社会工作者要运用不同系统的资源,与他们一起工作。这些系统包括家庭、朋友、邻居、同辈团体及社区。

(五) 社会工作者与受助者各自的角色

为了实现计划目的与目标,社会工作者要承担多种角色。社会工作者是一个资源的联络人,还是做直接服务的提供者?这些都要在计划中加以澄清。对受助者的角色也应有清楚的说明,以利于工作的进行。

(六) 具体工作程序及工作时间表

介入计划要列明介入行动的具体程序和时间进度,约束社会工作者和受助者,以便双方一起为实现介入目的和目标共同努力。

三、制订服务计划的原则

服务计划是社会工作介入行动的纲领,直接关系到受助者的利益和服务提供的成效,因此在制订服务计划时要遵循一定的原则。

(一) 要有受助者的参与

制订介入策略时要注意以受助者为中心,让受助者参与介入策略的制订。这是因为,如果社会工作者单方面制订介入策略,或者过快确定介入的策略,可能会带来两个问题:一是受助者没有机会为解决自己的问题作努力,二是妨碍受助者在解决问题过程中所作的努力。如此一来,实际上是取消了受助者自我成长的机会、体验自尊的机会和对解决问题的贡献。因此,在制订介入策略时,要注意发挥受助者的长处和优势,让他们参与整个计划的制订。

(二) 要尊重受助者的意愿

制订计划和目标时,社会工作者要考虑受助者系统的愿望,要与受助者系统讨论对目的与目标的期望。如果受助者与社会工作者双方的目标与目的不一致,就要重新进行讨论与协商,直到取得完全一致的意见。否则,受助者与社会工作者在工作中不能心往一处想,劲往一处使,影响目标的实现。

(三) 计划要尽可能详细和具体

详细、具体的计划能够给社会工作者和受助者提供行动的指示,促进改变过程的进行;详细、具体的计划还可以进行测量,使得社会工作者和受助者看得见、摸得着工作的成果,知道是否实现了目标。这样,社会工作专业才能够建立起对社会公众的交代。

(四) 要与工作的总目的、宗旨相符合

计划的具体目标不能偏离介入的目的。有些事情可能对受助者是有益的,但它们与受助者的近期需要满足或者问题的解决并不吻合,这种情况下社会工作者要懂得轻重缓急,务必使计划与介入目标一致。

(五) 要能够总结与度量,为评估打好基础

一项计划不但要能够满足受助者的需要,解决他们的问题,还要能够进行量化评估,以便能够清晰地呈现改变的成果。一般来说,在制订计划时就要考虑到如何评估介入行动,这也是制订计划的重要原则。

四、制订服务计划的方法

如上所述,一项服务计划的制订要在社会工作者和受助者的共同参与下完成,包括目标设定、行动方案及双方各自为此所应付出的努力。

(一)设定目的和目标

制订服务计划的第一步就是在认定问题的基础上,与受助者共同设定工作的目的和目标。

1. 确定社会工作介入的目的

如上所述,目的是指服务总体上要达到的结果,是工作的大方向,通常是不可测量的。它是受助者对想要达到的境界的宽泛的、总体性的陈述,是社会工作者和受助者通过努力希望最终达到的总目标。为了完成这个总目标,需要设定很多具体目标,这些具体目标是现实可行的,并且是可以测量的。例如,一对关系紧张的父子希望改善关系,他们求助的目的是"建立良好的父子关系"。什么才是"良好的关系"呢?这需要对"良好关系"进行具体的界定和描述,即通过设定一些具体的措施和指标来逐步实现父子之间的"良好关系"。这些措施和指标包括每天至少交谈一个小时,每周共同参加一次"家庭生活教育"小组活动等。

2. 设定工作目标

目标设定包括如下程序和工作。

(1) 确定受助者的需要和问题。在制订计划阶段,社会工作者要与受助者再次确认双方对问题和需要的理解与认识,以便所制订的目标是受助者所认可并已准备好与社会工作者一起积极努力解决的问题。所以,这一步的工作是一个不断深化问题以使计划有的放矢,并增强受助者行动决心的过程。在方法上,社会工作者可以通过征询受助者对问题的认识和理解来确认问题:"我们已经对影响问题的因素和问题本身进行了分析,这些问题包括……和……以及……的问题。你觉得这些问题是否就是我们下一步需要解决的?"

(2) 向受助者解释设定目标的目的。社会工作的实践经验显示,当受助者了解了设定目标的意义并明确自己在目标制订中的角色时,他们会对目标产生认同和积极正向的行动反应。社会工作者要向受助者解释设定目标的意义:"我们对目前所存在的问题已经有了很多讨论,为了达到解决问题的目的,现在需要制订明确的目标来督促你的行动,也让我知道应该怎样帮助你。下面,我们一起来讨论一下,看看你认为什么是你觉得最重要的目标,我们应该怎样具体行动来一步步达到这个目标,你看怎么样?"

(3) 共同选择适当的目标。目标选择包括两个步骤。首先,筛选目标。这步工作是指社会工作者与受助者一同找出希望达到的初步目标,并对各个目标进行讨论,以选择和决定具体的目标。社会工作者可以与受助者一起将所有可能的目标写出来,然后与受助者逐个对目标进行筛选。当不能确定目标时,可以使用从 1—10 的量变给每个待定的目标打分,经过比较挑选出受助者最希望和最迫切改变的目标。其次,定义目标。在目标筛选出来后,将目标界定清楚,以具体、可操作的指标定义目标,以利目标的执行。

(4) 与受助者讨论目标的可行性和可能的利弊。在制订目标时与受助者讨论目标的可行性非常重要。目标过高不容易达到,会给受助者造成太大压力,从而降低他的行动动机;目标过低,也会使他缺乏成就感,从而缺少行动的动力。社会工作者可以与受助者通过讨论来帮助他们思考目标的可行性和利弊:"如果按照现在你选择的目标去做,你觉得对你会有什么影响?有哪些因素能够帮助你实现这个目标?有没有什么障碍?"

(5) 确定目标并决定目标的先后次序。为确保通过努力可以实现目标,社会工作者要与受助者讨论决定执行目标的先后次序,使目标真正成为受助者的目标,而不是社会工作者的一厢情愿,同时避免由社会工作者包办代替受助者应作的努力。

(二)构建行动计划

当工作目标设定后,接下来社会工作者需要与受助者讨论如何实现既定的工作目标,即制订一套行动计划来实现目标。构建行动计划的过程实际上就是选择介入方法和介入系统的过程,是发展有效行动方案、明确任务和责任的过程,也是决策行动的过程。

1. 选择介入系统

社会工作的介入系统即是前述的关注对象,同时也包括为帮助和协助关注对象解决问题而需要介入的其他社会系统,包括宏观社会系统。选择介入系统的根据是对受助者需要与问题的预估结果,包括通过对受助者正式和非正式社会网络与支持的分析,来选择和决定正式和非正式社会网络与支持系统的介入策略。一般来说,社会工作的介入系统可以分为直接介入系统和间接介入系统两类,社会工作者要根据受助者的需要决定介入的系统。

2. 选择行动内容

社会工作介入行动是实现目标的手段。行动可以分为如下五种不同类型。

(1) 危机介入。危机介入是社会工作中常见的内容。当受助者遇有突发性事件,如遭受暴力虐待、自杀、突发公共事件或者天灾人祸等问题发生时,都需要社会工作立即进行介入,包括通报相关机构、安置和安抚受影响人员、进行物资救援和受影响人群的心理介入等。

(2) 资源整合。受助者的需要和问题需要多元化的服务,因此整合运用资源是满足需要和解决问题的必要手段。制订计划时,社会工作者要根据受助者的需要和问题,说明要建立和串联的资源网络,包括受助者需要哪些资源、谁能提供这些资源、如何动员资源,以及什么时候和怎样使用资源等。

(3) 经济援助。经济援助可以分为常规性的和临时性的两种。常规性经济援助包括对低收入的受助者给予正式制度性帮助,临时经济援助是当受助者出现特别需要时提供的帮助,如紧急医疗救助、特别教育补助及临时性的物质帮助。此外,经济援助也包括从非正式社会网络和资源系统获取的资源。

(4) 安置服务。这类服务是指将受助者带离原有生活场所进行暂时或替代性安置的服务,根据时间的长短分为暂时性安置、短期安置、长期安置和永久性安置。从安置场所来看,有为儿童提供服务的儿童福利院、寄养家庭、领养家庭和少年管教所;有为老人提供服务的老人养老院、日间照顾中心;有为吸毒人员服务的戒毒所;有为精神病患者服务的精神病院、疗养院;以及为流浪乞讨人员服务的社会救助站等。

(5) 专业咨询。社会工作者应该掌握本地满足人们需要的资源系统的资料和信息,在受助者需要时提供咨询服务。咨询服务的内容涉及有关社会福利和社会救助的政策和法规、资源系统,以及需要与问题的评估和建议等。当受助者所需的咨询超过社会工作的专业范围时,要进行转介或安排相关专家进行咨询。

下面以"阿三"的个案为例,说明如何制订介入计划。

阿三出生在一个不幸的家庭,父亲在他6岁那年被捕入狱,后来病死狱中,剩下姐姐和他与母亲相依为命。19岁时他因强奸罪被判入狱。1999年,他与别人打架被砍成重伤,因无钱医治很快出院,但落下了颅骨疼痛的病根,为了止痛,他在狱友的引诱下染上了毒瘾。妻子阿莎为帮他戒毒,以身试毒,却同他一样无法自拔。为筹毒资,两人走上了盗窃之路。2003年,阿莎被判入狱一年。现在阿三与母亲和他三岁的儿子住在一个即将拆迁的小区里,全家人挤在一个不到十平方米的小阁楼里,依靠母亲的退休工资生活,非常拮据。可爱的儿子是阿三改变的巨大动力,他决定痛改前非,还有十天他就要顺利度过生理戒毒期了,现在正积极寻找工作。阿莎还有 100 天就要出狱了,但就在此时她却给阿三寄出了一封诀别信,提出要和他离婚。这一变故给阿三的心灵带来了极大的震撼,不知今后的路怎样走下去。在朋友介绍下,阿三前来寻求社会工作者的帮助。

帮助阿三的计划书

一、工作目的和目标

1. 目的:帮助阿三正确面对环境挑战,提高其适应、利用环境的能力,同时帮助阿三改善生存环境。

2. 目标:

(1) 帮助阿三彻底戒毒;

(2) 帮助阿三正确面对婚姻生活危机,以及解决由此而带来的心理困扰;

(3) 帮助阿三找到一份工作,解决生计问题;

(4) 介入阿三的邻里系统,改善他们对阿三的看法,使阿三重获尊重、尊严。

二、介入系统和介入行动

根据对阿三个人和其社会环境的预估,可以发现阿三个人与他所处环境中的资源与限制(障碍),根据这些资源与限制,运用人与环境的实务取向,可以制订以下介入计划。

1. 首先协助阿三找到合适的工作,帮助阿三改善家庭生活环境,增强其信心。解决生计问题是首要的。社会工作者应鼓励阿三积极寻找工作,使他承担起家庭生活的责任。这也是他重新融入社会、开始正常生活、恢复信心的重要一步。

由于阿三没有一技之长,找工作比较困难。社会工作者应帮助其调整就业心态,珍惜机会,尽快就业,及时减轻家庭负担。社会工作者、政府部门等可以帮助他参加一些培训,学得一技之长,增加找到期望的工作的筹码。参加工作也可以帮助他恢复、建立自信,有利于其他问题的解决。

2. 帮助阿三解决婚姻危机,减轻心理压力,增强其面对、处理环境突变的能力。面对妻子的诀别信,尽管阿三非常理解并愿意接受离婚请求,但这对阿三心理上造成的冲击无疑是巨大的。这一问题如果不及时加以解决,很有可能会影响到阿三的工作和戒毒。同时,通过对这一危机的处理,也可以增强阿三应对突发事件的能力,是抗逆力的建设过程。在处理这个问题时,社会工作者所要做的只是澄清事实,而非教他如何去做。这样才可以提高其判断能力和处理问题的能力。

3. 帮助阿三挖掘各方资源,顺利度过生理、心理戒毒期,与毒品彻底绝断。与生理脱毒相比,心理脱毒更为漫长而艰辛。如何减少阿三对毒品的心理依赖,充实日后生活,重塑阿三的交友圈是社会工作者亟待解决的一个问题。阿三开始吸毒就是因为狱友的影响,长期以来,他周围充斥着吞云吐雾的吸毒人员,因而社会工作者的当务之急就是帮助阿三结交或重新找回昔日的朋友,完全脱离复吸环境。

阿三的家人在他戒毒过程中也可以发挥巨大作用。阿三的母亲、儿子和姐姐都是他的重要支持力量。慈祥、苦命的母亲独自支撑起家庭生活的重担,三岁的儿子聪明可爱、无忧无虑,如何很好地承担为人子、为人父的责任,对阿三来说是一项重任,同时也是一股强大的动力。社会工作者应该充分调动阿三母亲、儿子和姐姐等资源,为阿三的戒毒提供感情支持。

由于阿三现在的表现显示了他痛改前非的决心,邻居看在眼里,对他的印象应该会逐渐改变。社会工作者一方面要鼓励阿三尽快自立,鼓励他继续关心集体、关爱他人,以实际行动改变邻里、社区对他的负面印象。同时,社会工作者应说服邻居、社区与阿三保持良好的关系,使他能在融洽、和谐的社区中生活,体会到大家庭的温暖。这样也能有效地避免他再与毒友们联系,重蹈覆辙的可能性就会减到最小。

4. 为阿三争取社会环境(体制、文化等)的改善,帮助他找回自尊。这是一项重要而长远的行动计划,关系到阿三的就业、人格的发展和其儿子的成长等重要问题。这实际上是一个在更为宏观的社会层面充权的问题,行动起来比较复杂,难度很大。在此过程中,鼓励阿三和此类人员为他人和社会多做益事、改变过去的恶习,以找回自尊,重塑在人群中的形象,是社会工作者的重要任务。另外,积极呼吁社会对这类人群给予更多的理解、关注和尊重,争取政府和用人单位给予他们更宽松的就业环境也同样任重道远,必须采取集体行动加以实现。

(三) 签订服务协议

当行动计划完成后,社会工作者要与受助者签订服务协议,以保障计划的执行。签订服务协议是计划阶段的最后一项工作内容。

1. 服务协议的含义

服务协议也称为服务合同、工作契约等,是社会工作者与受助者经过讨论协商所达成的满足受助者需要和解决他们问题的工作方案,是双方对解决问题的承诺,是社会工作者和受助者之间的合作计划,体现了双方的伙伴关系。服务协议具体地标明了社会工作者和受助者对问题的认识与界定、工作的目标及相互责任。

2. 服务协议的内容

(1) 计划的目的与目标;

(2) 双方各自的角色与任务;

(3) 为达目的与目标所采取的步骤、方法与技巧;

(4) 希望达到的结果,以及进行总结、测量和评估的方法。

3. 社会工作服务协议的特点与制订原则

社会工作协议的本质是一种契约,目的在于保证介入目标的实现,因此它的一个最大特点是要具有可操作性。

操作性服务协议的制订应遵循以下四个原则。

(1) 明确性。协议内容应该是明确的,没有秘而不宣或隐含的意思。为了避免意思上的含混不清,协议的文字应清楚、精简和具体,避免过多使用专业术语。

(2) 得到认可。协议必须是社会工作者和受助者双方共同拟定的,即必须是双方合作、共同参与并使用受助者明白的语言订立的;协议必须是双方对问题界定、工作目标、介入策略、参与者各自角色与任务的共识,是双方完全同意的。

(3) 具有弹性。法律协议具有固定不变性,然而,社会工作的服务协议却要根据受助者的变化不断进行调整。这使得社会工作的服务协议具有灵活性而不是一成不变的,可以根据受助者的新需要重新商定。

(4) 具有实用性。协议应该是对社会工作者和受助者双方来说可行的、现实的。协议既需要具有约束力,也不应该太严格而难以实现。能够实现的、现实的协议让受助者感觉自己有能力处理和把握问题,有助于恢复和增强他们处理问题的信心。协议条款太过严格、难以实现，会增加受助者的挫败感，因而是不适宜的。

五、服务协议的形式

社会工作的协议可以是书面协议，也可以是口头协议。书面协议要列明各项工作目标及双方的义务和责任，这样的协议对于改变过程是有积极帮助的。所以，一般来说最好能够订立书面协议，使其起到督促双方的作用。在实际工作中，口头协议也很常见。口头协议在效用上与书面协议没有明显的不同，一般用于专业关系建立的初期，是受助者还不习惯签订协议时的变通。

社会工作协议示例：

张明夫妇领养福利院儿童王强的工作协议

社会工作者和张明夫妇协议履行下述要求：

张明夫妇

1. 每周探望王强以使王强熟悉他们直到2007年6月6日。
2. 张明妻子要参加社区每周举办的"如何做父母"课程直到2007年7月底。

社会工作者

1. 2007年2月为张明妻子安排报名参加父母培训课程。
2. 安排张明夫妇和孩子从2007年2月20日开始到6月30日每周见一次面。

本协议在2007年4月16日作中期评估，讨论为达计划目标下一步要进行的工作。

张明夫妇签名：
社会工作者签名：

六、服务协议的签订过程及技巧

签订服务协议的过程在本质上是整个社会工作介入行动的一个有机组成部分，是社会工作者与受助者确认需要和问题、共同协商工作目标，以及决定采取何种协议方式的过程，因此需要特定的工作技巧。

（一）签订协议的过程

社会工作者要知道，社会工作协议是与受助者在从接案到共同讨论问题、构建行动计划的过程中逐步协商产生的，因此协议的过程从接案时就已经开始了。随着助人过程的发展，协议的内容越来越具体，直到形成具体、可操作的协议。

1. 会谈协议

所谓会谈协议是指：受助者与社会工作者通过会谈在介入目的、目标等方面达成协议。另外，会谈协议也隐含着另一个含义，即受助者承诺与社会工作者通过会谈这种方式达成服务协议。会谈协议是社会工作所有服务协议的基础，会谈的目的是为了讨论和找出受助者的问题和解决问题的办法。它是一个连续的过程，前一次会谈常常决定了双方的后续行动。所以，会谈协议是社会工作者与受助者之间形成或者签订的第一个协议。

2. 界定受助者的问题

所谓问题，是指社会工作者要处理的、有关受助者社会功能发挥方面的事项。社会工作者与受助者对问题的看法可能并不一致，如果双方对此不能达成协议，就失去了共同工作的基础。所以，社会工作者与受助者一起探讨找出共同为之进行努力所希望改变的问题，这是协议的重要内容。

3. 协议介入目的和目标

在对"要解决的问题"达成协议后,社会工作者与受助者就要共同协议制订介入的目的和目标了。如上所述,目的和目标的制订要经过双方的协商,可以先由社会工作者根据受助者的情况提出目的和目标,然后与受助者逐条讨论,最终确定具体目标。

4. 协议介入策略和行动

实现介入目标的策略不止一个,因此,社会工作者与受助者要为介入策略和行动方案形成一致看法,达成协议。这样,双方就能在工作过程中相互配合,实现目标。

(二)签订服务协议的技巧

1. 认定受助者对问题的看法

签订协议过程中,受助者对自己问题的看法、对问题的认定是最重要的。所以,社会工作者要成功与受助者签订协议,一个重要的技巧就是由受助者自己来认定问题,社会工作者根据他们的看法与其进行讨论,从而达成共识。例如,一位母亲因儿子的网瘾问题前来求助,社会工作者在认定问题时可以从母亲的描述和看法开始:"我们谈了半天了,我觉得你非常担心儿子的网瘾问题,担心他的学习,你想让我来帮助他,是这样吧?"

2. 与受助者讨论对问题的看法

当社会工作者与受助者对问题及介入目标与行动有分歧时,为了达成协议,社会工作者需要与受助者讨论自己的看法和观点,避免受助者有不被重视的感觉。例如,社会工作者对求助母亲说:"从你对孩子网瘾的情况介绍来看,孩子沉溺网吧的问题是从你和丈夫闹离婚开始的,你看孩子的问题是否与父母有关?"这种分享为社会工作者与受助者达成对问题的一致看法作了铺垫。

3. 描述介入工作要解决的问题

描述社会工作者与受助者共同努力要解决的问题,目的在于为双方后续工作提供依据,也是双方签订协议的基础。因此,对问题的描述要尽量具体详尽、清楚、简洁、易懂。例如,社会工作者可以这样对求助母亲描述要解决的问题:"我们已经看到,您孩子的问题表面上是沉溺网吧,实际是您和丈夫的婚姻问题影响到了孩子。在帮助孩子的同时,我建议您和丈夫一起来,看看怎样调整你们的关系,同时让孩子明白你们,您看这样好吗?"

4. 确定目的和目标并说明行动的具体策略

与认定问题一样,对于目的和目标的协议也需要受助者的参与,而对介入策略的协议则需要社会工作者详细说明双方的角色和任务,以及介入策略所包含的具体方法、所针对的问题、实现目标的时限,以便使受助者明白介入策略与自己问题的关系,愿意投入行动。

5. 总结和强调协议的主要内容

运用上述技巧,社会工作者完成了与受助者签订协议的过程,最后社会工作者需要与受助者一起对协议进行总结,提醒受助者承担履行协议内容的责任。

模块四 介 入

介入是实际执行服务计划,满足受助者需要和实际解决问题的行动阶段。在这个阶段中,社会工作者发掘和运用受助者的内在动机、潜能,与他们一道寻找资源解决问题。

一、介入的特点

介入也称社会工作的实施、行动、执行和改变,是社会工作助人过程中的重要阶段。介入阶段是社会工作者和受助者采取行动,按照服务协议落实社会工作计划的目标,帮助受助者改变、解决预估中确认的问题,从而实现助人计划的重要环节。所以,社会工作者运用专业的知识、方法与技巧协助受助者系统达到服务计划目标的过程即是介入阶段的工作。介入具有以下四个特点。

(一) 介入是有计划、有目标的行动

社会工作的介入是一个有计划、有步骤、有目标的行动,它以提升受助者的社会功能为核心,经过了周密认真的设计,目的在于实现服务协议中各方同意的介入目标,所以,在介入阶段,行动取向及行动介入的结果是这一阶段的核心特征。

(二) 干预是介入的核心

虽然我们强调行动是介入阶段的核心,但就介入形式本身来说,它可以是行动的,也可以是非行动的,最主要的是要按照工作计划采取行动对受助者和其所处的环境进行干预,实现改变受助者态度或行为的目标。介入的表现形式可以有多种。例如,无论是面对个人、家庭还是小组时,社会工作者常常运用"沉默技巧"给受助者一个思考的空间,促使他们对社会工作者的沉默给予回应。这种"非行动"干预在本质上也是一种介入。

(三) 物质帮助和精神支持并重

社会工作的介入活动很多时候都是一种实质性的帮助,如为受助者提供经济援助、物质支持、安排活动、协助老人进入院舍进行照顾等。但介入在很多情况下也可以是非实质性的服务,如表示理解和支持、调解问题、进行技巧训练、建立支持网络、处理问题行为等。介入行动的这种性质和特点在于,人的需要有不同层次,从维持有机体生存的物质需要,到爱、自尊以至自我实现等精神和心理需要,不同层次的需要须通过不同的服务来满足,包括从物质援助到精神支持及辅导服务。介入行动就是社会工作者根据受助者需要选择和提供适当服务的过程。

(四) 介入有短期效果和长期效果

社会工作者既不是神仙,也不是魔术师,虽然他们的工作常常创造奇迹,但也经常遭遇挫折,没有哪一种介入可以不经过受助者努力就能奏效的。有时,社会工作的介入在短期内就能带来受助者明显的改变,但有时也会见不到效果,社会工作者需要坚持不懈地努力,从细微处入手,日积月累,才能收到长期的效果。

二、介入的分类

社会工作介入活动分为两类,即直接介入(也称为社会工作的直接实践)和间接介入(也称为社会工作的间接实践)。

(一) 直接介入

直接介入是指以个人、家庭、群体、组织和社区为关注对象,针对他们所采取的行动,重点在于改变受助者家庭或群体内的人际交往,或改变个人、家庭和群体与其环境中的个人和社会系统的关系和互动方式。

（二）间接介入

间接介入是指以个人、家庭、小组、组织和社区以至更大的社会系统为关注对象，由社会工作者代表受助者采取行动，通过介入受助者以外的其他系统间接帮助他们的行动。间接系统的介入通常也称为改变环境的工作，或中观和宏观社会工作实务。

三、选择介入行动的原则

社会工作的介入行动，理论上说应根据预估阶段对受助者需要与问题的认定进行，但很多时候也要根据变化了的情况随时调整，其原则有如下六条。

（一）以人为本

受助者介入行动要体现以人为本的原则，从受助者的需要和利益出发，并且在决定介入行动时要有受助者的参与。由受助者决策和参与的介入行动将会使他们有更大的动机去承担责任和完成任务。例如，社会工作者希望通过帮助失业者找工作、上职业培训班等方法，改变其失业后无所事事的人生态度，虽然上述愿望非常好，但也一定要由受助者自己决定是否愿意这样做。

（二）个别化针对受助者

系统地采取特殊性介入行动，才能有助于解决问题。例如，对于艾滋病患者来说，并不是所有艾滋病患者的家庭都排斥他们，故对不同的受助者，社会工作者都要有个别化的介入行动。

（三）考虑受助者的发展阶段和他们的特点

对于个人，介入行动应集中在协助其完成相关阶段的人生任务上；对于家庭或者群体，介入行动则要考虑与家庭和群体发展的特殊阶段相连的特殊任务。例如，年幼的"留守儿童"最需要的是生活照顾，满足他们营养和健康的需要，发展与人相处的社会能力等。如果将他们交给年老的祖父母照顾，就可能满足不了他们成长的需要。建立一些农村幼儿园，由受过专业训练的幼儿老师和社会工作者来为他们提供服务，则可能是一个合适的选择。

（四）与受助者相互依赖

社会工作者不能单枪匹马地采取介入行动，要依靠受助者，与他们紧密配合，双方共同合力参与介入行动，才能最大限度地发挥受助者系统的积极性与能动性。

（五）瞄准服务目标

介入行动应围绕着介入目标进行。例如，网瘾问题少年的成长发展是社会工作者应该关注的，但介入行动首先要集中在戒除网瘾上，因为这是青少年自己、家庭和学校最关心的。

（六）考虑经济效益

介入意味着社会工作者和受助者都要付出时间和精力，介入行动的原则就是要量力而行，优先考虑投入时间和精力最少的行动，从而以最小的成本投入获得最有效的改变结果。例如，对网瘾少年的介入行动，如果针对其家庭进行时就可能比只单纯针对个人有效得多。

四、直接介入的行动及策略

直接介入行动和策略是与受助者系统一起行动，帮助他们更好地应对人生任务和环境的需要，减少由社会功能问题而带来的不利影响。直接介入策略可以有不同的介入行动，包括促使受助者运用现有资源、危机介入、运用活动和调解服务等。

(一) 促使受助者运用现有资源

从社会生态系统理论和实务的框架出发,社会工作的直接介入行动关注于提供完成人生任务的资源以满足人的需要,从而消除问题。但是,有的受助者由于缺少完成人生任务所需要的资源,影响了他们社会功能的正常发挥;有的受助者不了解现存可以使用的资源;还有的受助者虽然知道存在哪些可以帮助他们解决问题的资源,但并不使用它们,致使问题恶化。当上述情况存在时,社会工作者都要采取介入行动,促使受助者运用现有的资源。

具体策略包括两个方面:

(1) 帮助受助者运用自己的内在资源,以达到改变的目标。社会工作者的任务是:帮助受助者对事物采取正确的分析态度与方法,从而能够有效地解决问题;改进受助者扮演社会角色的技巧,发掘他们的潜能,并帮助他们建立积极的人生观。在这里,社会工作者主要扮演辅导者、促进者、提供意见者和教育者的角色。

(2) 帮助受助者运用现有的外部资源。运用外部资源的目的是将受助者系统与资源系统联结起来,以增强受助者的社会功能。外部资源包括了正式的资源系统——各类服务机构和非正式的资源系统——家庭、邻居、亲戚、朋友等。这里,社会工作者主要扮演介入中间人、倡导者和促进者的角色。

(二) 进行危机介入

危机是由于个人生活中的压力或突发事件使个人原有的满意状况有所改变,导致出现不平衡,或者失去稳定的一种状态。每个人在人生的不同时期都有可能发生危机,危机是正常的,而不是病态的。危机介入是一种特殊的介入,目的在于去除受助者的紧张情绪,恢复功能,使他们走出危机。帮助受助者采取处理危机的行动,目的在于帮助他们解决危机并恢复其社会功能。造成受助者生活危机的事件有担当新角色、增加新责任、改变已有的生活方式或生命发展过程的转变等。社会工作者可提供的支持与协助有保护、接纳、提供希望与鼓励及教育与指导。危机介入的技巧包括以下四点:

(1) 将焦点放在帮助受助者恢复和发挥功能上,而不是解决整个问题。因为危机出现之前,受助者拥有满意的社会功能,所以危机介入要针对危机出现时的机制失灵问题,帮助受助者恢复应对问题的能力以解除危机。

(2) 帮助宣泄由危机带来的紧张情绪,给予支持,以防精神崩溃。

(3) 介入目标要现实。要瞄准受助者当前的需要,对受助者不能要求太高。

(4) 担任教导角色,包括告诉受助者应该做什么,同时也为他们做一些力所能及的事。当受助者功能逐步恢复时就可以结束介入行动。

(三) 运用活动作为介入的策略

活动是指针对某些既定的目标或者任务的行动。社会工作者运用活动作为帮助受助者的介入行动,协助他们发展某些特别的社会技能,达到解决问题的目的。例如,运用小组活动,设计角色扮演来帮助不善表达的受助者练习与他人的沟通技巧,帮助他们在现实生活中获得满意的人际关系。通过活动提升受助者的能力是单独一对一辅导方法所达不到的效果。

运用具体的活动方案及活动程序帮助受助者完成人生任务与解决问题时,其工作方案与活动程序的功能在于它能够帮助受助者建立自信、增强社会功能,让受助者在活动中学习作决定,提高处理问题的能力并学习技巧,发展新的兴趣,改变行为,在活动中建立与外部环境的关系。

运用活动作为介入策略时,要考虑下列三种因素。

1. 介入目标

活动只是达到目的的手段,而不是目的本身,所以活动一定要与介入目标相吻合。例如,为促进小学五年级同学的合作精神,活动应设计为要求同学共同完成某些活动程序,而不能采用"××竞赛"作为活动内容。

2. 受助者的情况

活动要符合受助者的能力和特殊需要。例如,弱智儿童小组的训练活动要简单,既要满足培养他们自理生活的要求,又要在他们的认知能力范围内。

3. 资源和设备的配合

开展活动需要场地、资金和设备,所以活动要与机构的能力和资源条件相配合。此外,要制订替代方案,以备出现预料不到的情况时能够使活动顺利进行。

(四) 调解行动

调解行动是指社会工作者帮助受助者与环境中的系统一起找到利益共同点,从而带来改变的介入策略。调解的重点是通过受助者与环境系统的互动,消除冲突,满足共同需要。例如,在旧房拆迁中,原居民与开发商在拆迁补偿金标准上有分歧。如果僵持下去,居民将很难在短期内获得居住条件的改善,而开发商也将面临资金闲置浪费的问题。社会工作者将双方聚在一起,提出既照顾各方利益,又使补偿标准能够让各方接受的调解方案,最终化解矛盾。进行调解介入时,社会工作者要做到以下三点。

1. 帮助受助者与环境系统进行接触

很多时候受助者抗拒与有利益冲突的环境系统的接触,因此社会工作者需要协助他们看到双方的共同利益,找到阻碍受助者实现目标的障碍,以及克服障碍的方法与可能的替代方案。例如,在拆迁补偿中帮助受助者与开发商讨论和开展对话,协商怎样的标准是合理可行的,是对方能够接受的,帮助双方从接触中寻找解决冲突的方法。

2. 协助环境系统回应受助者的需要

社会工作者要协助资源系统对受助者的意愿给予回应。这要求社会工作者收集尽可能多的有关受助者的资料,增进环境系统对受助者系统的了解,并给予及时和恰当的回应。

3. 协助双方界定共同目标

随着双方关系的重建,社会工作者要协助双方认定并协商出共同的目标,创造"双赢"的局面。

现代社会生活日益复杂,利益冲突经常存在于不同群体之间,调解也日益成为社会工作者重要的介入行动。调解介入的要点是保持中立,协助利益冲突双方找到共同点。

(五) 运用影响力

为有效帮助受助者,社会工作者要有意识地运用各种能够影响受助者改变的力量,包括:诱导——奖励与处罚;劝导——运用有说服力的观点改变受助者的观念;利用关系——运用人际关系去影响目标系统的行为;利用环境——使外部社会环境有利于受助者的改变。

五、间接介入的行动及策略

间接介入的行动及策略是社会工作者代表受助者采取的行动。社会工作者代表受助者系统采取行动是当受助者系统缺乏行动的能力,或是处于没有能力行动的境况时,需要社会工作者为他们争取资源,以满足需要或者解决问题。

(一) 运用和发掘社区人力资源

社会工作者代表受助者争取社区资源时,常用的方法是让社区内有影响力的人物参与。社区内有影响力的人物有如下特点:具有知识和专业技能;具有物质资源和服务;具有合法的权威;具有地位和声望;具有领导人的魅力和个人吸引力;掌握信息;有已建立的社会网络。社会工作者要注意的是,任何人都可以在不同的基础上对社会和个人施加影响。因此,有影响力的人不一定或者说不只限于社区和组织中身居要职的人。实际上,社区中资深的居民常常也是德高望重的人,他们的影响力不可低估。例如,上述旧房拆迁中居民与开发商之间由于利益冲突陷入对立状态时,社会工作者可以协助地方人大代表、媒体记者、社区中德高望重的老人、居民代表等向开发商施加影响,争取居民的合理利益。

运用社区人力资源时的主要技巧包括以下四点:

(1) 识别"谁是"有影响力的人。这要求社会工作者走出办公室,深入社区,了解民情。

(2) 具有与有影响力的人建立关系、与受助者一道工作的技巧。

(3) 具有说服和游说、令人信服的陈述和表达技巧。

(4) 把握工作目标的技巧。将有影响力的人团结起来为受助者的利益工作。

(二) 协调和连接各种服务资源与系统

在一个地区内能够为受助者提供服务的常常不止一个机构或者组织,但它们都各有自己的助人计划。因此,社会工作者需要将这些服务资源进行协调。协调的功能在于使参与助人的各方了解彼此的计划和进度,减少工作的重复和服务的空缺。

协调服务时,社会工作者要掌握下列五条原则:

(1) 团结不同专业的服务人员以实现共同目标;

(2) 了解各方的不同观点,协助建立共同目标;

(3) 识别各专业的长处和差别,划分职责;

(4) 与各方沟通情况,为有效协调打下基础;

(5) 协调前广泛收集资料,提高协调效率,减少协调成本。

(三) 制订计划创新资源

当发现社会有新的需要但却缺乏有效服务资源时,社会工作者就要考虑筹划发展新资源。创新资源是发展资源的一个重要和有效满足需要的方法,但却不一定需要很高的成本。只要有创造性,就能发展出一些成本不高,但却富有创新精神且有用的资源,如发展新的互助小组、发展志愿服务等。

发展创新服务和资源时要留意以下四点:

(1) 控制规模,使之在可以管理的范围内。对于大多数社会工作者和机构来说,小型方案容易筹募经费,成功概率也比较大。

(2) 争取机构和社区的支持。有机构支持才能获得必要的行政配合;社区支持才能使社区参与和承担责任与任务。

(3) 设立必要的组织以承担工作。工作人员分工负责才能确保计划的实施。

(4) 社会工作者角色依计划的性质而定。促进者角色在于使社区成为计划的主体,促进社区的参与;技术专家角色主要是提供建议,指导完成工作任务。

(四)改变环境

改变环境的工作也称环境介入、环境改变术,其目的在于改变受助者周围的环境,以促成受助者的改变,达到服务的目标。

环境介入中的"环境"一词意指围绕着受助者的整个外部世界。环境被视为具有多元的特质,其所包含的层次有知觉的环境、物理环境、社会/互动的环境、社会体制和组织的环境、文化和社会政治的环境。环境介入不仅包括改变环境的意图和努力,同时也包含通过对环境状态的影响进行分析,而改变个人和集体观念的过程。社会工作者要了解环境不仅充满挑战,也充满了机会,需要对环境、个人和集体福利的影响进行分析和行动介入。

(五)改变组织或机构的政策、工作程序、工作方式

每个社会工作机构都有自己清楚的目标、政策、组织架构和工作程序来服务于人的需要。当组织或机构不能满足受助者需要、阻碍受助者社会功能发挥时,就要尝试去改变组织的结构与功能,来满足受助者系统的需要。有这样一个案例:安美是先下岗后失业的女工。安美并不惧怕生活的艰辛,最难受的是每月到街道社保所领取低保金的时候。为了不碰到熟人让自己尴尬,每次她都是或者赶早等还没人来时就领走,或者赶晚等人都领完了才去,但还是很难避免在大厅碰到熟人。社会工作者发现这种情况后,在社保所辟出了一个小房间,让领低保金的人有一个私密的空间避免伤及自尊。显然,这个案例就是从改变机构工作方式入手回应受助者的需要的。

当社会工作者希望从内部改变组织时要运用如下三个技巧:

(1)在了解评估机构的基础上识别需要改进的地方。改进的方法不止一个,但仔细地评估各种方案却是成功改进的前提条件。

(2)全员参与。这能够排除一些来自机构内部的可能的抵触,使改变成为机构所有人员的事情,并能从中获益。

(3)以合作而不是对抗的方法推衍改变。如为机构提供足够的信息、提出可供选择的行动步骤、请求机构允许实验性尝试等。

模块五 评 估

通过系统地汇集各种资料、总结工作过程所运用的方法、检查介入成果与介入目标的匹配程度,社会工作者要对介入阶段的工作经验作进一步提升,总结出介入工作的经验和工作中存在的问题,明确下一步工作的目标。对介入工作的检查和总结就是对社会工作实务过程中的评估工作。评估是检查介入行动是否实现了介入计划、总结经验、发展社会工作的实务知识的过程,是整个社会工作助人活动中的一个重要环节。

一、评估的含义与目的

社会工作评估是整个助人活动中的一个重要阶段,是确定社会工作变迁努力的目的和目标是否实现的手段,也是对介入工作的考核与评价,是考察结果与其所陈述的目标之间的关系,并衡量介入程序与介入工作效果的过程。

(一) 评估的含义

评估是指运用科学的研究方法和技术,系统地评价社会工作的介入结果,总结整个介入过程,考查社会工作的介入是否有效、是否达到了预期目的与目标的过程。社会工作评估"是一种认知过程,一种逻辑判断",具有持续性、互动性、逐步深入、知识指引性等特点。

(二) 评估的目的

1. 考查社会工作介入效果、受助者进步情况及介入目标的实现程度

社会工作实践是一项有计划、有方向的助人活动。评估的目的就在于考查社会工作者的服务提供是否实现了计划的目标,测量受助者是否发生了改变以及改变的程度。

2. 总结工作经验,改善工作技巧,提升服务水平

评估的目的是发现工作中存在的问题,以利总结经验,改进工作的方法和技巧,促进社会工作服务质量的提高。

3. 验证社会工作方法的有效性

通过评估验证,在验证的基础上修改和完善社会工作的介入方法,是评估的一个主要目的。此即"证据为本"的社会工作实践。

4. 进行社会工作研究

通过评估过程系统地汇集资料,积累实践的知识和经验是发展本土社会工作理论和方法的唯一有效途径。将实践经验汇总、检验、进行分析和研究是评估的又一目的。

二、评估的作用

社会工作评估的主要目的是检查社会工作的介入是否符合社会服务的各项标准,起到规范服务的作用。目前,已有一些社会工作行政部门定有各种服务标准可供评估之用。

评估的作用有如下四个方面。

(一) 监督介入工作进度

评估是一个不断收集社会工作实务效果、社会工作介入改变的速率和进度资料的过程。这些资料都是检验介入和工作程序绩效的证据,通过对它们的分析,可以起到督促社会工作者、提醒受助者和社会工作者注意工作方向和进度的作用。

(二) 发展本土社会工作知识和方法,促进专业成长

评估能够帮助社会工作者去反思每一个工作环节和整个介入工作的过程,有机会让社会工作者进行反思,总结介入的得与失。从评估中获得的经验能够用来改善机构服务,提升社会工作者的能力,带来社会工作者的成长和发展,促进专业的成长。

(三) 巩固改变成果

通过评估,可以帮助社会工作者和受助者回顾改变的过程,受助者可以从中学习解决问题的方法和策略,帮助他们增强社会功能和解决问题的能力,巩固改变的决心,增强改变的动力。

(四) 社会问责

作为一种社会福利服务的社会工作是一种社会投资,社会工作有责任使这种投资取得最大的社会效益。

通过评估社会工作能够实现以下三点。

(1) 向受助者作出交代。评估能够让受助者知道介入工作取得的进展,让他们参与检查问题是否已经解决、需求是否得到了满足、介入策略和双方协议的行动是否已经有效地付

诸实施、目标是否已经实现。

(2) 进行社会交代。评估是社会工作者向社会交代其在多大程度上实现了专业目标和它的社会功能的过程，说明社会资源的使用情况和效益，接受社会公众的监督。

(3) 进行专业问责。社会工作者有义务对社会、服务机构和受助者负责，而评估能够确定社会工作的介入是否恰当、是否有绩效，并识别出对受助者的影响，找出须改进的地方。这些资料和信息能够被用于后续的专业实践，提升服务质量。

三、评估的类型

社会工作评估有不同的策略，因评估目的不同也有不同类型，比较常用的有过程评估和结果评估两种。

(一) 过程评估

过程评估是对整个介入过程的监测，包括社会工作介入进行中的评估。它对工作过程的每一个步骤、每一个阶段分别作出评估，关心的重点是工作中的各种步骤和程序怎样促成了最终的介入结果，方法是了解和描述介入活动的内容，回答服务过程中发生了什么，以及为什么发生。

过程评估提供有关服务过程的各种信息，包括工作目标、介入过程、介入行动和介入影响。在介入初期和中期，过程评估的重点是对受助者的表现及社会工作者的工作和技巧进行评估，以此了解受助者的改变进展，适时修正介入方案，改善工作技巧。用于评估的资料包括个案记录、社会工作者和受助者的叙述资料等。在结束阶段，重在评估是什么因素导致了受助者的改变。可以通过详细分析服务过程中有影响力的事件，探索受助者转变的内在动力及其来源。

(二) 结果评估

结果是指介入行动最终完成的形态。结果评估是在工作过程的最终阶段进行的评估，包括目标结果和理想结果两个部分。其中，目标是指介入要努力达到的方向；结果是介入的直接和最终效果。结果评估是检视计划介入的理想结果及这些结果实现的程度及其影响。相对而言，目标是比较概括的，而结果则是具体并可以度量的。

四、评估的方法与技巧

进行评估的方法大体分为两类，即质性方法和量化方法。社会工作评估的目的在于找出问题，总结经验。所以，选择评估方法的原则应是简单、可行和实用。

(一) 基线测量方法与技巧

1. 定义

基线测量方法是在介入开始时对受助者的状况进行测量，建立一个基线作为对介入行动效果进行衡量的标准基线，以评估介入前后的变化，并以此判断介入目标达到的程度。

2. 应用范围

基线测量方法可以应用于对个人、家庭、小组或者社区的工作介入评估，通过对受助者介入前、介入中和介入后的观察和研究，比较服务提供前后发生的变化。

3. 操作程序

(1) 建立基线。建立基线的方法是：第一，确定介入的目标，如受助者行为、思想、感觉、社会关系或社会环境的变化及指标;第二,选择测量工具,包括直接观察或使用标准化问卷及量表;第三,对目标行为进行测量并记录目标行为(或者思想、感觉、社会关系或社会环境)的情况。这个过程建立的是基线数据,此过程也称为基线期。

(2) 进行介入期测量。建立基线后就开始对受助者实施介入,并对基线调查中所测量的各项目标行为和指标进行再测量,作为数据比较之用。这个过程称为介入期。

(3) 分析和比较。将基线期和介入期的数据按测量时间和顺序制成图表,将每个时期的数据资料进行连接,呈现数据的变化轨迹和变化趋势,并将基线期和介入期的数据进行对比。如果两个数据不同,一般可以认为是介入本身作用的结果。

4. 常用的基线测量

(1) 单一个案设计。这种设计是运用基线测量来评估社会工作者介入对受助者(包括个人、家庭、小组或社区)的影响,并确定介入结束时依照基线对比受助者是否发生了改变,以及发生了什么改变。

(2) 对照组设计。这是通过与另一组没有接受社会工作服务的人进行对比来评估接受服务对受助者影响的测量方法。在介入结束时,根据基线比较两个组(一个接受服务,另一个没有接受服务),比较两组的数据,从而确定社会工作者介入与受助者改变之间的关系。

(3) 时序性系列测量。这种设计是在工作过程中每隔一段时间测量一次数据的方法,将不同时序的数据进行对比,以了解社会工作的介入与正在发生的改变之间的关系。

(二) 任务完成情况的测量方法与技巧

在实际工作中,受助者的目标是被分解成许多具体的行动和任务的,因此,通过探究受助者和社会工作者完成了哪些既定的介入任务也能确定介入的影响。

一般来说,可以运用五个等级尺度来测量任务的完成情况:没有进展,极少实现,部分实现,大体上实现,全部实现。将每项任务的最后得分加到一起,然后除以可能获得的最高分数,就能确定完成或者介入行动成功的百分比。例如,如果有三个任务要去完成,而可能获得的最高分数是12(4×3),用得到的总分除以12,再乘以100%就是完成任务的百分比。

(三) 目标实现程度的测量方法与技巧

这种评估方法是对介入目标的评估,包括以下两方面。

1. 目标核对表

在有些情况下,社会工作的目标行为比较难以清楚界定,此时社会工作者和受助者可以共同协商选择一些目标来指示介入的方向,并将它们罗列出来。在工作介入过程中和介入结束时都用一些等级尺度来衡量介入后的行为,并记录下它们,将介入后的行为与介入前的行为进行核对,从而发现介入后有哪些新行为是介入前所没有、介入后才出现的,并讨论这些行为对受助者的意义是什么。这样就可以发现介入前后受助者的行为变化。

2. 个人目标尺度测量

社会工作的受助者千差万别,因此社会工作者和受助者可以制定非常个人化的测量尺度来评估改变情况。具体做法是按照受助者的具体情况,分轻重缓急,制订出几个目标,然后使用一个大家认可的等级尺度,例如五级制,来测量和计算出受助者实现个人化目标的情况。

(四) 介入影响的测量方法与技巧

1. 受助者满意度测量

做法是由受助者用口头或书面形式,包括填写问卷,来表达对介入的看法。这是一种评估介入影响的方法,特点是操作简单又不需要花费太多时间和资源。这种方法的局限在于测量比较粗糙,有时受助者会倾向于对介入给予积极的评价,因此评估有可能不准确。

2. 差别影响评分

这是一种更为结构性的评估方法。首先由受助者对介入影响进行自我陈述,报告自己有哪些变化,然后分析区分出哪些是介入本身带来的变化,哪些是其他因素带来的变化。与满意度测量一样,社会工作者也要注意这种方法有可能带有受助者的主观色彩。

最后,要作好评估,还要注意以下几点:注重社会工作者的自我评估与反思;调动受助者的积极性,让他们积极参与;评估的方法要与社会工作的价值相吻合,并注意保密;要切合实际需要。

模块六 结 案

当社会工作的协助已经成功地达到了预定目的,或者当受助者认为已经达到足够的改变而要求终止工作、受助者与社会工作者由于某种原因而不能继续服务时,整个社会工作的介入过程就结束了。此时,就要进入社会工作的最后一个环节,即结案阶段。

一、结案的类型

虽然结案意味着社会工作的协助将告一段落,但并不是说结案工作可以简单从事。实际上,结案是整个社会工作助人过程中的有机一环,是助人活动的一个重要部分,有其特定的任务和内容。

(一) 结案的含义

一般情况下,结案是当介入计划已经完成,介入目标已经实现,受助者的问题已经得到解决,或者受助者已有能力自己应付和解决问题,即在没有社会工作者协助下可以自己开始新生活时,社会工作者和受助者双方根据工作协议逐步结束工作关系所采取的行动。

(二) 结案的类型

(1) 目标实现的结案。经过评估以后社会工作者和受助者双方都认为问题已经基本解决、目标已经基本实现时,根据协议,社会工作者提议结案,受助者也接受,由此就进入结案阶段。这种结案是有计划、按程序进行的。

(2) 因受助者不愿继续接受服务而必须终止关系的结案。在外展工作中常常会遇到这种情况。当受助者强烈抗拒服务,社会工作者就没有理由再继续维持与他们的关系,因为在这种情况下,受助者没有意愿和动机接受服务,双方的关系没有意义。

(3) 存在不能实现目标的客观和实际原因的结案。例如,当社会工作者发现受助者的需要超出了自己和机构的能力时,就要结案。在这种情况下,结案的形式可以转介方式——将受助者转往其他机构去接受服务——结束;也可能以转移方式——转由其他社会工作者提供帮助——结束关系。

(4) 社会工作者或受助者身份发生变化时的结案。当社会工作者和受助者身份发生变化时,即使目标没有实现也要结案。例如,受助者由于搬迁而离开机构所服务的地区时,或者社会工作者由于工作调动而离开本职岗位时,都要结案。

二、结案阶段的主要任务

结案阶段的工作主要集中在对整个助人过程的回顾和总结方面,借着结案,社会工作者要帮助受助者巩固已经取得的改变成果,增强他们独立面对问题的能力和信心,将工作成果转化为受助者的实际行动。

(一)总结工作

通过评估有目的地总结社会工作介入的成效。评估整个工作过程,对计划目标的完成情况、介入效果进行总结和评估,并将结果与受助者分享,报告给机构(这部分内容即是评估阶段主要完成的工作),审慎处理受助者因结案带来的与分离有关的感受和情绪,作结案记录并写成结案报告。

(二)巩固已有改变

社会工作的目标是助人自助,因此,确保受助者在社会工作助人过程中获得的经验能够巩固下来并应用于日常生活中,是社会工作者的责任。社会工作者要尽力帮助受助者保持在助人过程中取得的进步,巩固和增强他们的自我功能。

下面一些方法能够帮助社会工作者达到这样的目的。

1. 回顾工作过程

回顾工作的过程,是帮助受助者回顾自己的问题、解决问题所采取的行动和步骤。通过这样的回顾,社会工作者能帮助受助者形成对解决问题过程的认知,进一步巩固他们解决问题的能力。

2. 强化受助者已有的改变

在回顾工作过程中,社会工作者通过指明和强调受助者自己取得的成绩来增进他们的自信。一个对自己有了信心的受助者,今后遇到问题时其应对行动和表现都会更好。因此,结案期社会工作者在给受助者带来改变方面仍然扮演着重要角色。此时,社会工作者的工作重点是让受助者认识到他们自己所拥有的力量,他们在使问题得到解决的过程中所发挥的作用。社会工作者要尽力协助受助者探索和巩固已取得的这些成绩。

3. 表达积极支持的态度

安排结案时,社会工作者应鼓励受助者自己独立解决问题,并肯定他们有能力这样做。受助者可能会怀疑自己是否能够将学习到的东西用于应对其他问题。因此,社会工作者要努力使他们相信自己有这个能力,并通过表达这种信息来巩固受助者的改变,强化他们的信心。

(三)解除工作关系

结案是正式与受助者解除工作关系。此时,并不是说社会工作者绝对不再与受助者有任何接触,而是不再提供服务。如果受助者还需要其他服务,社会工作者应给予转介,这对时机未成熟就必须结案的受助者来说尤其重要。转介受助者时,社会工作者需要与其他机构建立互联网络,了解转介条件,为受助者作转介准备,妥善结案。

(四)作好结案记录

结案时要撰写书面结案记录。结案记录的内容包括受助者何时求助、求助原因、工作过程中提供了哪些服务、受助者有什么改变、为什么结案、社会工作者的评估和建议等。

小张个案的结案记录

一、基本资料

小张,男,1982年12月11日生,初中文化程度,未婚,无业。

二、背景资料

1. 家庭背景:在他12岁时,父亲因不明原因自杀身亡。父亲生前每次喝醉酒就动手打母亲,父母脾气都非常暴躁,从他记事起家里几乎就没有片刻安宁之时,每天都在吵闹中度过。父亲过世后,母亲改嫁,带着他重新组建了家庭。

2. 个人经历:小张初中毕业后勉强考入一所职校,中途就因学不下去而退学。从那以后,小张开始与一群社会不良少年混在一起,染上较多恶习。终因参与一起抢劫案,被判处有期徒刑1年,缓期1年。

三、主要问题

1. 家庭问题:因为小张内心认为父亲的死,母亲有主要责任,家庭关系非常紧张,对母亲十分不满。另外,母亲脾气暴躁,时常骂小张,说伤害小张自尊心的话。

2. 心理状况:父亲的死,导致小张怨恨母亲,在情感上的失落和对母亲的敌视情绪进而影响到了学习,开始出现厌学情绪,最终职校只读了一年就辍学了。辍学之后内心的空虚和无助使他逐步发展到沉迷网络。

3. 就业问题:由于在学历和技能方面的缺乏,使他在就业方面对自己完全没有信心,做事不能坚持,就算有了工作,做几天就不干了。

4. 社会交往问题:在生活中存在与母亲的沟通障碍,认为只有朋友才最关心自己,但在现实世界中又没有什么朋友。渴望与同辈群体进行交往和沟通的他容易轻信所谓的"朋友",在交往中缺乏分辨是非、真假的能力。

四、问题分析

小张思想比较单纯,由于在家里得不到关心和温暖,开始寻求外面的朋友,交友范围比较狭窄,甚至做了一些违法的事情。由于父母相互间粗暴、打骂的行为,对小张的成长起着潜移默化的影响,形成了他暴躁冲动的性格特点,对母亲存在误解和怨恨,家庭关系处于一触即发的紧张状态。

五、服务计划

1. 目的

改变受助者的外部环境,恢复小张的社会支持系统,让受助者(小张)重获信心,重新开始新的生活,找到生活的目标。

2. 目标

(1)协助受助者改善与母亲的关系,消除对母亲的怨恨。

(2)脱离原来的朋友圈子,建立正确的交友观。

(3)让受助者有重新开始生活的愿望,帮助受助者找一份工作,使他在工作中慢慢建立自己的人际关系,并能为家庭承担一份应有的责任。

3. 介入行动具体计划

(1)接案:本案是由居委会干部打电话求助的。我们先通过会谈,了解受助者的基本生活状况和心理状况,帮助受助者逐渐释放自己的情绪,建立良好的专业关系。

(2)与社区居委会干部联系,一起到小张舅母家安抚小张母亲,从张母及其亲属口中,了解母子争吵的具体情况,再针对问题与受助者进行沟通,分析问题产生的原因,找出解决问题的办法。

(3) 在与受助者进行沟通的过程中,同时与受助者的母亲会谈,协助母亲找出阻碍沟通的原因,教授一些与儿子沟通的方法,鼓励母亲重新接受儿子。在受助者这一方面,帮助他认识父亲的死亡对母亲造成的精神打击和生活上的压力,让他试着与母亲进行一次心平气和的沟通。

(4) 陪同母子查找他人利用身份证诈骗钱财的证据,追回钱款。风波平息后,要让受助者认识到这次手机事件对整个家庭带来的危害及对自己的危害,让他明白什么是真正的朋友,如何与人交往,建立良好的人际关系。

(5) 在受助者有进步的时候,赞扬他的努力,并鼓励他寻找工作,重新进入社会,开始正常的生活,让他明白自己长大了,应该对这个家庭负起责任。如果受助者与母亲的关系有所改善且受助者能主动要求寻找工作,社会工作者便可以结案。

(6) 跟进服务,着重关注受助者的心理变化,尽可能避免反复。

六、介入过程

第一次,社会工作者通过居委会干部找到小张舅母家,与受助者的母亲进行了一次面谈。张母情绪激动,又哭又骂,说为了儿子偷手机被判刑的事自己与第二任丈夫经常争吵,最后不得不离婚。也曾多次托朋友让儿子学手艺,没想到,干了几天,连人影都不见了。后来又结交了不良朋友,朋友以介绍工作为名,将儿子的身份证拿去办理了三个手机话费套餐,自己的身份证也让这个朋友顺手牵羊,办了每月178元话费套餐,签了两年协议。这一切自己都被蒙在鼓里,直到收到账单和律师函才得知。此后不时有陌生人上门讨债,说儿子欠他们的钱,搞得人整天心惊胆战。

第二次,为了证实张母的话,社会工作者将小张约到社会工作机构,询问他这些情况是否属实,他都一一承认。随后,社会工作者又找到张母,尽管痛恨儿子,但张母的话语中仍隐含着丝丝无法割断的母子之情。社会工作者同其母亲一起分析,如果断绝母子关系会给小张和母亲带来什么影响,分析结果是那会使她儿子变得更加任性,破罐破摔。经过社会工作者和居委会主任多次上门,母子双方都认识到自己的问题,社会工作者在与小张的面谈中让他明白到父亲的死亡对母亲造成了情感伤害和生活压力,自己不仅没有安慰好母亲,反而用一些叛逆的行为一次次伤害了她,请他试着与母亲好好地沟通一下。对于母亲一方,社会工作者教授了一些亲子沟通的方法。这样的介入工作意在让双方都能心平气和地接纳和尊敬对方,懂得彼此珍惜。经过辅导,小张和母亲都开始认识到自己过去对对方的不当态度和行为,双方已开始尝试交流各自对对方的感受。最后,在居委会会议室母子二人言归于好。

第三次,张母家庭收入只有400元,却要一下子支付近万元手机话费账单,无疑是雪上加霜。为了解决这件事,社会工作者两次到邮局,查找使他们受骗上当的人。第一次失败后,为了收集有力的证据,社会工作者与小张母子二人到联通公司调出购买手机时签订的协议书,社会工作者将协议书仔细查看、推敲。第二次到新区找到了这个人,在事实证据面前,使这位朋友不得不承认,答应承担一切费用。通过这件事,也让小张认识到了什么是真正的朋友,如何去选择朋友。

第四次,考虑到小张没有工作,闲荡在社会上,社会工作者积极地为他找了一份工作,既可补贴家用,承担起家庭的责任,也使他的生活有规律,不再无所事事。自这以后,小张母子关系得到缓和,先前的误解得到澄清,家庭气氛有所改善。

第五次,社会工作者进行回访,得知目前受助者生活比较正常。

七、服务评估

此个案比较成功,受助者在社会工作者的帮助下,精神状况基本恢复正常,与母亲的关系有较大的改善。受助者已开始有了生活目标。

八、个案反思

社会工作者发现,小张在处理生活中的困难时,容易逃避问题,社会工作者还需要进一步从重建小张"健康人格"方面下功夫,在适当时机展开对小张的辅导工作,而不是单纯针对其困难进行物质救助,这样才能达到助人自助的目的。

三、结案时受助者的反应及其处理方法

结案是一个转折性事件,意味着受助者接受社会工作者协助工作的结束和另一种新生活经验的开始。受助者在这个阶段可能会出现两极情感反应:一方面对即将结案而产生的与社会工作者的分离,及由此产生的失落、难过等负面情绪;另一方面也充满兴奋、成就感和对未来的希望等正面情绪。

(一)受助者的正面反应

接受社会工作的协助对受助者来说是一种特殊的人生体验,多数人都能在与社会工作者的合作中获益,因而在结案时有正面情绪反应,包括对获得成长与成功的欣喜、对整个工作过程带给他们新认识的肯定、感觉视野开阔了、对与社会工作者关系的满意、对社会工作者的帮助充满感激、对未来充满信心等。结案时社会工作者要对这些正面反应给予肯定并适时适当地进行强化,以增强受助者面对未来的信心。需要注意的是,社会工作者要避免刻意渲染这种气氛,以防止产生离别的伤感情绪,影响受助者正常的生活。

(二)受助者的负面反应

不管是哪一种社会工作的介入和协助,受助者在整个过程中都会感受到社会工作者的真诚与关注、尊重、接纳和肯定,这是专业社会工作对社会工作者的要求,也是专业关系的特质。由于结案意味着社会工作专业关系的终止,意味着受助者要回到自己的生活世界中,也意味着其后社会工作者与受助者就要停止接触,受助者不再有社会工作者的陪伴,因此,终止关系可能给他们带来"分离焦虑"等感受,表现为对这种即将到来的结案产生负面反应。

常见的负面反应包括以下七点:

(1)否认——不愿承认已到结案期,避免讨论关于结案的话题,表现为不准时与社会工作者见面、心不在焉等。

(2)倒退——回复到以前的状态,以此拖延结案的到来。

(3)依赖——对社会工作者过分依靠。

(4)抱怨——对社会工作者不满意。

(5)愤怒——表现为对社会工作者不满,批评、攻击和挑战其他人,结案时的愤怒会因结案类别而有不同表现。那些因社会工作者离职而结案的受助者,其愤怒表现得可能会更强烈些,极端情况下可能会有身体攻击,社会工作者要对受助者的愤怒情绪后面所隐藏的悲伤、难过等情绪敏感,谨慎地处理这些负面情绪。

(6)讨价还价——当发现没有可能阻止结案时,有些受助者会寻找理由延长服务期限,

有时还表现出倒退行为,很多已经解决的问题重又出现等。

(7) 忧郁——当所有延长结案时间的努力都无效时,有些受助者会表现得无精打采、失落而无助,对结束关系充满焦虑。

(三) 结案反应的处理方法

社会工作者要注意在结案期受助者可能会有的负面反应,并在结案阶段审慎处理它们,采取步骤与方法让受助者适应和接受结案即将到来的事实。具体包括以下五种方法:

(1) 与受助者一起讨论他们对结案的准备情况。在结案前与受助者回顾一下个案、小组、家庭或者社区工作的过程,以确定结案的时机是否已经成熟。

(2) 提前让受助者知道结案时间,早些作好心理准备。社会工作者应该明白受助者的负面反应只是暂时性的,社会工作者要做的是尽力减少结案的副作用。方法是鼓励受助者公开讨论结案,并告诉他们结案可能使他们感到难以接受。社会工作者要以同感的态度向受助者传达愿意与他们讨论他们的反应、理解他们的心情等信息,以减少负面情绪。

(3) 在结案阶段社会工作者要逐渐减少与受助者的接触,提醒受助者要学会自立,给受助者以心理支持,告诉他们在有需要时社会工作者将继续提供协助。

(4) 社会工作者也要估计一些可能会破坏改变成果的因素,预防问题的产生,继续提供一些服务,并为受助者提供能够对他们有帮助的资源系统的支持,待稳定了受助者的改变成果时,才最后结束专业助人关系。

(5) 必要时安排正式的结案活动,让受助者分享各自的收获,以建设性的方式表达感受,相互鼓励,面向未来。

课 后 实 训 题

银燕幼儿园中二班周老师这半年多来,经常发现她班上的小朋友巧巧身上有瘀青。三天前,周老师在幼儿园门口还亲眼看见巧巧的妈妈张女士在打巧巧。于是,周老师来到社区的家庭服务中心,请求社会工作者介入。

问:如果你是一名专业社会工作者,请按照社会工作实务通用过程模式设计一下整个服务的流程及各阶段的工作要点。

项目五

社会工作实务的三大基本方法

作为应用社会科学,社会工作的核心是在一定理论指导下的一套因事而异的工作方法,包括个案工作、小组工作、社区工作三大社会工作具体方法。本章将对这些工作方法进行详细介绍。虽然上述方法在社会工作领域已经相当专门化,但是在实践中常常由于社会问题的复杂性,需要同时运用多种方法去处理问题。

【学习目标】
- ◆ 熟悉社会工作的三大基本方法
- ◆ 理解三种工作方法的特点与目标
- ◆ 掌握三种基本方法的常用技巧
- ◆ 熟悉不同方法的使用情况

【案例导入】

重返社区

小安,男,26岁,大学三年级时因精神疾病退学。退学后,小安在精神卫生中心接受了四周治疗后出院。小安的母亲提前退休后全身心地照顾他,但是小安的某些社会机能仍在慢慢退化。朋友和同学开始疏远他,有些居民也因偏见而对他指指点点,这让原本就内向的小安备受情绪困扰,更加沉默寡言,越来越没有自信,整天不想出门。小安因为服药有不良反应而偷偷藏药和减药。社区也没有相应的康复机构。没多久,小安的精神疾病再次发作。小安在三年内多次出入精神卫生中心,无奈之下,父母将其送入精神病院。一年后,小安的病情稳定，经诊断可以出院。他想回家，想接触社会、交朋友，想学点技能从事些简单的工作。父母为了让他更好地康复，准备搬到一个环境幽静、能提供康复和职业训练的社区居住。自从小安患病以来，父母一直觉得压力很大、很焦虑，对照料好小安既没有信心也不懂技巧，非常希望有专业人士提供帮助。医院的社会工作者准备为小安出院回归社区提供服务，并联系了社区中的社会工作者。

思考：作为社区的工作人员，有哪些方法可以缓解小安及其父母的困境？其工作目标和特点是什么？

模块一 个 案 工 作

个案工作是指运用专业的知识、方法和技巧，通过专业的工作程序，帮助有困难的单个个人或者家庭发掘和运用自身及其周围的资源，改善个人与社会环境之间的适应状况。

一、个案工作的主要模式

为了保证个案工作的科学性和有效性，在开展个案工作过程中需要运用个案工作中相关的服务模式。个案工作的服务模式既是用来指导社会工作者针对某个受助者开展专业服务的理论依据，也是帮助社会工作者决定个案工作的程序和服务方法的重要依据。个案工作的服务模式有很多，而且差别很大，这里将着重介绍四种常用的个案工作的服务模式：心理社会治疗模式、危机介入模式、行为治疗模式和人本治疗模式。

（一）心理社会治疗模式

1. 心理社会治疗模式的理论假设

（1）人生活在特定的社会环境中，生理、心理和社会这三个方面的因素相互作用，共同推动个人的成长和发展；（2）受助者的问题与其感受到的压力有关；（3）人际沟通交流的状况是保证个人与个人之间进行有效沟通交流的基础，也是形成个人健康人格的重要条件；（4）每个人都是有价值的，即使是暂时面临困扰的受助者，也具有自身有待开发的潜能。

2. 心理社会治疗模式的治疗技巧

心理社会治疗模式可以运用的技巧比较多，包括直接治疗技巧和间接治疗技巧两大类。所谓直接治疗技巧，顾名思义，是指直接对受助者进行辅导、治疗的具体方法。可以根据社会工作者与受助者的沟通交流状况，以及反映受助者内在想法和感受的状况分为非反思性（non-reflective）直接治疗技巧和反思性（reflective）直接治疗技巧。间接治疗技巧是指通过辅导第三者或者改善环境间接影响受助者的具体技巧。间接治疗技巧的运用对象很广，包括受助者的父母、朋友、同事、亲属、邻里和社区管理人员等，把个案工作服务介入的焦点从受助者个人扩展到受助者周围的其他社会成员。

3. 心理社会治疗模式的特点

（1）注重从人际交往的场景中了解受助者；（2）运用综合的诊断方式确定受助者问题的原因；（3）采用多层面的服务介入方式帮助受助者。

(二) 危机介入模式

危机是指一个人的正常生活受到意外危险事件的破坏而产生的身心混乱的状态。危机通常可以分为两类：一是成长危机，即每个人在成长过程中需要面对不同的任务而产生的危机；二是情境危机，即因生活情境的突然改变而引发的危机。

1. 危机介入的原则

（1）及时处理。由于危机的意外性强、危害性大，而且时间有限，需要社会工作者及时接案、及时处理。（2）限定目标。危机介入的首要目标是以危机的调适和治疗为中心，尽可能降低危机造成的危害，避免不良影响的扩大。（3）输入希望。在危机中帮助受助者的有效方法是给受助者输入新的希望，让受助者重新找回行动的动力。（4）提供支持。社会工作者需要充分利用受助者拥有的周围他人的资源，如父母亲的关心、朋友的支持等，为受助者提供必要的支持。当然，同时也需要培养受助者的自主能力。（5）恢复自尊。危机的发生通常导致受助者身心的混乱，使受助者的自尊感下降。社会工作者要帮助受助者恢复自信。（6）培养自主能力。实际上，整个危机介入过程就是社会工作者帮助受助者增强自主面对和克服危机能力的过程。

2. 危机介入模式的特点

（1）迅速了解受助者的主要问题。（2）快速作出危险性判断。这样既可以有效减少或者阻止受助者的破坏行为，又可以预防或者减轻对社会工作者自身的伤害。（3）有效稳定受助者的情绪。社会工作者需要借助简洁易懂的语言、专心的聆听、感情的支持等技巧稳定受助者的情绪，与受助者建立相互信任的合作关系。（4）积极协助受助者解决当前问题。

(三) 行为治疗模式

1. 行为治疗模式以三种学习理论作为自己的理论基础

（1）经典条件作用理论；（2）操作性条件作用理论；（3）社会学习理论。

2. 行为治疗模式的五种治疗技术

（1）放松练习。要求受助者通过身体的放松舒缓生理和心理的紧张。（2）系统脱敏。按受助者的担心和害怕程度，由低到高依次让受助者作放松练习，直到消除所有的担心和害怕。（3）满灌疗法（又称快速脱敏法）。从受助者最害怕的处境开始，迫使受助者直接面对最担心的处境，经过不断重复，让受助者对害怕的处境变得习以为常。（4）厌恶疗法。让受助者的不适应行为与某种厌恶性反应建立联系，迫使受助者体会到不愉快的经验并逐渐放弃不适应的行为。（5）模仿。首先由社会工作者或者其他工作人员示范需要学习的行为，让受助者观察，然后让受助者练习需要学习的行为。

3. 行为治疗模式的特点

（1）注重受助者行为评估。（2）关注受助者行为修正。（3）侧重修正行为效果的评估。修正行为效果的评估对于了解行为治疗模式的服务效果起着非常重要的作用。

(四) 人本治疗模式

1. 人本治疗模式的理论假设

（1）对人性的基本看法。认为人的本质是好的，具有发挥自身内在各种潜在能力、追求不断发展的基本趋向。（2）自我概念。认为如果受助者的自我概念依赖周围他人的价值标准，并以此确定自己的行动方式，就会与自己的真实需要发生冲突。（3）心理适应不良和心理适应失调。当他人的价值标准内化为受助者的内心要求时，就会使受助者的自我概念与真实的经验和感受相冲突。

2. 人本治疗模式的特点

(1) 注重社会工作者自身的品格和态度。认为社会工作者只有提供真诚、同感和无条件的积极关怀，全身心地与受助者交流，才能为受助者创造和谐、信任、宽松的辅导环境，促进受助者的自我发展。(2) 强调个案辅导关系。个案辅导关系需要具备真诚、同感和无条件积极关怀三项充分必要条件。(3) 关注个案辅导过程。借助具体的个案辅导过程，社会工作者才能与受助者进行真诚的沟通交流，让受助者体会此时此地的各种内心冲突和不安，了解自己的真实需要，发挥自己的各种潜在能力。

二、个案工作各阶段的工作重点

个案工作的介入过程可以分为接案或转介、收集资料、制订计划、签订协议、开展服务、结案、评估和追踪等不同的阶段。

(一) 接案或转介

接案就是把有需要的求助对象纳入个案工作的工作程序中。在接案过程中个案工作的工作重点包括以下四个方面：(1) 了解求助对象的求助愿望；(2) 促使有需要的求助对象成为受助者；(3) 明确受助者的要求；(4) 初步评估受助者的问题和需要。在这一过程中，第一印象非常重要，直接影响受助者进一步寻求服务机构帮助的动力和信心。

此外，对于那些立即需要帮助而机构或者社会工作者无法给予及时必要帮助的受助者提供转介服务，即通过一些必要的手续把受助者介绍给其他能够给予及时必要帮助的服务机构或者其他社会工作者。在转介之前须征得受助者的同意，并且说明转介的理由。通常只有在以下两种情况下才允许为受助者提供必要的转介服务：一是受助者需要解决的问题不属于本机构的服务范围；二是受助者生活在本机构的服务区域之外。

(二) 收集资料

收集资料，是指详细收集与受助者问题有关的资料，并对受助者问题的成因和发展变化进行评估的过程。(1) 收集与受助者问题有关的资料。个人资料包括受助者生理、心理和社会方面的情况，环境资料包括受助者的家庭、同辈、社区和工作环境等情况。当然，在资料收集中还包括个人与周围环境之间的互动情况。(2) 对受助者的问题进行评估。社会工作者依据收集的资料对受助者问题的形成原因和发展变化过程进行评估，从三方面作出确定：一是受助者的问题；二是受助者问题产生的原因；三是受助者曾经作出的努力。

(三) 制订计划

应包括以下六个方面：(1) 受助者的基本情况，如姓名、性别、年龄等；(2) 受助者希望解决的问题；(3) 工作计划的目标，包括总目标和每一阶段的子目标；(4) 服务开展的基本阶段和采取的主要方法；(5) 服务开展的期限；(6) 联系方式。

制订一个完备的服务工作计划，要求社会工作者做到以下五点：一是准确分析受助者的需要和问题；二是明确服务工作的目标、阶段和方法；三是熟悉服务机构提供的具体服务；四是清晰认识社会工作者具备的能力；五是了解受助者拥有的资源。

(四) 签订协议

为了明确双方的责任和义务，以及增强受助者改变的动力，社会工作者在制订好了服务工作计划之后，还需要与受助者签订工作协议。它通常包括五个方面的基本内容：一是服务目标;二是服务的内容和采用的方法;三是服务双方应有的权利和义务;四是服务的地点、时间、期限和次数;五是服务双方签字。在实际个案工作中,通常会采用口头的工作协议方式,它的要求并不像书面工作协议那样严格。

(五)开展服务

在服务工作计划的实施过程中,社会工作者需要根据服务介入的具体情况扮演以下一些基本的角色,推动服务工作计划的顺利开展。(1)使能者:社会工作者运用自身拥有的专业知识和技巧调动受助者自身的能力和资源,发挥受助者的潜在能力,促使受助者发生有效改变。(2)联系人:社会工作者帮助受助者与拥有资源的服务机构联系,保证受助者能够获得合适的服务。(3)教育者:社会工作者指导受助者学习处理问题的新知识、新方法,调整原来的行为方式。(4)倡导者:社会工作者利用自己的身份和权利倡议机构实行必要的改革,为缺乏资源的受助者争取更合理的服务,或者动员受助者一起争取一些合理的资源和服务。(5)治疗者:社会工作者运用专业的方法和技巧消除或者减轻受助者的困扰。

(六)结案

服务工作计划顺利展开之后,就会进入服务工作的结束阶段。在一般情况下,出现以下五种情况之一就可以结案:一是社会工作者与受助者都认为工作目标已经达到;二是虽然问题没有彻底解决,但受助者已经具备独立面对和解决问题的能力;三是社会工作者与受助者的专业关系不和谐,希望结束服务;四是受助者出现了一些新的要求和问题,需要其他社会工作者或者服务机构解决;五是因为一些不可预测的因素需要结束服务。对于三、四、五这三种情况,社会工作者不仅需要结束服务,同时还需要与其他服务机构或者社会工作者联系,帮助受助者获得合适、必要的服务。

在结束阶段,为了帮助受助者顺利面对服务工作的结束,社会工作者需要做好以下四项工作:一是预先告知受助者,让受助者对服务结束作好准备;二是巩固受助者在已经开展的服务工作中获得的改变和进步;三是与受助者一起进一步探讨影响问题解决的因素,为受助者结案之后独立面对问题作好准备;四是鼓励受助者表达结案时的情绪,与受助者一起探讨结案后的跟进服务。

结案时可以采取不同的形式,最常用的有以下三种:一是直接告诉受助者;二是延长服务间隔的时间;三是变化联系的方式。

(七)评估

评估是指对个案工作的服务效果和效率进行评定。它的主要内容涉及三个方面:一是受助者的改变状况;二是工作目标的实现程度;三是服务介入工作的人力、物力和其他资源的投入。评估经常采用的方法有:一是由受助者评估服务工作的开展状况及对服务工作的满意程度;二是由社会工作同行评估服务工作的开展状况;三是由服务机构评估社会工作者的服务工作开展状况。

(八)追踪

结案之后并不意味着服务工作结束,就一般情况来说,还需要根据受助者的情况安排追踪(又称跟进)。追踪主要有三个方面的任务:一是根据受助者的状况安排一些结案之后的练习,巩固受助者已经取得的进步,增强受助者独立面对问题的能力;二是调动受助者的周围资源,增强受助者的社会支持;三是持续评估服务工作的效果。

三、个案工作的常用技巧

个案工作的技巧很多,根据个案工作的过程,可以划分为会谈、建立关系、收集资料、方案策划和评估等不同方面的常用技巧。

(一) 会谈技巧

个案会谈是指社会工作者与受助者进行面对面的有目的的专业谈话(又称个案面谈)。主要包括以下三方面技巧:(1) 支持性技巧是社会工作者借助口头和身体语言让受助者感受到被理解、被接纳的一系列技术,主要包括专注、倾听、同理心和鼓励等;(2) 引领性技巧是社会工作者主动引导受助者探索自己过往经验的一系列技巧,主要包括澄清、对焦、摘要等;(3) 影响性技巧是社会工作者为受助者提供必要的信息或者建议,让受助者采取不同的理解和解决方法的一系列技巧,主要包括提供信息、自我披露、建议、忠告、对质等。

(二) 建立关系技巧

这里所说的建立关系是指社会工作者与受助者初次接触建立相互信任的专业合作关系,以便个案工作的顺利开展。四种技巧如下:(1) 感同身受。社会工作者把自己置于受助者的位置上体会受助者面对的压力和挑战。(2) 建立有利于受助者积极表达的关系模式。社会工作者要借助澄清受助者的目标、彼此的希望和角色等方式,与受助者建立有利于受助者积极表达的关系模式。(3) 制造气氛。通过选择和安排与受助者初次见面的环境,营造良好的气氛,促进专业合作关系的建立。(4) 积极主动。受助者寻求帮助时通常内心充满矛盾,社会工作者积极主动的态度和友善的行为可以减轻受助者的紧张和不安,增强受助者改变的信心。

(三) 收集资料技巧

资料的收集过程是社会工作者通过与受助者及其周围他人的接触、会谈和自己的观察,以及调查整理与分析受助者问题产生的原因和发展变化的过程。其中涉及以下一些主要的技巧:(1) 会谈的运用。对于受助者自己的经历和内心感受的资料可以采取由受助者自我陈述的方式,允许受助者按照自己的方式讲述自己的情况。对于一般性的情况,可以采用严格的对答方式,保证信息的完整。(2) 调查表的运用。对于一些涉及隐私或者不便于在社会工作者面前表达的资料,可以采用调查表的方式,让受助者能够自如地表达自己的想法和感受。(3) 观察的运用。对于受助者与周围他人之间互动交流的方式,最好采用观察的方式,直接了解受助者与周围他人的交流方式和过程。(4) 现有资料的运用。有些资料都有记录,像学生的成绩单、低保户家庭的基本状况等,社会工作者可以通过有关机构查阅和收集这方面的资料。

(四) 方案策划技巧

服务介入工作是否能够顺利展开,很大程度上取决于是否能够制订一个好的服务工作方案。而制订一个好的服务工作方案,需要社会工作者掌握以下三个方案策划的技巧:(1) 目标清晰而且现实;(2) 受助者的范围明确;(3) 策略合理。

(五) 评估技巧

这里所说的评估是指服务介入总结结束阶段的评估,目的是对整个服务介入过程进行检查和反思。其中涉及以下四个主要的技巧:(1) 正确运用评估类型。评估通常有两种方式:对介入活动的效果评估和对所运用策略、方法和技巧的评估。(2) 合理运用评估的方法。评估的方法有很多,社会工作者需要根据评估工作的要求及受助者的情况选择合理的评估方式。(3)受助者的积极参与。在评估过程中,社会工作者可以通过不在场、不记名等方式让受助者有充分的空间表达自己的想法和感受,参与评估过程。(4)坦诚保密。在评估之前,社会工作者就需要向受助者说明评估是为了改进现有服务工作,表达自己的诚意,并且承诺为受助者保密的原则,以减轻或者消除受助者的担心。

模块二 小组工作

小组工作又称为团体工作,它是以小组为单位(两个或者更多的人)的助人工作方法,是社会工作方法在群体情境中的应用,是群体与社会工作方法的结合。

一、小组工作的类型与特点

(一) 小组工作的类型

1. 教育小组

它是帮助小组成员学习新知识、新方法,或补充相关知识之不足,促使成员能够改变自己原本对问题的看法和解决的方式,来达到改变成员的目标。

2. 成长小组

它的目标是帮助组员了解、认识和探索自己,最大限度地启动和运用自己的内在资源,充分发挥自己的潜能,解决问题并促进个人正常健康的发展。

3. 支持小组

它是把具有同质性的人聚集在一起,其组员一般都有相同的问题、经历或经验,通过相互支持的方式,达到解决问题和成员改变的效果。

4. 心理治疗小组

其组员通常都是曾经在生命中有过创伤的人。治疗性小组就是希望能缓解症状及其影响力,帮助组员通过治疗创伤复原并康复,降低不良症状,促进人格改变。

(二) 小组工作的特点

1. 在功能上的特点

(1)影响个人转变。通过小组过程,让组员在价值观、态度及行为方面发生转变和改善,促进人们形成积极的生活态度和公民的社会责任感。(2)社会控制。小组工作过程可以使小组组员学习、遵从、适应社会需要的行为规范,培养其社会责任心。(3)形成群体力量解决问题。小组组员必须学习共同思考、团结协作、彼此支持,共同面对环境和问题。(4)再社会化。小组工作过程可以帮助组员改变以往那些不适应社会生活的观念和行为,解决在社会生活中遇到的各种问题。(5)预防。通过小组组员之间的积极互动,在他们之间建立相互信任和相互支持的关系,为他们提供支持和帮助,以解决问题和预防问题的发生。

2. 在成效上的特点

(1)促进人际交往。小组工作方法可以给人们提供一种进行群体生活及人际互动的体验环境,通过个人在群体中的互动,实现其社会功能的变化和增强,达到个人的发展与成长。

(2)运用团体动力。小组过程能够影响个人的价值观念、态度及行为,通过相互影响发生积极的变化,使他们能够在家庭及社会中承担积极的和创造性的角色。(3)促进经验分享和经验选择。人与人能够通过分享经验而产生相互影响。小组工作者能够有目的地选择小组的过程和方案,让小组组员去经历,从而产生所希望的特殊转变,帮助个人适应生活环境,增加处理个人问题的能力和知识。(4)带来的转变更为持久。通过小组组员之间、组员与社会工作者之间经验的互动分享,在每一个人周围也会形成一定的相互支持网络,对人的影响和由此带来的转变,会比其他社会工作方法更为持久。(5)在时间和人力资源等方面更经济。由于是用群体性的方法去集中解决问题,小组工作比较节省时间和人力资源。

二、小组工作的主要模式

小组工作自创立以来,形成了许多工作模式。其中,互动模式及发展模式是两种最基本的工作模式。

(一)互动模式

互动模式也称作交互模式或互惠模式,它关注小组中组员与小组和社会环境间的关系,希望通过个人、小组和社会系统之间的开放和相互影响达到增强个人和社会功能的目的。互动模式将小组工作的重点集中于组员与组员之间为满足共同需要所产生的互动过程。

1. 基本假设

个人与社会系统之间存在依赖关系,小组为个人的社会功能发挥提供了有效场所,小组带领者在这里通过组织小组组员互动,使组员发掘自身潜能,增加社会交往信心、知识和技巧,以更好地适应社会生活。

2. 互动模式的特点

(1)互动模式的小组目标是使组员在社会归属和相互依存中得到满足;(2)互动模式要求组员在团体中有平等互惠的动机和能力;(3)互动模式中的小组工作者扮演的角色是中介者、使能者。

3. 实施原则

互动模式下的小组以组员间的相互作用和相互影响来实现小组目标,组员之间的"面对面"和密切的互动关系是小组存在和发展的动力。小组工作者扮演着协调者的角色。

(二)发展模式

发展模式也称为过程模式,它强调以人的发展为核心,以关注人的社会功能的恢复、预防人的社会功能的缺失、发展人的社会功能为目标。

1. 基本假设

人有潜力做到自我意识、自我评价和自我实现;能够意识到他人的价值、评价他人,并与他人形成互动;能够意识到小组的情景,评估小组的情景,并在小组中采取行动。

2. 发展模式的特点

(1)发展模式的小组目标是促进小组组员和小组的共同成长;(2)发展模式中小组组员通过互动、学习和经验分享获得自我成长;(3)发展模式中小组工作者扮演着协调者和使能者的角色。

3. 发展模式的实施

(1)发展成员的认知,形成小组共识;(2)建立小组目标,形成小组动力;(3)激发小组成员的潜能,增强小组成员的能力。

现今,在小组工作实务中,越来越多的学者和实务工作者主张对各种小组工作模式进行整合,强调社会工作者在小组中的领导角色和小组结构是随着小组的工作进程而出现、变化和发展的。

三、小组工作各阶段的工作重点

小组有一定的生命周期,它一般应分为这样五个阶段:准备期、小组初期、小组中期、小组后期和小组结束期。在每个阶段,都有各自的工作重点。

(一) 小组准备期

这是小组工作正式开始之前,社会工作者对组成小组进行的全面而充分的工作准备阶段。

1. 组员的状况

组员通常有两种,即已经明确希望进入小组的人和潜在的组员。

2. 社会工作者的任务和角色

(1) 明确工作目标;(2) 制订工作方案;(3) 选择(招募)组员;(4) 申报并协调资源;(5) 物质准备。物质准备包括:选择小组场地,聚会采取的座位安排,相关设施的准备及发出活动通知;落实资金的支持;对小组过程中可能出现的意外情况要有所估计,并作出充分的应急准备。

(二) 小组初期

从第一次聚会起,小组工作就进入了小组初期,也是小组的正式开始。

1. 组员特点

小组初期的最开始阶段,组员心理与行为是比较矛盾的。主要表现为:(1) 两极情感困境。对他人有既想接近又想回避的戒备心理。(2) 以往经验的影响。组员以往的经历会被自然地带进小组,从而影响他们在新小组中与人的相处。(3) 试探。组员对于小组、其他组员、工作者都会有不同的试探。

2. 社会工作者的角色

在小组工作初期,社会工作者处于小组的核心位置,工作角色如下:(1) 领导的角色。社会工作者要计划与引导发展小组的活动,对所有的具体程序和细节作出安排。(2) 鼓励的角色。社会工作者要鼓励组员接纳小组的内部和外部条件,鼓励每个组员介绍自己,尽量放松地表达自己对小组和其他组员的各种期望,尽快适应小组环境。(3) 组织者的角色。社会工作者要组织一些能够有助于组员之间相互了解的活动,打破僵局,帮助和促进他们尽快成为熟人。(4) 统筹的角色。社会工作者要有目的地设计并引导小组按照特定的路径与方向发展。

3. 社会工作者的任务

(1) 充分理解组员进入小组初期时矛盾的两极心理状态;(2) 把工作焦点集中在如何帮助组员建立相互信任上;(3) 创造可信赖的环境,促进组员间相互了解,澄清小组目标并促进与目标相一致的小组规范和小组结构;(4) 承担好组织者、鼓励者和统筹者的角色。

(三) 小组中期

这是小组组员之间形成亲密关系的阶段,也是开始出现小组的权力竞争和控制的阶段。

小组中期的工作重点,就是围绕着冲突的处理来实现小组目标和控制小组进度。

1. 组员的特点

(1) 关系亲密。组员之间的熟悉程度增加了,相互之间更开放,关心其他成员增强。(2) 认同小组。心里承认自己是这个小组的一员,也愿意在小组中表达自己的想法。(3) 权力竞争与控制。组员之间与其他人慢慢熟悉之后可能会出现竞争,以确立自己在小组中的角色与位置。(4) 组员在冲突中的特殊表现。在小组为权力竞争出现冲突时,有些人的语言和行为会出现攻击性,有些人会表现出沉默不语,还有一些人成为小组中不满情绪的发泄对象,成为替罪羊。

2. 小组工作者的角色

这时,组员的能力不断增强。社会工作者在其中的定位是协助者和引导者。

3. 社会工作者的任务

社会工作者是以协助组员处理好冲突为重心。以焦点回归的方式,把问题抛回组员,同他们一起寻找解决问题的办法。

(四) 小组后期

小组后期也称作小组的工作阶段,是形成良好小组状态、小组可以依靠自己的动力发展运作的时期。组员们更联合、更客观、更合作,以至于能提出更现实的建议或计划,并实施大型的方案、项目。

1. 组员的特点

(1) 小组成员彼此熟识和聚合,能接纳其他成员的个性、实力、态度和需要;能够相互支持,自由地沟通。(2) 对小组有较高的认同,开始经常用"我们"而不是小组。(3) 家庭式的情感减弱,次小组出现。(4) 成员之间权力的竞争和情感波动趋于缩小,组员会以不同的方式塑造小组的权力结构。

2. 社会工作者的角色

(1) 资源提供者;(2) 能力的促进者;(3) 引导和支持者。

3. 社会工作者的工作重点

(1) 关注小组目标的转化与追求。有些组员可能会对小组目标提出新的要求和需求,可以自己决定调整转换目标。(2) 关注小组凝聚力的状况。鼓励正面意义的凝聚力,抑制会导致一些组员有从众行为而放弃个人的不同意见的负面凝聚力。

(五) 小组的结束期

这是指小组进行到终结阶段并且小组目标已经实现。

1. 组员的特性

(1) 离别情绪。小组结束时,组员可能同时有正面和负面两种情绪感受,否认小组应该结束。(2) 情绪转移。组员们面临分离,开始在其他地方寻找新资源以满足他们自己的需要。(3) 两极行为。组员因为对于结束期的无可奈何,由焦虑到出现逃避行为,不参加活动、逃避现实。

2. 社会工作者角色

(1) 引导的角色。面对组员的离别情绪,工作者要予以适当的接纳与支持,引导他们做好情绪表达和学习处理离别。(2) 领导的角色。工作者以领导的角色和专业职责,协助小组成员完成理想的结束过程。

3. 社会工作者的任务

（1）认识小组组员以离别情绪为主的心理行为特点；（2）以帮助组员处理离别情绪和维持小组经验为介入的焦点；（3）做好结束期的工作和小组评估；（4）担当好小组领导和引导的角色。

四、小组工作的常用技巧

小组过程中常用的方法和技巧主要有沟通和互动的技巧、控制小组进程的技巧、掌握小组会议的技巧和策划小组活动的技巧等。

（一）沟通和互动技巧

（1）全神贯注倾听；（2）积极给予回应；（3）适当帮助梳理；（4）及时进行小结；（5）表达鼓励支持；（6）促进互动交流。

（二）控制小组进程技巧

（1）适当给出解释；（2）提供精神支持；（3）促使承担责任；（4）避免行为失当；（5）连接集体和个人；（6）严格设定界限；（7）适当挑战内心；（8）分类妥善处理；（9）整合小组行动。

（三）小组会议技巧

（1）做好开场讲演；（2）设定会议基调；（3）把握中心话题；（4）播种未来希望；（5）善于等待求变；（6）真诚流露自我；（7）告知可选方案；（8）灵活运用眼神；（9）订立行动同盟。

（四）策划小组活动技巧

1. 小组活动的设计

由于小组过程是动态的，因此小组活动的设计一定要与小组的发展阶段和态势相适应。（1）小组初期活动的主要任务是要促使组员相互熟识。主要是创造轻松和谐的小组气氛，以利于组员相识。（2）小组中期的活动在于巩固组员已经形成的共识，进一步消除分歧，促进小组整合及使组员获得认同感和归属感。这一时期的活动设计也包括两个部分：其一是增加信任、促进合作；其二是自我探索、发掘潜能。（3）小组结束期活动设计的重点应该放在两个方面：巩固组员在小组中的学习成果和准备小组正式结束。（4）巩固学习成果。常用的方式有：通过角色扮演回顾小组历程中的重要事件和分享自己的收获；组员间彼此介绍对方在小组过程中的变化与成长，并进行讨论等。（5）着手小组结束工作。目的是为了帮助小组顺利地告一段落，减轻或消除组员由于小组即将结束可能产生的不安或抗拒的情绪和行为。

2. 设计小组活动需要考虑的因素

（1）小组的最终目标；（2）小组组员的特征及能力；（3）物质环境及资源提供的状况。当然小组活动只是一种辅助手段，它是为实现小组目标、完成小组工作任务服务的。因此，在开展活动时要注意分寸，适度控制。只有能够实现小组目标的活动才会对小组工作有帮助。

模块三　社　区　工　作

一、社区工作的特点与目标

社区工作是以社区为对象的社会工作介入方法。它通过组织社区成员参与集体行动去界定社区需要,合力解决社区问题,改善生活环境及生活质量;在参与的过程中,让社区成员建立对社区的归属感,培养自助、互助与自决的精神,加强他们在社区参与及影响决策方面的能力和意识,发挥其潜能,以实现更和谐的社区。

(一) 社区工作的特点

作为一种工作方法,社区工作与个案工作和小组工作相比有其独特性。首先,分析问题的视角注重结构取向。社区工作认为问题的产生并不完全是个人自身的原因,而是与社区周围的环境及社会结构有密切的关系。其次,介入问题的层面更为宏观。社区工作较多涉及社会层面,牵涉到社会政策分析及政策的改变,注重资源和权利的分配。再次,具有一定政治性。社区工作者有些时候会采取多种行动为社区居民争取合理的资源分配。最后,富有批判和反思精神。社区工作总是在关注问题,并且试图从根本上找出问题的症结,由此引发出对现存社会结构和政策的反思。

(二) 社区工作的具体目标

(1) 推动社区居民参与。社区工作者相信社区居民有能力解决影响其生活的各种问题,现在只是缺乏一些知识和技巧,因此,鼓励居民参与。(2) 提高社区居民的社会意识。让社区居民认识到,反映和表达自己的意见是其拥有的权利,而个人也有责任去履行公民的义务,关心社区问题,改善社区关系,使社区资源和权利能够平等分配。(3) 善用社区资源,满足社区需求。使社区资源能有效地回应社区需求。(4) 培养相互关怀和社区照顾的美德。社区工作可以促进社会的互相关怀,达到社区照顾的目的。

二、社区工作的主要模式

这里介绍的是目前在国内外应用较普遍,并取得了良好成效的地区发展、社会策划和社区照顾三个实施模式。

(一) 地区发展模式

这是指社区工作者协助社区成员分析问题,发挥其自主性的工作过程,目的是提高他们及地区团体对社区的认同,鼓励他们通过自助和互助解决社区问题。

1. 地区发展模式的特点

(1) 较多关注社区共同性问题。共同性问题是指对社区中绝大部分居民的生活造成影响的问题。(2) 注意通过建立社区自主能力来实现社区的重新整合。(3) 过程目标的地位和重要性超过任务目标。任务目标是完成实际的工作或解决一些特定的社区问题;过程目标是指通过社会工作过程希望达到的目标。当然,重视过程目标并不等于排除任务目标,两方面的目标是相辅相成且互相促进的。(4) 特别重视居民的参与。居民是组成社区的分子,是社区工作者的工作对象或服务对象。居民的参与是应对和解决社会问题的一种方法。

2. 地区发展模式所采用的策略

主要集中于推动社区成员的参与和互助合作,改善沟通和合作的渠道,更好地运用地区资源,解决现存的社区问题。(1) 促进居民的个人发展。通过一些有目的性的活动,让居民相互熟悉、交往、沟通,并让部分有积极性的居民承担一些任务,或参与活动的策划或管理,以增强居民处理事务的能力和责任感。(2) 团结邻里。社区工作者一般会组织多元化的活动鼓励居民参与,推动建立社区归属感和认同感。(3) 社区教育。它主要解决的是居民对社区资源不熟悉、社区认同感不强的问题。(4) 提供服务和发展资源。主要针对的是社区服务和社区资源缺乏的问题。(5)社区参与。主要是处理社区面对的部分共同问题。

3. 地区发展模式中社会工作者的角色

由于地区发展模式注重居民参与,并强调参与者的自立、自助和成长,因此,社区工作者主要扮演的角色有以下三种:(1)使能者,协助居民表达对社区问题的诉求和意见,鼓励和协助居民组织起来,帮助他们建立良好的沟通渠道及人际关系,促进共同目标的产生,促成共同目标的实现。(2)教育者,社会工作者要通过培训,帮助居民掌握解决问题的技巧和组织技巧,培养他们积极参与和自助互助的精神。(3)中介者,协调各方面的社区团体和个人,促进他们之间的沟通和合作,调动社区资源,解决社区的问题。

(二) 社会策划模式

这是在了解社区问题的基础上,依靠专家的意见和知识,通过理性、客观和系统化的分析,对解决社区问题的过程和方法进行计划的工作模式。

1. 社会策划模式的特点

(1)注重任务目标的实现。社会策划模式所关注的社区存在着多重问题,它以解决实质社会问题为主要工作取向。(2)强调运用理性原则处理问题。一方面强调过程的理性化,另一方面强调运用科学方法。(3)注重由上而下的改变。社区工作者扮演专家的角色,运用知识、科学的决策能力及其权威,推动其策划改变。(4)指向社区未来变化。目的是尽量降低将来的不稳定性及变化无常程度。

2. 社会策划模式的实施策略

主要是完整地执行一个策划的过程,具体步骤如下:(1)了解组织的使命和目标;(2)分析环境和形势;(3)自我评估;(4)界定和分析问题;(5)确定需要;(6)确定目标和达成目标的标准;(7)寻找、比较并选择好的方案;(8)测试方案;(9)执行方案;(10)评估结果。

3. 社会策划模式中社会工作者的角色

(1)技术专家;(2)方案实施者。

(三) 社区照顾模式

这是指社会工作者动员社区资源,运用非正规支援网络,联合正规服务所提供的支援服务与设施,让需要照顾的人士在家里或社区中得到照顾,过正常的生活活动。

1. 社区照顾模式的特点

(1)协助受助者正常地融入社区;(2)强调社区责任;(3)非正规照顾是重要因素;(4)提倡建立相互关怀的社区。

2. 社区照顾模式的实施策略

(1)在社区照顾,是指将一些受助者留在社区内并向其提供服务。可以采取以下的形式:一是将受助者迁回他们熟悉的社区中的家庭里生活,并辅以社区支援性服务;二是将社区内的大型机构改造为更接近社区的小型机构;三是将远离市区的大型机构迁回社区内,使受助者有机会接触社区。(2)由社区照顾,是指由家庭、亲友、邻里、志愿者等所提供的照顾和服务。其重点是积极协助弱势群体和有需要人士在社区中重新建立支持网络:一是提供直接服务的网络;二是受助者自身的互助网络;三是社区紧急支援网络。(3)对社区照顾,着重是指社区照顾过程中的支援性社区服务辅助。

3. 社会工作者在社区照顾中的角色

(1)治疗者;(2)辅导者和教育者;(3)经纪人;(4)倡议者;(5)顾问。

三、社区工作各阶段的工作重点

社区工作是一个解决社区问题,满足社区需求的过程,一般划分为以下四个阶段:准备阶段、启动阶段、巩固阶段和评估阶段。在不同的社区工作阶段都有其工作的重点。

(一) 准备阶段

1. 了解社区状况、进行社区分析

(1) 社区基本情况分析:社区的地理环境;社区内的人口状况;社区内的资源;社区内的权力结构;社区的文化特色。(2) 社区需求分析:规范性需求,是专业人员、行政人员或专家学者依据专业知识和现有的规定或规范,指出在特定情况下所需的标准;感觉性需求,当个人被问及是否需要某一特定服务时,其反应就是感觉性需求;表达性需求,当个人把自身的感觉性需求通过行动来表达和展现时,即成为表达性需求;比较性需求,是指与其他个人和社区比较而得出的需求。

了解社区居民对社区的看法和需求主要有两种方式:一是访问法。通过与各类社区居民面对面的谈话,能深入了解社区的需要,而且,在访问过程中也较容易与社区居民建立关系。二是社区普查。通过问卷或访问对社区中的每一家庭进行调查,了解他们对社区需要的想法。

2. 准备阶段的工作重点

(1) 确定主要任务和行动方案;(2) 确定介入策略和工作方法;(3) 社会服务机构作好自己的准备。

(二) 启动阶段

1. 行动方针

发动资源、成立社区小组、训练社区居民带头人、巩固社区居民的参与。

2. 主要任务

寻找和发现社区居民中的带头人,并进行培训工作,提高其对参与社区事务意义的认识;确定工作目标的优先次序,加强社区中的互助合作气氛。

3. 介入策略

(1) 发掘资源和进行社区教育。通过社区服务和活动,发现居民中有影响力、权威性和号召力的居民带头人。(2) 开展互助合作。通过组织社区内的资源,共同解决社区问题。(3) 推动成立居民小组。社会工作者可以根据居民的兴趣、爱好,组成自娱自乐的自助性小组。(4) 提供服务。社会工作者要能够创造互动机会,让居民通过服务过程相互认识。

4. 阶段性工作目标的实现

当社区内组成了不同性质的小组,培养了一批社区带头人群体,并能够协助社区解决一些问题时,这一阶段的工作目标就实现了。

5. 注意事项

由于社会工作者依靠专业能力提供了较多服务和活动,居民在信任社会工作者的同时也会不自觉地依赖他们,对社会工作者的认同度高,而对居民带头人的信赖度低,居民带头人因此有挫折感,也造成了社会工作者培养居民带头人的困难。另外,各类居民小组成立后,小组内部和小组之间也会有人事和权力的争夺,需要社会工作者谨慎处理。

(三) 巩固阶段

这一阶段,社区中新组成的各类小组朝气蓬勃,居民带头人积极努力并充满理想,但是他们的工作兴趣也会因为工作压力大、一些居民有过高期望、社区普通居民仍然不太支持社区的工作、也不愿意承担监督责任、只乐于享用更多的社区服务和设施而降低。

1. 行动方针和主要任务

行动方针是成立或巩固居民组织,让社区工作系统化;社区工作者的任务是让居民支持社区居委会的工作。

2. 介入策略和工作方法

一是互助合作,用不同的策略服务于居民带头人和普通居民,帮助小组成员建立对小组的归属感;二是社区教育,继续培养居民带头人并提高居民带头人的办事能力;三是行动竞争,用行动争取更多外来的资源。

3. 阶段性目标的实现

当社区居委会得到大部分居民的支持,社区小组的居民带头人能够系统化地组织工作,并得到辖区内有资源单位的支持时,这一阶段的工作目标就实现了。

4. 这一阶段的注意事项

一是社区工作者要防止把注意力过分集中在少数居民带头人身上,忽略了多数普通的社区居民;二是不断提醒居民组织既要提供服务,又要考虑维持居民持续参与社区活动的问题。

(四) 评估阶段

随着工作的推进,社区需要和问题发生了改变,居民参与的意识和观念得到提升,同时居民对社会工作者和居民组织的期望也很高。社区工作进入评估阶段。

1. 主要任务

根据社区的变迁重新评估社区需要和问题;社会工作者对专业工作过程进行总结,决定未来专业工作方向;社区居委会对工作进行经验总结,重新界定组织的方向,对未来发展作出安排。

2. 介入策略和工作方法

这一阶段的主要介入策略是策划和倡导。社会工作者要利用科学和客观的标准衡量社区居委会的独立办事能力,协助界定未来工作方向。在需要的时候,也可以邀请义务的专业人士作顾问,降低社会工作者对决策的影响。

3. 阶段性工作目标的实现

当社区工作者、专业小组和社区居委会能够用客观方法总结以往的工作,并有系统地计划未来时,这一阶段的目标就实现了。

4. 注意事项

总结工作不能过分依赖感性或太注重数据统计;总结工作要着眼于未来方向,而不是走形式。

四、社区工作的常用技巧

(一) 与居民接触的技巧

在社区工作中,社区居民是最有价值的资源,他们的社会意识提升和能力成长也是社区工作者最关注的。与居民接触有如下两个技巧。

1. 事先准备

接触社区居民是一个有意识的工作过程,根据接触居民的目标选择"合适"的接触对象;对于接触时间也要认真选择;事先要对所接触的居民的需要和问题有所认识,从对方的兴趣入手;要预估接触居民时他们的反应,保证接触时能以热诚的笑容和冷静的态度应对具体情景;对所接触居民居住的区域情况有所准备;等等。

2. 与社区居民的接触过程

(1) 如何介绍自己;(2) 展开话题;(3) 维持对话;(4) 结束对话等方面都要作精心的准备。

(二) 会议技巧

召开居民会议是社区工作中最常用的工作方式;一个居民会议一般分为四个步骤:会议前—会议中—会议后—行动。

1. 会议前

会议前的主要工作是明确开会的目的,准备会议议程和会议所需文件资料,邀请和确保会议关键人物出席会议,布置会场、设备准备和座位安排。会议正式开始前要提前半小时或10分钟到达场地检查设备,通知提醒重要参会者出席会议,营造良好的会议气氛,会议应尽量准时开始,如果居民没有到齐,可将重要事项拖后讨论等。

2. 会议中

会议中的主要工作是尽可能按照会议议程一项一项地讨论,对与会者的意见,会议主持人不要急于自己回应,应将意见抛给大家回应、讨论,协助与会者多沟通意见,多回应其他人的意见,会议主持人要多做集中、归纳、摘要和总结工作,要保持客观、中立和公正的态度,仔细聆听参加者的讨论和意见,要协助与会者作出决定,会议要有效率,时间不要拖得太长。会议主持的音量要适当,语速不要太快,等等。

3. 会议后

会议后的主要工作是让所有与会者清楚会议的决定;着手立即要做的工作,把重要内容和决定告诉没有参加会议的人;尽快作好会议记录,分发给有关人员,以便工作的开展。

4. 行动

根据会议的决定,落实工作;如果有突发情况,要考虑召开紧急会议或征询意见;要及时将工作进展告诉居民。

(三) 居民骨干培养技巧

社区工作最重要的不是社区工作者如何运用专业能力改善社区,而是如何推动社区居民的参与,建立居民组织,培育居民骨干和挖掘人力资源。培养社区居民骨干的重点工作技巧有如下四点:(1) 鼓励参与。社区工作者应不断向居民骨干灌输"当家作主"的精神,协助他们建立自主和自立意识。(2) 建立民主领导风格。社区工作者应积极培养居民骨干的民主意识,多组织居民会议,共同协商处理社区问题。(3) 培训工作技巧。社区工作者一般通过训练、实习、示范、阅读文章、观看影像教材、亲身体验、观察、讨论和角色扮演来提升居民骨干的能力。社区工作者要帮助居民骨干从实践中学习和吸收知识与经验,培养总结和自省的习惯。(4) 增强管理能力。社区工作者应强化居民骨干的权责分工意识,让他们认识到只有分工合作,才能做好社区工作。

课后实训题

小玲是小学三年级的学生,一直由爷爷、奶奶抚养长大。作为社区家庭服务中心的社会工作者,你了解到社区内像小玲这样的隔代教养家庭(即祖父母抚养孙子女)的情况不在少数。

问:你作为社区内的一名社会工作者,请针对此类儿童的需求拟定服务方案。在服务过程中有哪些介入方法?可采用哪些不同的策略?

项目六

社会工作实务的常用模式

社会工作是一个不断发展的新学科,这种新的变化同样也体现在对于社会工作实务模式的理解上。社会工作实务模式指的是在社会工作实务开展过程中逐渐形成的普遍性工作方法,是我们把握社会工作实务的前提,也是我们开展社会工作实务的重要基础。

【学习目标】

- ◆ 了解社会工作实务有哪些常用模式
- ◆ 了解常用模式的基本内容
- ◆ 掌握基本模式的适用情境
- ◆ 学会结合案例进行具体分析

【案例导入】

重困家庭如何破茧重生

祁某,女,未婚,羌族,四川理县薛城镇蒲溪人,大地震前迁往薛城镇沙金村居住,家里有父母及两个哥哥。她曾是四川九寨沟某艺术团演员,因余震致使脊椎受伤,受伤后到平武县医院做治疗,后转到绵阳市骨科医院做第一次手术,手术费共花了两万多元。除此之外,加上各种复查费和医药费花了一万元左右,家里的积蓄全部用完并负债。第二次手术的时间是手术关键时期,此次手术需要花费约七千元,目前还差五千元的缺口,才能够完成第二次手术。自受伤后,祁某一直无法接受这一事实,原先活泼爱笑、乐观开朗的她像变了个人似的,整日将自己锁在家里,沉默寡言,无精打采,对任何事情都没有兴趣,有时甚至无缘无

> 故向父母大发脾气。这让她的家人束手无策,父母亲看到孩子这样,心痛不已,但不知道如何去劝慰。其父亲觉得这样下去不是办法,他来到社工站求助社工,希望得到帮助。问题的诊断根据对受助者本人及其家人的了解。
>
> 思考:在该案例中,社会工作者的主要任务是什么?社会工作者可以运用哪些实务模式进行介入?如何介入?

模块一 危机介入模式

一、危机的涵义

危机的这一概念是林德曼和卡普兰在20世纪40年代和50年代首先在心理卫生服务领域提出来的。卡普兰认为,当人遇到突发的事件或变动却未能立即解决时,便会推动平衡,陷入危机状态。危机是一个突然的转折点,当逼近这个转折点时,紧张度骤然激增,从而刺激了个人前所未有的潜能,或者使个人能力瘫痪而不知何去何从。每个人对危机的反应与适应不同,有的人处之泰然,有的人适应不良,甚至会有自杀的倾向。无论如何,危机情况总会形成对当事人的心理负担和压力。

此后,西方学者从各自不同的角度提出了自己的理解。综合他们的理解,我们可以发现,危机包含有以下三种观点。

(1)危机是一种对平衡稳定状态的改变,即它是人的自动状态被打乱或破坏的状况。只有当人的生活被某些事件、变故打乱,感觉自己陷于一种无助状态,原先的应对方法不再起作用,人的心理防线变得极为脆弱时,这才是危机。

(2)危机可以是一种正常状态。危机并不一定非得是不寻常的或空难性的事件,它们也可以是一种正常发展过程中的状态。当危机发生时,我们惯常解决问题的方法无效,在新情况和突发事件面前束手无策或应对失败。

(3)危机是问题与希望并存。当危机发生时,它既是一种威胁,一种失落,但它同时也是一种挑战。将危机看成挑战,那么这时危机就不仅是危险,同时还包括成长的机会,特别是当发现了解决问题的新方法及发现自己具有应付问题的能力时,相应地人也就成长了。

因而,危机随时可以在正常生活中发生,它不是"病"。人们经常要面对问题,也经常要调整自己以应付问题,平衡稳定的状态。当意外事件发生时,或者是由于积累了太多的压力,或者是旧的负担太重,就会发生危机。可以说,危机是一个人在变得没有章法,不能正常思维与行动时发生的有时限的过程。危机可以是感觉威胁、失落和挑战。危机的经验能使个人在人格发展上更健全、成熟,但也能阻止或损毁个人的人格成长。

通常对危机情形有三种看法:一是威胁,即对基本需求、自主能力的威胁,如饥饿等;二是损失,即对权力、潜力的失落和失去亲人朋友,如失去地位、能力,亲人失踪或死亡、早产、失业、财产受损等;三是挑战,即对个人的生存、成长与控制力的挑战,如角色转变、换新工作、结婚生子等。

二、危机的类型

对于危机的类型,各学者有不同的分类。

(1) 普兰:发展性危机与意外性危机。发展性危机是指人在生长过程中必须面对的各个转换阶段,如入学、与异性交往、结婚、生育、更年期、退休等。意外性危机指无法预料的危机,如受暴力伤害、致命性疾病、失业、离婚、家庭遭遇空难和亲人意外死亡等,这是随机、突然发生的,且具有强烈性。

(2) 布瑞姆:发展性危机,意外性危机(情境性危机),存在性危机。存在性危机即指人面对人生重要问题而产生的严重困扰,如一个40岁的人突然觉得人生没有意义,背井离乡或离家出走的少年不知道为何要离家,要去哪里做什么。这是人生价值与定位之追寻所产生的适应危机。

(3) 杰姆斯和吉利尔德:除了上述三种危机之外,还有环境危机,它是自然灾害所造成的,如台风、洪流、瘟疫等,或是政治性因素导致的灾害,如种族屠杀或严重经济萧条。

(4) 秦安琪:成长危机与事态危机。

成长危机又称为常规危机,这主要是根据艾里克森的自我心理理论所作的理解。艾里克森认为,人的每一个成长阶段都是在达成与年龄适当的成长任务和关键时期。而在改造这些可预料任务时遇上的压力、阻滞或困难,往往构成了成长危机(见表6-1),当然这些阻滞和困难都是正常的,不代表个人的问题。而且,即使没有遇到这些阻滞和困难,个人在每一个成长阶段都会遇到不同程度的压力。

表 6-1 成长阶段可能出现的危机

阶 段	危 机
婴儿期(0—1岁)	欠缺适当照顾、被抚养者拒绝、疾病
幼童期(1—2岁)	与抚养者有矛盾、疾病、便溺训练
儿童前期(2—6岁)	入学、学习问题,与父母、老师、小朋友等有冲突,小朋友或自己搬迁,移民,疾病
儿童期(2—12岁)	学习问题,与父母、老师、小朋友等有冲突,转校
青少年期(12—18岁)	青春期,自我寻找,学业前途,朋辈关系
成年期(18—34岁)	择偶、结婚、怀孕、父母角色、管教问题、学业、工作
中年期(35—50岁)	经济、事业、子女反叛、子女离家、疾病、生理衰退、失业、生命目标重建、更年期
成熟期(50—65岁)	与子女有冲突、更年期、退休、丧偶、疾病
老年期(65岁至死亡)	经济、疾病、朋友死亡、孤独感、人际关系减弱

事态危机通常与外在环境有关,它包括三个方面的情形:其一为物质或环境方面的危机,如地震、车祸等天灾人祸;其二为人际或社会方面的危机,如亲人意外死亡、遭受威胁人身安全的罪案(如被强奸、被抢劫等);其三为个人或身体方面的危机,如疾病、自杀等。由于事态危机多属突发及不可预料的,所以对人的影响比较大。

三、危机反应及后果

根据秦安琪的《危机介入》,危机所引发的反应和影响有以下三点。

（1）沮丧：感到绝望无助，出现失眠，没有胃口，事件可能不断地出现在脑海中，但个人却拒绝提及和没有动机处理，没精打采，不愿意与别人接触等。

（2）焦虑：畏惧和恐惧，头痛、胃疼、胸口疼，晕眩、冒汗，呼吸短促而急速，食欲不振，失眠、坐立不安，学业或工作退步，可能信赖药物、吸烟和喝酒。

（3）愤怒和震惊。

总之，在危机期间人会格外显得无助及脆弱，但危机是有期限的，研究显示，这一期间通常会维持六至八周，有时会更久，依事件、个人适应模式及资源而有异。

危机除了创伤后压力失序外，其他负向的演变包括忧郁、反社会人格失序、性官能障碍、恐慌症、妄想被迫行为、人际问题、社会功能缺失、犯罪行为及自杀。

研究显示，危机事件会带来儿童在学校的行为问题，诸如父母离婚、生理重大疾病及重要他人去世，都会对儿童造成影响。而遭性虐待的儿童，更有高比例的精神失常。

四、危机介入的目标

危机介入的理论有两大组成部分，一是危机介入的目标，二是危机介入的技巧。

危机介入的目标有两个层次：

（1）最低或第一层次介入目标在于缓和症状，使受助者恢复或增进过去的社会生活功能状态，协助受助者了解危机产生的原因，协助建立家庭与社区的支持系统。

（2）较高或第二层次的介入目标在于协助受助者了解现在与过去的危机或冲突间的关联，以及开始新的思考与处理方式。

简而言之，危机介入的重要目标就是希望在有限时间内由社会工作者以密集式的服务来提供支持性协助，使受助者恢复以往的平衡状态，并且在处理日常问题能力上有长期的改变。

五、危机介入的技术

（一）开始阶段

第一步是搜集基本资料和建立专业关系。在第一次会谈的时候，社会工作者就要搜集受助者的基本资料，并将会谈集中在正在经历的事件上。这时，建立专业的关系是主要的目标。社会工作者要向求助者表示他们向机构寻求协助是做对了的事情，同时也要传递协助意愿与能力，通过接纳、关心、耐心和表达帮助性态度等积极性倾听，和受助者建立信任性的专业关系。所以，社会工作者需要用平稳而亲切的语调令受助者感到舒服，加上耐心、接纳和客观的态度，鼓励受助者慢慢透露实际情况，帮助了解问题。耐心聆听使受助者有勇气表达痛苦的感受，这正是恢复功能的首要条件。总之，社会工作者需要提供成长的气氛，使受助者能在安全的环境下表达、认识和解决所面对的困境。

第二步是了解主要问题。要达到有效的危机介入，社会工作者要充分了解影响受助者的危机的成因和问题所在。由于许多受助者通常会面临多个问题，所以与受助者讨论促使受助者前来求助的促发因素，让受助者把焦点放在自己的问题上，这是很重要的。这一阶段主要在于找出引发受助者危机状态的主要情境，并加以评量相关的影响因素，要强调受助者此时此刻前来求助的原因，包括了解事件本身的性质及范围、相关人员、产生的问题、影响的严重程度，以及发生的时间等，尤其特别要引导受助者前来求助的相关因素，包括了解受助者对于整个事件的反应，以了解危机是怎么回事，认清其所在，决定当前是否为真正的危机。

当找到了问题之后,社会工作者要和受助者达成协议,把问题集中在核心问题上。

(二) 中间阶段

社会工作者要进一步搜集资料,扩大对受助者的认识,如可以把现在发生的事情与受助者过去的生活经历相联系,指出前后的因果关系,以帮助受助者改正对问题的认识。

其中一个重要的方面就是让受助者倾诉,这可以减少受助者的焦虑,然后帮受助者看看什么样的办法对解决问题有效,让受助者学习怎样解决问题;可以给受助者布置作业,促使他改变思考方式,换个角度看问题,从而改变他的感受和行动。这个阶段主要的工作之一就在于通过同理心来表达积极倾听和沟通,鼓励受助者表达危机所引起的紧张感受。

受助者表达自己的危机感受之后,通常情绪就稳定下来了,接下来社会工作者就要协助受助者选择解决问题的各种可行的方法,除非受助者的精神状态使他的智力丧失,否则社会工作者应鼓励受助者尽量发掘恰当的和实际可以解决问题的各种方法,让其就每一个可行的方法作出后果评估。

(三) 结束阶段

当危机已过或受助者差不多恢复平稳状态时,危机介入便算完成了。在完结个案前,社会工作者应协助受助者评估和综合此次经验的心得感受。评估的范围可以包括:导致这次危机产生的各种因素,怎么可以避免下一次的发生,受助者这一次采用的应变方法,受助者的功能发挥如何,下一次再遇到危机时可以怎么应付,等等。

结案以后,为了能确保受助者渡过危机,社会工作者还要和受助者约定在某一特定的时间内会面或电话联系,以便评估和巩固受助者的进步情形,并提供必要的后续服务。

六、危机介入模式评价

(一) 优点

(1) 此模式具有折衷的性质,并可和其他理论一起使用。
(2) 此模式是家庭与个人在危机及压力情境中参考的架构。
(3) 此模式讨论到我们身上的一些生活状态,具有实用性。
(4) 此模式将实务工作者在有限的工作量中解放出来。

(二) 缺点

(1) 有学者认为,危机理论是指一组一般性的假设与命题,而非一套系统的、已证实的、正式的记述了预测与因果关系的理论体系,以这个观点而言,危机理论比较是"在建理论",而非一个已建立的理论。
(2) 契约会制造一种受助者与工作者平等的假象。
(3) 工作者可能在应该提供长期性关系、增强个人功能或处理情绪性、心理性阻碍时,反而不当地使用这些方法。

模块二 任务中心模式

一、发展历史

任务中心模式是在 20 世纪 60 年代中期,由瑞德与爱泼斯坦在美国所提倡,进而发展而成的一种个案工作方法。该模式主张,为有效达成介入目标,在介入过程中必须先清楚确定计划及期限。

在发展初期阶段,任务中心模式深受波尔曼与斯图特两人的观点影响。波尔曼认为个案工作是一种问题解决的过程,斯图特主张个案的责任是该个案工作介入服务的重心。

任务中心模式也运用心理社会学派的介入流程与技巧。由于早年学校社会个案工作课程的理论取向以问题解决学派为主,因此任务中心模式的运作过程亦含有浓厚的问题解决色彩。

至70年代,经瑞德与爱泼斯坦不断地提倡,并于1972年合著 *Task-centred Casework* 一书,该理论即日趋发展,特别是芝加哥大学社会服务行政学院对此模式在教学及研究上多有贡献。

二、基本假设

任务中心模式的目标是协助受助者解决问题,主要改变的行为人是受助者,而非社会工作者。社会工作者的角色是依受助者的意愿,协助其改变。任务中心模式不讨论问题的起源和发展,而是致力于探知问题的阻力和助力,以协助个案清楚界定问题,了解问题解决的资源与障碍。

在任务中心模式看来,人类不像心理分析所说,是潜意识驱力的俘虏;也不是行为学派认为的,完全受环境所影响。人类是有自我意志的,不是内在及外在操纵下的产物。人们的困扰来自处理问题的能力暂时缺损,此困扰正是引发改变的动力。受助者行为既受自身,也受世界之想法所影响。

任务中心模式最主要的特色在于"简要"与"有时间限制的",属于短期处遇。短期介入一般约在二至四个月的时间内安排八至十二次会谈,平均每周有一次的会谈。

三、任务中心模式的问题解决过程

(一)任务与问题分类

所谓任务,是指受助者为缓和问题的严重性所欲采取的行动,这不仅代表受助者所欲达到的直接目标,也代表其达到最大目标的方法,并可为其所采取的行动作一概括的说明,此任务是与工作者共同认定的。

任务中心模式对于问题的认知是广泛性的,其重心放在问题的分类上,重点是问题类型的剖析与介入,它将受助者的问题归纳为以下八类。

(1)人际冲突:个人与个人之间的不协调,通常是指家庭成员间的冲突。人际冲突通常是在两个人发生互动时所引起的,当其中一个人的行为与另一个人的行为不相和谐时,尤其是在无法接受他人行为时更容易产生。

(2)社会关系的不协调:受助者不满意和他人或特定的人之间的某些关系,且将这些关系定义为是痛苦的。受助者可能集中于问题本身(如我没有足够朋友、我对他人太具侵略性),或是集中于他人对自己的行为上(如我太太一直责骂我)。

(3)与正式组织间的问题:个人与特定组织或机构间的冲突,如病人家属与医院间、学生与学校间等。

(4)角色执行困难:个人对于执行某种特定的角色有其困难,此类问题常是有关于家庭角色的(如父母、配偶等),困难的型态与受助者所参与的角色有关。

(5) 决定的问题：在作特殊的决定时所面临的困难(如我不知是否应留在学校或休学)。

(6) 反应性情绪压力：个人遭遇到问题时产生焦虑、紧张、沮丧、挫折等的现象，其中的原因往往不只是它对突发的事件不知所措，并且这种突发事件是在他的能力控制之外(如失业、亲人过世)。

(7) 资源不足的问题：个人缺乏具体、特定的资源，这些资源大多指的是金钱、食物、住宅及工作方面。

(8) 其他未分类的心理或行为问题：习惯上的失调、成瘾行为、恐惧反应、自我形象等问题。

(二) 问题解决过程

任务中心的问题解决过程有五个阶段。

1. 问题探索与确答

问题探索：探索焦点在受助者的需求上，社会工作者可指出受助者未意识到的潜在问题或这些问题未被注意所导致的结果。所以问题是社会工作者与受助者讨论后所共同决定的。将问题以具体可数且可被改变的特殊情况描述。以受助者可了解的说法详细描述，并建立可被测量的改变对照基准。问题的探索对预估来说是一种资料收集的工具。

确认问题：协助受助者以自己的方式叙述问题，以确认潜在的问题，对问题形成暂时的共识。挑战未解决的或不合理的问题定义；提出额外的问题，以呈现不被受助者接受或了解的问题；了解问题何时、何地发生的细节；以书面方式详述问题。最后排出问题的优先次序。

2. 订立契约

确定问题的类型后与受助者协商出一个改变的目标。

3. 工作者与受助者共同制定具体的目标

确认可能的任务或目标，双方达成共识。

4. 迈向目标，完成任务

设立记录系统，尤其契约中要求有系列的或重复的行动时。

确认策略。

确认完成任务的动机、诱因与奖赏。

确定受助者了解完成任务的价值及任务将如何协助达成目标。

通过模仿或引导式练习，完成任务的相关技巧。

分析与去除障碍(动机、理解力、信念、情绪、缺乏技巧)。

在每次会谈时与受助者一起回顾已达成的任务及关联性改变的分析。

5. 结束阶段

描述以前和现在的标的问题样貌。

由社会工作者、受助者及与改变有关的他人共同评估。

计划未来及协助受助者处理未来的问题。

订立额外的契约，使过程完整结束或建立新任务。

若受助者与社会工作者或机构仍将持续接触，要有一明确的结束。

朝向长期处遇过程或安排追踪，转介其他机构接受其他服务。

(三) 任务中心模式要求的能力

倾听的能力、抓住受助者问题核心的能力、与受助者达成协议的能力、沟通与回应的能力;工作者不仅要提供服务,还要作为增权的伙伴;等等。

(四)任务中心模式评价

1. 优点

(1)和传统社会工作模式比较起来更清楚也更聚焦。

(2)在重视受助者的同意与参与的基础上,将社会工作者和受助者置于同等的地位,而不是单向地由受助者向社会工作者倾诉。

(3)强调受助者的优点与优势,以及他们的网络资源的重要性。

2. 缺点

(1)契约的提供造成受助者和社会工作者间的假平等,相同于专业霸权的概念。

(2)无法有效处理因社会结构不公平而带来的不平等或社会问题。

(3)此模式清晰的结构及确定问题的取向,可能引发社会工作者原本应提供长期性服务,反而不当地使用此方法。

(4)此模式看似简单实则复杂,须有高度技巧及训练方能胜任,并非每个社会工作者皆能使用。

(5)对某些类型的受助者不适用。例如,并非要解决特定明确的问题,只想对一些问题探索;受助者不能接受结构式的协助;受助者想改变的问题无法借助任务达成;非自愿受助者不适用。

(五)实务

下面以家庭社会工作实施方式,说明任务中心在社会工作中的应用情形。

家庭的介入如同个别受助者的介入一样,介入焦点放在家庭认可的问题及所欲改变的脉络。家庭成员经常被视为是一体的,家庭的问题则定义为互动的问题,会谈中所讨论出来的任务,便由家庭成员及社会工作者共同完成,尤其前者才是最重要的。家庭在处遇期间的任务通常是由社会工作者增强家庭成员沟通的技巧,并使成员面对面地为问题解决努力,此外尚有角色扮演或订立生活公约等的任务,成员在处遇期间对问题所策划的任务是他们在家中实践任务的基础。

家庭成员共同承担完成任务的责任,正是改善家庭成员沟通方式、解决问题的方法,借以影响家庭成员间的互动关系。家庭的任务经常会带来脉络的改变,而这样的改变对去除阻碍家庭解决问题的不良互动关系是必要的。例如,母亲和儿子的联盟关系将摧毁父亲解决问题的动机,故家庭的任务是要削弱母子的联盟关系,增强父母间的联结,而在这样的个案中,工作者就需要如家庭结构、家庭治疗的知识。

模块三 心理社会治疗模式

谈到社会工作的发展尤其是个案社会工作的发展,无论如何都绕不过心理社会治疗模式这座桥,这主要是因为一方面社会工作的专业发展过程中,心理社会治疗模式对社会工作的专业性提升和强化起到了不可替代的作用;另一方面,迄今为止,心理社会治疗模式本身的发展越来越完善,影响力越来越大,它不仅成了个案社会工作中的主导模式,而且创造了个案社会工作的标准处理流程。也正因为心理社会治疗模式的推进作用,所以这使个案社会工作逐渐与精神医疗和临床心理医师等工作开始并驾齐驱。

一、心理社会治疗模式的产生

从时间上来说,心理治疗模式最早可以追溯到 1928 年,美国一个名叫玛丽杰·雷特的精神病理社会工作者重新检视了里士满在《社会诊断》那本里程碑式的著作中所讨论的个案,她的结论是,其中一半以上的受助者都呈现出明显的精神症状,她由此断言,个案社会工作将不可避免地进入心理学导向。

事实也的确如此,心理学的发展,尤其是弗洛伊德的心理分析,对心理社会治疗理论乃至个案社会工作的专业化发展起到了举足轻重的作用。

从专业角度来看,心理社会治疗理论的真正产生年代应该定位在 1930 年左右。其中,美国史密斯学院的富兰克·汉金斯首先创造并使用了"心理社会"这个词。1937 年,美国哥伦比亚大学的戈登·汉密尔顿则在他的《个案社会工作的基本概念》一文中首次采用了"心理社会治疗理论"的名称,并系统阐明了心理社会治疗模式的主要理论,这意味着心理社会治疗模式的正式形成。

二、心理社会治疗模式的理论基础

心理社会治疗模式一度被认为是理论内容最丰富、理论涵义最宽广的社会工作治疗模式,这主要是因为心理社会治疗模式广泛吸收了众多理论流派,集大成于一体。心理社会治疗模式最早受到的是心理分析等心理学流派的影响,后来,心理社会治疗模式逐渐拓宽了视野,进一步吸纳了社会学、人类学等众多理论学科,从而成就了本身丰富多彩的理论。

具体来说,心理社会治疗模式的主要理论基础有以下三个方面。

(一) 心理分析理论

弗洛伊德的心理分析理论从基本理论到主要方法都对心理社会治疗理论产生了深远影响,这种影响集中在弗洛伊德人格三结构、心理防御机制和早年生活经验等几个思想观点之上。

关于人格结构的理论是弗洛伊德心理分析的基本构成。在弗洛伊德看来,人格结构可以被划分为三个组成部分:本我、自我和超我。这三重人格分别遵循不同的原则、履行不同的任务,共同构成了完整的人格。

本我、自我和超我三者的有机协调构成了一个理想的人格结构,但是现实之中,本我可能是被压抑的,超我可能无法实现,自我也可能出现冲突。这就导致了人格结构的矛盾冲突,由此出现了各种人格偏差问题。

为了解决这种冲突,弗洛伊德又进一步提出了人格中的自我防御机制。所谓自我防御机制,主要是借用了军事用语来表示人格内在矛盾冲突的自我消解机制。正是由于心理防御机制的存在和应用,所以我们才可以直接或间接地消除内心中的矛盾冲突。具体来说,弗洛伊德提出了补偿作用、投射、转移、否认、理想化、幻想等多种防御机制。

此外,弗洛伊德还认为,人的成长历程主要包括口唇期、肛门期、生殖器期、潜伏期、生殖期五个阶段。其中,每个阶段都分别对应着特定的发展阶段任务,每个阶段顺利发展之后会进一步导致下一阶段的顺利发展。如果某一阶段的发展任务无法完成,这种被阻断的欲望会被压抑下来,并会在今后的某个发展阶段重新以另外的形式表现出来,并对该阶段的顺利发展产生不利影响。这最终形成了弗洛伊德非常重要的一个结论:童年生活经验将对成年生活产生重大影响。这个结论在社会工作尤其是个案社会工作中影响非常深远。

尽管弗洛伊德的思想备受争议，但不可否认的是，弗洛伊德的思想即使今日看来依然是充满洞见的，这也可以从侧面解释为什么弗洛伊德迄今依然对社会工作产生着重要影响。

(二) 人在情境中理论

心理社会治疗模式关于人的假设主要是建立在系统论基础之上的，按照心理社会治疗模式的观点，理解一个人不能够仅仅从生理因素出发，还必须充分考虑到心理和社会这两个重要因素。换句话说，心理社会治疗理论认为，人的行为是生理、心理和社会三重因素综合作用的结果。也正因为如此，对一个人的行为进行分析就应该充分考虑到这三重因素的综合作用。不是把人看作孤立的个体，而是把人放到特定的情境中来理解就成了心理社会治疗模式的必然选择。

除了这两个重要理论之外，心理社会治疗模式还非常注重社会角色理论、沟通理论、自我发展理论等。显然，心理社会治疗模式非常关注的就是个体在社会中的成长问题，作为一种认识方法，它主要的措施是通过认识和理解人及其心理的发展过程，来认识受助者问题的根源，以对症下药，帮助受助者解决问题和个人成长。

(三) 心理社会模式的框架

除以上所提到的理论基础之外，心理社会模式的框架还包括以下四个方面。

1. 针对问题

心理社会模式针对的问题既有内部心理问题、人际关系问题，也有外部环境问题。这些问题与需要的满足有关，如爱、信任、信赖、疏离、自主等。

2. 目标

心理社会模式的目标是理解和改变人及其所处的环境，或者二者同时进行，即直接介入和间接介入并举。

直接介入其实质就是社工对于受助者的问题直接进行干预，从而迫使受助者修正偏差行为。直接介入有多种方式，根据受助者问题的严重程度，社会工作者直接干预的方式强迫度也会逐渐增强，按照干预强度由小到大的顺序，直接介入的手段依次有强调、提议、忠告、逼迫、实际干预五种。

所谓间接治疗其实就是曲线治病，因为种种原因，有的受助者可能无法或不愿意直接接受社工的治疗。心理社会治疗模式认为，每个人都生活在特定环境之中，人们的行为往往受到了环境的深刻影响，因此我们可以暂时避开受助者，直接对受助者生活的环境进行改变，然后通过环境的改变进一步促成受助者本人的改变。

在间接治疗活动中，社会工作者本人所担当的任务和扮演的角色与常规情形有所不同，大致说来，在环境改变过程中社会工作者所充当的角色主要有资源寻找者、资源提供者、资源创造者、信息传译者、受助者中间人、受助者保护人等。

心理社会模式最小的目标是帮助受助者享有正常的生活，最终的目标是增加受助者的自我认识。

3. 受助者的角色

受助者如同一个病人，处于被动的位置。在社会工作者带领下，受助者探索自己的思想、感情，将它们带入开放的意识层面，增加自我了解。

4. 社会工作者的角色

社会工作者是一个研究、诊断和治疗者，他把人看作是"人在情境中"的整体中的一个部分。治疗过程包括建立关系、给受助者以支持、增加受助者的自我了解与增强自我强度。

模块四　行为治疗模式

尽管心理社会治疗模式取得了巨大的成功,但是,对它的质疑一直没有平息,过于烦琐的治疗程序、过于精细的技术方法、过于漫长的治疗过程等都受到了许多人的批评,这也的确是心理社会治疗模式的硬伤。于是,寻找一种更加简便、更加实用的治疗模式就成了社会工作新的发展任务,行为治疗模式正是在此背景之下应运而生的。

(一) 四种学习形态

1. 反应学习

行为主义认为人类行为的本质是人对环境刺激的本能反应,最著名的是巴甫洛夫的实验。另外,与巴甫洛夫一样,美国心理学家约翰·华生也被认为是行为主义的创始人。归纳起来,华生的理论主要有以下三个观点。

第一,行为是心理学研究的目标。华生非常明确地宣布,传统的心理学是错误的、无意义的,因为它的研究对象是不可观察、不可分析、不可研究的无意识动机和认知过程等抽象的对象,它的研究方法因此也是无法比较、难以把握的内省。行为主义则主张心理学的研究应该建立在对公开的、外在的、具体的、人类行为的观察研究之上,这才是心理学走向科学化的必然选择。

第二,环境塑造行为。因为行为主义否定了心理,所以,人只是一连串行为的复合体,相应地,人的行为产生的原因就无法从内在心理寻找原因,只能从外在环境得到解释了。华生认为外在环境的影响是行为发生的唯一因素,因此只要改变环境就可以相应地改变人的行为。这是一种典型的环境决定论。

第三,刺激—反应模式。华生否定了弗洛伊德对本能的强调,否定了遗传对行为的影响,否定了心理对行为的改变。他主张外在环境的刺激导致了行为结果的改变,也就是说,人的行为本质上就是外在环境刺激的结果。相应地,我们可以从外在环境的刺激来预测行为的发生,反过来,也可以从行为的改变来推测外在环境的改变。

2. 操作学习

操作学习就是研究如何通过改变环境(条件)来改变行为,即控制或操作条件,相应地产生一个期望行为。

在斯金纳看来,我们的行为可以操作外在的环境,从而产生一定的结果,这个结果的本质将会决定我们的行为重复出现的可能性。简单来说,如果最后的结果是积极的奖赏,那么我们的行为重复出现的可能性就会增加,这就是正强化;反过来,如果最后的结果是消极的惩罚,那么我们的行为重复出现的可能性就会减少,这就是负强化。

3. 观察学习

传统行为主义对行为的理解是建立在直接的环境刺激基础之上的,班杜拉则发现了人类行为改变的另一种机制:我们可以通过观察学习从而改变行为选择。换句话说,我们不必接受直接的环境刺激,通过观察和模仿他人的行为同样也能达到对自我行为的修正。这是一个很了不起的发现,它进一步揭示出了改变人类行为的另外一种重要机制。

4. 认知学习

班杜拉认为,传统行为主义过于强调外在环境刺激对于人类行为的直接作用,忽视了人本身的认知和选择的能动性。事实上,在外在环境刺激和人类行为改变之间,还有行为主体对这种刺激本身的认知和选择作用。人并非像动物或机器人一样只是机械地、被动地对外在环境刺激作出反应,而是主动地、选择性地作出相应改变,这个发现将人的尊严保存了下来,从而使人与动物真正区分了开来。

(二) 行为主义个案工作的主要技巧与过程

1. 行为治疗模式的工作流程

行为治疗模式因为自身理论的特殊性,所以在一般社会工作服务开展的基本流程上又进一步形成了独具特色的行为治疗工作主要阶段。托马斯认为,行为治疗模式的实际开展过程主要可以划分为十二个具体步骤。

第一步,列出问题范围。社会工作者将受助者所可能涉及的问题不论大小全部开列出来,目的在于使社会工作者和受助者对于即将遇到的问题有一个全面认识。

第二步,选择并确定问题。在诸多问题中经过讨论,选择并且确定社会工作服务将要面对的主要问题,目的在于使社会工作者和受助者明确具体的服务目标和努力方向。

第三步,要求合作。当问题明确之后,要求受助者给予充分的合作,对于已经诊断和矫正过的行为能够有一个充分的认识。

第四步,探究问题。社会工作者帮助受助者对问题本身进行深入的分析诊断,使受助者和重要他人对受助者的问题有一个清晰的认识,明确受助者问题发生的真正原因。

第五步,收集基本资料。进一步收集与受助者问题相关的详细资料,对于问题本身进行详细的了解,包括该行为发生的地点、时间、次数、严重性等,为进一步的介入作好充分的准备。

第六步,识别可控制的环境。了解受助者问题产生的具体环境,明确受助者问题行为产生的环境刺激因素,以便更好地消除不良的环境刺激,更好地控制行为的发生。

第七步,评估积极的环境资源。详细了解受助者的环境,区分有利于受助者行为改变的良性环境资源,通过这种积极环境资源的利用,推动受助者行为的矫正。

第八步,确定行为目标。社会工作者和受助者共同确定行为矫正的目标,为行为矫正打下良好的基础。

第九步,制订矫正计划。为受助者行为的改变制订切实可行的计划,使受助者对自己的行为改变有一个明确的计划和步骤。

第十步,介入。社会工作者用专业的社会工作方法对受助者进行专业介入,展开实际服务过程,使受助者的偏差行为得到真正的矫正和切实的改变。

第十一步,评估。对受助者行为矫正的结果和专业方法进行全面评估,反省专业介入的实际效果。

第十二步,跟进。对受助者进行持续的跟进服务,必要时须再对受助者进行专业介入,帮助受助者维持行为矫正的良好结果。

2. 技巧

(1) 正增强或正强化。主要是对于受助者特定行为给予积极强化,从而维持或增加该行为的出现频率。日常生活中的奖励是最普遍的正增强方法。比如,一个小孩每天都睡得很晚,我们就鼓励小孩早睡,只要睡得早就奖励。慢慢地,小孩就养成了早睡的习惯,晚睡的毛病自然就被早睡的习惯替代了。

(2) 负增强(负强化)。与正增强正好相反,主要是通过给予受助者负面的消极刺激和强化,从而帮助受助者减少或抑制该行为的出现频率。剥夺与惩罚是日常生活中比较常见的负增强形式。

(3) 角色扮演。在社会工作者指导下练习和不断重复期望行为,渐渐消除问题行为。

(4) 榜样。社会工作者作为一个榜样,让受助者学习正确的行为模式。

其他的具体技巧主要包括反条件反射、循序减敏法、嫌恶疗法、休克疗法等。例如,嫌恶疗法就是用一种令受助者感到不快乐的行为去抑制受助者原来感到快乐但却属不良的行为反应。这种方法在戒烟、戒酒、减肥等多个领域应用很广。国外有的地方为了让违章司机遵守交通规则,抓到违章后就让司机天天看违章行车造成的惨剧,这种悲惨的景象深深地印在司机脑海中,让司机感到痛苦不堪,于是,他们就不再违章了。

(三) 行为主义个案工作的框架

1. 理论基础

行为主义个案工作的理论基础是学习理论。

2. 适应问题

恐惧症、焦虑、抑郁症、社交困难及问题行为。

3. 目标

目标要小而且具体,可以进行测量,以便进行评估。

4. 受助者角色

测量行为的基础、频率、强度、周期及发生于其中的环境,写日记记录行为。

5. 社会工作者角色

帮助受助者进行行为评估,并运用所有资源与手段支持受助者。总之,社会工作者是一个直接的、积极主动的教育者。

(四) 不足之处

1. 行为治疗的非历史性

行为治疗模式认为,受助者的行为应该是当下的、可观察的,而且,通过改变环境刺激就可以改变行为本身。所以,行为治疗模式既反对心理对行为的作用,又反对早年生活经验对行为的影响,而是坚持环境决定一元论。这种过于极端的判断引发了心理社会治疗模式及其他许多社会工作流派的激烈批评。

2. 治标不治本的行为矫正方法

行为治疗模式追求短平快的治疗效果,因此行为治疗模式不对行为的深层原因进行追索,这有点类似于外科手术。越来越多的证据表明,人的行为发生不仅仅是外在环境的单纯刺激,还包括了主体本身的认知选择作用,而这正是行为治疗模式所忽略的。也正因为如此,当代社会工作的发展新趋势是行为治疗模式逐渐被认知行为治疗模式所取代。个中原因很清楚,认知行为治疗模式不仅继承了传统行为治疗模式的优点,而且进一步将行为主体的主观能动作用引入其中。显然,这才是比较科学的行为治疗模式。

模块五　叙事治疗模式

叙事治疗作为最具后现代特色的心理疗法,是由澳大利亚心理治疗师怀特等人于20世纪80年代晚期创立的,主要以社会建构论为其理论基础。从其中隐含着的本体论来看,它较为强调叙事对人们心理现实的形塑作用。同一事实,因着不同的解读,就会释放出不同方向的力量。每一个人对自己的人生经历有各自的解读,积极的解读导致积极的自我认同,而消极的解读则导致消极的自我认同。叙事心理治疗的重心,在于帮助当事人检视自己的"人生行李箱",从中"翻出"更多闪亮且丰厚、却为其所忽略的"人生资产",进而基此重建自我认同。

一、叙事治疗模式的特点

与传统个案工作模式相比,叙事治疗不仅是一套治疗工具或技术,更重要的是能令工作者和受助者反思、调整对生命的态度,明确生命的抉择,重写生命故事。治疗过程就是工作者和受助者一起辨识和编写另外的、对受助者更有益的故事的过程,这一过程将人们从压抑的文化假设中解放出来,成为自己生活的主宰。

因此,是人赋予事件的意义决定了他们的行为,换句话说,就是人如何赋予过去意义就表示人将以何种态度面对未来,一旦从充满问题的故事中解脱出来,个人便可以以新的方式去处理他们的问题。

二、叙事隐喻与社会建构论:一个后现代世界观

故事:三个裁判围着喝啤酒,一人说:"有好球也有坏球,是什么喊什么。"另一人说:"有好球也有坏球,我看到什么就喊什么。"第三位说:"有好球也有坏球,在我喊出来以前,它们什么也不是。"

叙事治疗的世界观就是对现实所抱持的态度,人类对于现实的知识有三种不同的立场:

(1) 现实是可知的——人类对现实可以发现、认识、描述并运用。

(2) 我们是知觉的囚犯——试图描述现实,使我们对描述的人或物有许多了解,却不太了解外在的现实。

(3) 知识的来源是知者组成的社群——我们身处的现实就是彼此协调所产生的现实。

后现代主义的现实观有以下四个方面。

(1) 现实是社会建构出来的。

(2) 现实是经由语言构成的。后现代主义者的信念把焦点放在语言如何组成我们的世界和信念,认为社会是用语言构建形成的。我们唯一能认识的世界是以语言分享的世界,而语言是一种互动的过程。

(3) 现实是由叙事组成,并得以维持的。如果我们存在的现实来自我们使用的语言,现实就是由我们生活和述说的故事才得以保持生机,并得以传承的。

(4) 没有绝对的真理。

三、叙事治疗的过程

(1) 与受助者或家庭一起对于困扰问题作出彼此均同意的定义。社会工作者在语言上促使受助者从问题标签中解脱出来,使受助者自己将问题看作是一种与自己分离的客体。

例如,人每每被定型或标签:你是大懒虫、你不思上进、你无法得救。一旦连自己也认定自己是大懒虫、不思上进、无法得救,往后的人生很可能就会依照这样的"剧本"走下去。心理治疗方法之一的叙事治疗(narrative therapy),从不会把人这样定型。在叙事治疗师眼

中,人不会24小时都充满问题。被标签为懒惰的人也一定会有些事情令他们积极向上。叙事治疗师要让当事人明白,懒惰以外,他们尚有积极的另一面,叙事治疗师协助发掘他们向上的动力,除掉大懒虫。

(2) 将问题拟人化,并找出压迫受助者的意图和方式。工作者会使用隐喻和想象的方式,让受助者和家庭假设问题是另一个人。这种方式会让受助者轻松下来,不再将自己看成问题本身,并激发他改变的动力。

香港的列小慧,既是社会工作者,又是三个孩子的妈妈。她在新作《叙事从家庭开始——叙事治疗的寻索历程》一书中,描述她如何在三名子女身上,运用叙事治疗手法的经验。其中有"大怪"的故事。

大儿子"大怪"很聪明,但带给爸爸妈妈很多头痛事。小时候,大怪考试只答喜欢的题目,功课交不齐,动不动为不合自己想法的小事而哭闹。列小慧很明白,长此下去,大怪只会被标签为反叛、麻烦、不合作、无可救药……她一度感到苦恼。学习叙事治疗后,她决定试一试它的威力。

有一次,大怪情绪又失控了,列小慧问他:"怎么我见到一匹野马骑到你身上?它叫你哭你就哭、叫你发脾气你就发脾气,你完全要听它的话吗?"这是叙事治疗把当事人的问题"外化"的手法。

把问题外化,意即把当事人与他的问题分开,而非用问题本身形容当事人。这样一来,大怪不是一个情绪失控的小孩子,而是被一匹情绪失控的野马所操控的人。

(3) 探讨问题是怎样干扰、支配或使受助者失去信心的。社会工作者会问受助者问题对他产生的作用,以及他的生活和关系受影响的程度,并进一步使问题外化。这时使用的语言是告诉和劝说。受助者与社会工作者一起向着共同的目标前进,共同摧毁问题对受助者生活支配的作用。例如,"自卑对你影响多大?相反,你对它的影响力又有多大?"

(4) 发掘在哪些时候受助者并未受问题的支配,或生活并未受到干扰。将问题本身与受助者分开,并在治疗过程中不断得到强化。这是创造新现实的开始。

(5) 找出过去的证据,来证明受助者和家庭有足够的能力站起来,应付面临的问题和困扰。在这一过程中,受助者本人和他的生活开始被重写。例如,"你对'愤怒'的影响力、控制力有多大?"

对于自杀干预方面,社会工作者可以问受助者:"是否曾经有过一次自杀念头占据着你,而你成功进行了抗拒?那时,你是怎么做到的?"

(6) 引导受助者和家庭思考在上述能力之下,未来将要过的生活。这一目的是使受助者进一步将对自己和生活的新观点具体化。"这个不同过去的成功情况将来确实发生了,那时你有什么不一样?""未来假如你又中了'自卑'的诡计,你猜你会用什么招式对付它?"

(7) 找出一群观众来听取受助者表达新的认同感和故事。社会工作者通过运用书信询问其他有相同或相似问题的人的建议,安排家庭成员和朋友聚会,来实现这个工作。在这一过程中,新的故事和对新故事的认同感在受助者的生活中被接受,受助者开始用一种新的、更有能力的视角来看待自己。

四、叙事治疗的技巧——仅以解构式问话和开启空间问话为例

(一) 解构式问话

通常在达到某种程度的信赖与互相了解后,我们会开始问一些比较带有目的和介入性

质的问题,这就是从解构式倾听转移到解构式问话。

解构式问话会请受助者从不同的观点来看自己的故事,注意自己是如何被建构的,注意自己的限制,并探索其他可能的叙事。这个过程叫作打开包装。

当人们开始了解自己说出来的叙事是如何被建构时,就会看到这些叙事并不是必然的,它们并不表示必要的真理,只是一种建构,而且可以用不同的方式来建构。这种解构的意图并不是要质疑已有的叙事,而是打开它的包装,提供机会从不同的观点来考虑其他可能性。一旦开始这个过程,人们就能投身于反抗原有的故事了。

(二) 开启空间的问话

我们可以借由以下问话共同建构故事的开端。

关于既有独特结果的问话:

例如,

(1) 过去有没有什么时候,本来可以掌握结果却没有掌握?

(2) 你们之间有没有对抗某些文化规定,而以自己的方式去做的经验?

(3) 你在什么情况下很容易作决定?

独特的结果并不见得一定能克服问题,与问题故事不同的想法,对问题故事作出不同的反应,或是准备与对话有不同的关系,都可以是独特的结果。根据这些方向问话时,常常有助于了解问题的控制力,从而使人认识到问题的存在和影响是存在的。

或是以假设经验的问话,询问想象中的独特结果:

如果人很难找出生活经验中的主流故事的例外,假设经验的问话可帮助她们想象这些经验。

例如,你们在……情形下,会不会……?

如果你没有……,会发生什么事?

如果你发现……,这种认识会怎么改变你的想法?

佛认为,人内心有好的种子、坏的种子、积极的种子、消极的种子,好的种子刚好在有利成长的土地上,或者好的种子所在的地方刚好被浇水,好的部分就发芽长大;反之亦然。之所以有善良与邪恶、好与坏、优秀与卑劣、积极与消极之分,原因在于不同的部分在不同的环境和不同的时机被激活并培养长大。一个人在一个充满否定与打击的家庭长大,其消极一面就一直被培养,最后形成这个人身上的一部分,这个人会用同样的方式去培养这一部分,所以这一部分就难以消除。咨询师会尝试去触发来访者身上积极的部分,不断地去培养这一部分,并有意去解构消极的部分,建构积极的部分,从而此消彼长,改变生命的模式。

这就是叙事治疗,不需要咨询师有高深的科学理论,理论来自来访者身上;咨询师不需要丰富的人生阅历,故事在来访者身上;咨询师不需要无穷的价格魅力,帮助来访者的是来访者自身的魅力。

课后实训题

陈某,男,63岁,曾任行政领导多年,工作上勤勤恳恳,具有极好的口碑。三年前退休。现与老伴住一起,儿女都在外地工作,一年难得来几次。退休后他每天就是帮着老伴买菜做家务,时间长了,渐渐感到时间过得很慢。早上起床后感到没什么大事可做,十分无聊。心里有一种说不出的失落感,常坐在家里叹气,闷闷不乐。老伴发现他不像以前那么开朗了,问他有什么烦心事,他也不说;劝他去公园走走,他也不感兴趣。他说不知道怎么安排生活,觉得自己是一块朽木了,老了,最近饭量也小了,身体也没以前好了。

问:请详细描述,在该案例中,受助者的主要问题是什么?应该采用何种实务模式进行介入?具体的介入过程是什么?

项目七

社会工作实务的基本技能

社会工作作为一门应用型学科,要求社会工作者在受助者面临多重困境时,为其提供专业服务,这就要求每位社会工作者掌握基本的实务技巧,同时也正是因为专业技巧的运用,使得社会工作成为一门专业性学科。

【学习目标】
- ◆ 了解社会工作实务有哪些技能及方法
- ◆ 掌握如何运用技能与方法进行案例分析
- ◆ 了解技能与方法的优势与不足
- ◆ 了解使用技巧时受助者会出现何种阻抗

【案例导入】

移情的正面作用

李某,女,72岁,为医院图书馆工作人员,由于心脏病及各种并发症长期住院治疗,身体虚弱,行动不便,长期抑郁。其夫和受助者年龄相仿,为医院骨外科主任,患有帕金森病、糖尿病、骨病,现已瘫痪,无行动能力。夫妻双方一直住在科室的双人病房,至今住院时间已达十年之久。夫妻双方没有亲生儿女,有一养子,养子和夫妇之间情感较为淡薄,每个月定期来看望一次;夫妻双方都非本地人,亲友不多,生病住院之后更是鲜有人来看望。受助者由科室医护人员转介给社会工作者,因受助者长期处于情绪低落和抑郁的状态中,曾有两次自杀未遂的情况,医护人员希望通过社会工作者的介入能够缓解受助者的情绪状况。整个个案用了

> 近一年的时间，在个案过程中受助者逐渐对社会工作者产生了情感依赖，并对社会工作者投注了包括亲情、友情等情感，社会工作者也在一定程度上投注了情感寄托。
>
> 思考：在上述案例中，社会工作者运用了何种实务技巧帮助受助者？技巧有哪些优势与不足？

模块一 详述技巧

当受助者在向社会工作者谈及自己的具体问题时，开始所谈到的问题一般很零碎无章。这些起始片断往往给社会工作者一个深入工作的依据。详述受助者的问题陈述可使受助者切入问题所在，因而在开始阶段显得很重要，它可以帮助受助者讲出自己的故事。社会工作者提问和评述的中心目的则是帮助受助者具体陈述并且分清楚他们所最关心的问题。本模块将会揭明详述法的一些实例，如抑制情感、遏制、演绎、集中听取和询问、发现沉默的含义。

一、抑制

在受助者陈述时，社会工作者尚未听完就去开始他的救助也是很常见的。尤其是对于那些新的社会工作者来说，就更加常见了。新手往往急于帮助受助者，匆忙地推出一套提议，而他的提议根本就没有一点帮助的可能性，因为他根本就没有击中受助者的真正所关心的问题。详述法中的抑制是一个有意思的题目，社会工作者去抑制自己的工作势头，其实是一种积极的行为。

在以下的这个例子中，我们就可以看出一个新手社会工作者在做一个关于公共福利的案例中是怎样失败的。这个案例是关于一个母亲的，她的孩子长大了，她想找份工作。

受助者：孩子都已长大，我也可以去找个工作了！但是，大家都知道，如今工作很难找了。

社会工作者：你的想法很好！我们这里提供就业服务。我保证，如果你去找我们任何一个工作人员的话，他都会给你一个满意的答复。

受助者：（犹豫不决）听起来好像是个好主意。

社会工作者：约个时间吧，下星期三如何？

受助者虽然答应了赴约但却没有露面。追其所感，我们称之为"心血来潮"。社会工作者对受助者有心做一些事情而高兴，感到自己做得很成功。如果安排工作是我们实务中的主要要解决的问题，工作者内心的反应就是每月多揽几个招聘的活了。其实，抑制对受助者找工作兴趣的心理回应，而进一步去探究受助者重返上班族的心理也是有益的做法。把受助者话音中的犹豫感作为一个深层问题的信号去捕捉真正问题的所在，才是我们的主要任务。即使受助者热情地答应赴约，我们也得采取积极措施：工作按预定进展进行，也要找出真正的问题。例如，

社会工作者：你乐意赴约，我为你高兴。事实上，你并不是马上就必须找一个工作，同时你也没有必要参加这个应聘工作的面试。我想，你离开这里后，还有没有想通的事？

主动探问详情给受助者一个引导,去揭示受助者心中存在的问题,要比让受助者在应聘前夜思来想去好得多。然而,社会工作者往往事后才会发现自己的工作失误。再次进行的工作采访中,那位灰心的社会工作者就问受助者为何没有去赴约,受助者回答说忘记了他们的约定。于是,在这次工作采访中,社会工作者抑制了自己,没有去和受助者再约时间。相反,她(社会工作者)尝试着去进一步询问受助者为什么想重新去工作。

社会工作者:我几天来一直想再次工作的事儿,这么多年以来,你一直待在家里,想再找工作可不是件易事啊!

受助者:我担心的就是这个。我没有把握去干好新的工作,这么长时间我没有干工作了。我甚至担心我在应聘时会很紧张,不知道该说什么。

受助者的这种畏惧和矛盾,其实牵扯到许多其他方面。力求简易解决方法的社会工作者会看到:如果去解决这个问题真有那么简单,受助者早该自己解决了,还来找社会工作者干什么!

二、运用演绎法

通常,受助者会提出一个与他具体问题相关的普遍性问题。这个普遍问题就是受助者对社会工作者的首次倾诉。这个倾诉常常是普遍性题目,因为受助者当时就是那样感觉的。这一普遍问题本质上表现出受助者想彻底解决问题时的矛盾心理。一次工作采访一开始,一位母亲谈到"如今的小孩没办法养了!"这个事例为我们提出一个参考。社会工作者若对这个概括性主题有所回应,他将会去探讨社会风俗习惯的变化、少年贵族群的压力、毒品的泛滥等问题。

这个例子就是演绎法的应用,社会工作者问:"您这周和苏相处得不好吗?"受助者告诉工作者,她有一个15岁的女儿,那天直到凌晨两点才回家,她问女儿到哪里去了,女儿一句话都不说,反而跟她吵闹了一场。这种第二次对问题的倾诉变得具体而利于实际工作。抚养少年子女其实是一个全社会性的问题,社会工作者和受助者如果把它作为一个普遍性的概念去解决,将无从入手。然而,问题在于我们要去改变的是这对母女的关系现状。

在这个普通问题的后面是这位母亲个人具体的伤心。如果社会工作者不去鼓励这位母亲把问题详谈出来,问题在阶段工作结束时才露出来,将成为一个"门把结束语"。住在集体宿舍的少年会在当天早上收到家里来信,或者接到家里打来的电话时,不经意地在谈社会问题时说出"家长根本不理解我们"。由于害怕或过于压抑而不敢去问话,只是根据他们的从别人那里听来的话,病房的患者就有可能给护士提出:"医生整天太忙,他们应该努力工作。"在每一案例中,都应该运用具体的技巧去寻求具体的问题。

救助专业工作者曾经指出妨碍概括性问题之后的找出具体情况的两大原因:其一,他们不知道具体工作应该是什么样的。也就是说,只有具体的问题才能引出相应的救助方法。仅靠和家长对抚养子女的社会性问题的泛泛讨论,根本就无法去解决家长自己的具体问题。只有在谈到受助者和其女儿之间关系问题的具体事件中,工作者才能为受助者提供一些基本原则。没有深入具体的讨论,受助者会感到工作者的一概而论是在给她介绍理论。

例如,有一位家长就提到她没有和女儿进行深入的谈话,当时她没有把自己和女儿放在同一位置上去发现女儿的悲伤和沮丧,而是怒形于色。社会工作者待其说完后,就可以让受助者明白为什么在一件事接一件事过后,受助者会发现自己不能在女儿面前随便流露情绪。

在进行了对一件具体事情的讨论之后,受助者就自然会明白这一点。这个讨论须有一个试验性的铺垫,只有这样,受助者才能对社会工作者的建议有一个清晰的理解。具体入微的讨论是理解的原动力,而缺乏对问题的具体认识会致使工作者忽视对详述技巧的使用。

原因之二,为什么有时与受助者谈论一般性的问题时,总是无法介入具体问题的讨论中去呢?这主要在于,有时社会工作者虽已对客观实际问题有所察觉,但又摸不准受助者是否有心去解决。例如,医院的社会工作者指出,他们不去探问患者对于大夫工作忙的评论的用意,因为即使弄清,他们自己也是心有余而力不足。有一个社会工作者就这样说:"我发现大夫很忙,顾不上我的问话,我又怎样去帮助患者呢?"社会工作者矛盾心理的缘由有种种,但这矛盾心理却是很常见的。社会工作者越有把握去帮助受助者解决实际问题,他才能越发深入具体事务中去。

没有去细究具体问题的原因还有一条,而这一条学员及社会工作者可能都没有了解,这涉及工作者和上司在工作中的并行作用。社会工作者或学员常会向上司提问:"您认为应该有什么样的技巧可以被用作对待生气了的受助者的工作?"上司随后问:"你是不是采访中遇到麻烦了?"会话的程度只会在一个概括的水平上。如果作一个较典型的示范,上司总会从概括向具体作转移,这是一种行之有效的技巧教授方法。如果引导不太明了,学员们可能会更直接地提问;相反,在一个管理人员的帮助下去挖掘这隐于概括性阐明背后的所存在的受助者真正的具体问题的同时,上司也得到了技巧上的帮助。

三、集中听取法

集中听取受助者的谈话是社会工作者经常所采用的一种工作方法。而集中听取就牵扯到一个有目的、有针对地集中到受助者所提供的信息上的过程。即使再简单的交流都是很错综复杂的。在各阶段开始之初的综合交流中,无论受助者在那一特定时刻谈论到什么问题,社会工作者都应该细心去听取,这是很必要的。本着这个目的,再细听受助者在一开始的谈话,那社会工作者就有更多的机会得出信息所在。

我们作一个简单的类比,如果在一个人声嘈杂的环境下,想去同时听清楚两个人的谈话就非常困难。如果你去通听一番,那你只听到了嗡嗡声。如果你转而集中某一谈话内容,你就能够听出问题之所在了。杂乱无章的嘈杂声音就只会成为一个伴奏的背景声音了。同样,受助者先前通说一气,只会使代表某一基本问题的单个片断难以理解,集中听取的目的是去抉择问题的所在,使主题明确。

工作者经常会犯这样一个错误:在还没有弄清交流的内容之前,他们就已经完全控制工作采访。集中听取除了针对性听取作为受助者自身工作的交谈以外,还包括搜索讨论和论题之间的联系。对于这点,工作者可要求受助者相配合。例如,工作者问:"你能帮我找出我们探讨的过程和你在阶段开始时提到的你女儿的问题之间的具体联系吗?"受助者自然会作出结论,或者经过反思找出联系。如果工作者认为这样根本不是工作,或认为还要做其他工作,他们就不能弄清谈论和问题的联系。如果确实没有联系,受助者只是避开当前工作,改变话题,在这种情况下使用集中听取的技巧同样也能够明确出问题。受助者对一个话题表现出抵触,这个话题将正是工作者应集中听取和及时解决的问题。

四、提问法

详述过程的提问,包括对受助者较多有关问题的本质信息的要求。没经验的中学生记者常被提醒要强调 5 个"W"(Who,谁;What,什么事;When,时间;Where,地点;Why,原因)。例如,前文提到的母女之事,我们把工作放在受助者配合社会工作者把讨论从概括推向具体那个片断上,即受助者讲述她和女儿的那次吵闹。瞄准该点的工作,我们可以看出,社会工作者设计的提问,就可以引出受助者谈出问题的细节。

受助者:昨天,苏在凌晨两点回来后,我们吵了一架。

社会工作者:是怎么回事?

受助者:她事先跟我说她和一位朋友去影院,但直到晚上 11 点还没回来,我很担心。

社会工作者:你担心她会出什么事?

受助者:对了,你知道我们社区经常发生一些绯闻。

社会工作者:那么,苏回来后,你说了什么?

受助者:我要她要自重,我告诉她太放纵了。要把她在家关两周。

社会工作者:她怎么回答你的?

在后续谈话中,社会工作者帮助受助者具体化了其交互行为。这个过程被称为"回忆工作"。在其他情况下,用这种方法提问也可以对受助者所真正关心的问题有一个比较全面的了解。上文另一例中,受助者要重新去工作,问题应定位在她对重返工作有什么困难,并且为什么她要重返工作这两方面。

五、从沉默中找问题

救助采访中的沉默是沟通思想的另一重要形式。沉默中最难解决的就是:去理解受助者的沉默所意味的真正含义。其中一种情况可能是受助者在思索和暗示谈话的言外之意,另一种就是谈论触发了受助者的强烈感情。受助者可能正处于挣扎脱离问题的深处,也可能处于一个经历精神压力和痛苦情感的关头。沉默显示出受助者停顿时,心理最矛盾的一刻。他或她,正在决定一头扎进问题的深处和为难之处。这种犹豫经常发生,特别是在谈到被社会视为禁忌的事情时。沉默有时候是社会工作者的应答偏离了受助者所表达的真正关心的问题的一个信号。社会工作者"脱离"了受助者,沉默是受助者一种礼貌的提示。受助者此刻可能生社会工作者的气。工作采访中多次的沉默是受助者以退出谈话而进行的一系列消极的反抗,表示其气愤的结果。

沉默有许多不同的含义,社会工作者必须相应地调整自己的言语。出现冷场时有赖于社会工作者自身心理的变化。若沉默不是由于情感僵局而产生的,社会工作者可以通过受助者谈话内容及其非语言交际行为来判断并防止。受助者的姿势、表情和体态上的紧张,都给社会工作者说明了问题,并激发移情反应,社会工作者一定会产生与受助者相同的感受。在这种时刻,社会工作者可以沉默对沉默,以非语言交际鼓励。在一定情况下,还可以用身体接触来鼓励受助者,诸如用手臂去安抚受助者等。所有这些应答都给受助者以鼓励,同时留给她或他去感受的空间。

社会工作者如果觉察到受助者在考虑一个要点,那么应该以沉默的方式来留给受助者思考的余地。这时候,沉默表示了对受助者的尊重。但是,如果延长了沉默期,又可能出现问题。如果社会工作者不能理解,或沉默表达的是负面或者消极的抵制,沉默就会给工作带来麻烦。这种情形中,受助者在经历着沉默,但其实也是受助者与社会工作者彼此在进行思想斗争。而任何一种非语言性表达都会使受助者想说"你先开口,我才跟你谈"。在这场斗争中,社会工作者和受助者没有胜负之分。对于这种沉默,发现它的底层内涵才是关键。

这种技巧要求的是设法去探究沉默的内涵问题。对沉默的反应,社会工作者应该这样说道:"方才,你不言不语,在想什么呢?"鼓励受助者来沟通思想。或者社会工作者应该尽量分析出受助者要以这种沉默告诉社会工作者什么。例如,受助者因表达一个复杂的体验时会产生犹豫,这时社会工作者说:"我明白那是很难表达出来的。"再进一步,社会工作者应该用个人感情来打破沉默,或者设法探索和主动接受沉默。社会工作者必须让受助者明白,不管这种猜测或错或对,都要让受助者可以这样随便说。

社会工作者常常在工作谈话困难时陷入沉默,按照传统理念,这会使对方感到尴尬。他们或许会认为最好的解决问题的方法就是越过这个问题。当一个社会工作者面对一个异国受助者时,因为文化背景的关系,常常会因为社会习俗的不同而惊异。例如,美国当地的受助者抱怨外裔社会工作者经常滔滔不绝,很难跟他们讲话。一位美国本地的社会工作者就这样说:"白人工作者老是喋喋不休。"她接着说:"按照美国本族文化,他们会认为沉默是给自己留一个思考的余地,但非本地社会工作者却不停地讲话,因为首先他们自己很着急,这常常使美国本地受助者无时间考虑。"在一些案例的工作采访中,美国本地的受助者只是简单地把外裔工作者的英语译成美语来理解,然后再把自己的美语翻译成英语。这么一个过程,根本谈不到问题的真正所在。

在一早期实际项目的研究论文中(舒曼,1987),探究沉默内涵的技巧是 27 项方法技巧中最常用的方法之一。另一项分析又显示这是最重要、最有意义的一种技巧:把 15 名应用正面综合技巧的社会工作者的业绩与其他一些应用反面综合技巧的社会工作者的工作业绩进行了比较,最后发现,运用正面综合技巧的一组社会工作者比采用反面综合技巧的一组社会工作者在采访工作关系中做得更好、更有效。探究沉默内涵的技巧是正面综合技巧组所用的三项最重要的技巧之一,运用或者没有运用这个技巧正是这两组社会工作者在工作中的不同。

在另一项研究中(舒曼,1991),探究沉默内涵的技巧是帮助受助者控制自己感情的四大技巧之一。对于社会工作者所关心的受助者思想意识的变化,分组技巧具有预见性的作用,这也是建立工作关系的重要因素。当我们运用实例来验证该技巧时,会发现:受助者感到工作者很少应用这一技巧。分组技巧是最不常用的技巧之一,仅次于工作者向受助者抒发自己的方法。

同样,四大技巧中的每一种对工作关系的作用,以及对受助者理解工作者的帮助的影响,研究者也进行了验证(舒曼,1991)。结果很明显,对 1978 年研究结果的复审,表明探究沉默的技巧如果应用于开始阶段,将和受助者理解工作者的意向有最重大的联系,使受助者对工作者的信任达到最高的程度。这种技巧的重要性排在第五位。这两项研究的结论都一致证明了社会工作者应积极去探究沉默在工作采访中的隐含意义。

另一个专项研究也进一步证明了这一技巧的重要性,这个研究是在 1978 年进行的,它表明:人们在实际中经常没有注意到这一技巧。这部分研究是由单人的工作采访和由 11 名分组进行采访的自愿工作者组成的。他们的采访被录像后,由评定员用由研究员所开发的专门系统进行了分析、评估。在对 32 场个人采访的分析中,评定员首先把社会工作者或受助者的行为进行了编码,然后每三秒钟对他们的交互行为进行分析、评分。工作人员共对 40 248 个观察点进行了评分,然后用计算机进行分析。在一个分析中,我们能够查找在工作采访沉默了三秒多时间后，工作者采用了什么行为。

结果非常惊人，在全部记录中只有1 742个观察点(4%)的采访显示出发生过三秒或是三秒以上的沉默。评定员还发现，只有38%的受助者对三秒钟的沉默有所表态。三秒钟的沉默之后，有26%的案子再次出现了三秒钟的沉默。对于三秒钟的沉默，社会工作者进行积极表态的概率占36%。再进一步去考察，又出现下列结果：当社会工作者在积极地解决沉默时，引导详述的概率是31%，而社会工作者去积极处理受助者的感情或表达自身感受的概率仅为4%。评定员认为：最常见的比较积极行为，是社会工作者把受助者从当前问题引开，这种做法占了49%。

特别要指出的是，在分析研究这些数据时，一定要注意该项目有它的局限性。例如，这些研究结论只是建立在对一所福利院中11个工作者进行的，这11个工作者的经历及他们所受到的专业培训都是不相同的，同时他们又处于现场录像的压力之下。对他们实践的调研分析具有相当的局限性(舒曼，1991)。

很多社会工作者不愿意主动去探究沉默的原因。除了上面所列出的原因之外，在讨论这些结论的时候，社会工作者也表明：他们经常认为采访中的沉默就意味着采访有问题。如果出现沉默，那么社会工作者经常会认为自己的工作肯定有失误。而事实是沉默往往出现在社会工作者做法正确的时候。即便在很多情况下，受助者的沉默可能代表着其他的一些事情，社会工作者也常常会以为沉默是受助者的一种否定性的反馈。社会工作者应该去探究沉默的内涵，直接使他在受到否定反馈后仍然能够舒畅地工作，并能及时去处理这种负面反馈。可想而知，社会工作者如果对沉默中存在的情结和问题无从入手，他或她就没有办法探询沉默的真正含义，从而转变到另外一个话题。关于这一点，在社会工作者协助受助者详述完他们的问题之后，有必要对情结问题和其解决方法加以探讨。

当在对社会工作者的培训阶段提出了这些研究结果时，他们的反应就给我们研究为什么他们在工作中很少使用那些工作技巧提供了一些线索。很多人指出，他们在技能培养时就被告知：一定要注意提醒自己不要说出受助者的思想感情。他们说自己经常因受鼓励而一直主动去问受助者问题，但又要避免越俎代庖地把受助者要说的话递到受助者的嘴边，或者帮助受助者做了本应该做的事情。虽然这些都是合理的问题，但是多次研究证明，因工作的忽视造成的那些可以避免的错误要远比由于职责上的错误而造成的错误多得多。

模块二　移　情　法

当受助者讲述他们的故事时，社会工作者应该采用各种技巧，设法使受助者能够把自己的真正感情投入进去，这样一来，他们的讨论才会有意义。受助者经常向社会工作者倾诉自己所经历的一些困难的事情，却好像不愿意谈造成这些事情的真正原因。其中有一些人，因为讨论的有些事情给他带来了很大的痛苦，他就抑制自己的感情，这样一来，他们自己也不清楚自己的感情。另外，还有一些人情绪怪异，令人无法接受，是因为他们害怕让工作者知道自己的真正处境。

无论是哪种原因造成的，这些后果的影响确实真正存在，并且影响着受助者个人，直到受助者的真正问题被发觉和解决后，这种影响才会消失。受助者和社会工作者交谈并且分享自己的感情会让他释放大部分心理负担。受助者会由此而知道情绪对行为的直接影响，并培养对待波折的方法，而不是过于主观地去接受事实，并把事情说给有关的人听。这个过程可被称作感受和行为的连接。我们的行为影响我们的感受，反过来，我们的感受也影响我们的行为。正是这种感受和行为之间的相互作用，才引出了本书中所讨论的那些社会工作者应该采用帮助受助者控制感情的技巧，而这些技巧在解决受助者的问题时具有很大作用。

塔弗特(1933)是一位早期的社会工作理论家，他认识到了情感的巨大力量。

人的性格因素当中没有比个人情感更具有代表性的东西了。情感一旦被否定，人的性格就无从谈起。封闭情感的后果是对爱和欲感反应的钝化。有感受才有生命。因为惧怕而摒弃情感，等于摒弃生命的本身。

罗格斯(1961)曾经强调了工作者听取谈话中的情感成分的重要性。

我们只有避免了评定性倾向这一目的，而去理解地听，才能够取得真正的交流。本着去理解从对方的观点中表达出来的态度和想法这一目的，去体会对方的感受，才能获得他对所谈事物理解的基本结构。

社会工作者要使自己接近受助者，去如实地而不是勉强地体会受助者所谈的内容，必须让受助者觉得无拘无束。社会工作者要真正地去理解、体谅受助者的情感，并且和受助者去分担，才能够使得受助者抛掉戒备，进而达到双方的真正的沟通。与此同时，社会工作者扮演着一个具有移情力的长者的角色。受助者也可以学会使用移情力，这对他将会有用。相反，在交流的过程中，社会工作者也需要受助者的支持。我们经常注意到，社会工作者在帮助解决有关父母与孩子的冲突中，只顾一个孩子的情感，而不顾其家长的情感。只是迫使家长去理解孩子的情感，其实这是不够的。只有对家长的两难境遇的移情，才能帮助家长了解孩子为什么会争吵。

社会工作者难以做到对受助者的移情的原因有很多。能否去感触受助者的情感取决于社会工作者认识自我的能力。要去理解受助者情感在其生活中的重要作用，社会工作者自己首先得认识到这种情感在自己的经历中的印象。在采访过程中，当受助者的情感正好牵扯到受助者生活的具体某方面的事实时，社会工作者对受助者的移情就会变得非常困难。社会工作者本身也是人，他也在现实生活中会遇到各种困难和负担，甚至会出现危机。如果社会工作者在采访中听到受助者在陈述着自己(工作者)所遇到的痛苦，那社会工作者的移情本能便会消失。另一种妨碍移情的原因在于社会工作者对受助者的控制地位。例如，社会工作者在采访中，由于嫌弃孩子吵闹而把他引开时，他会发现他却无法移情于家长，因为在这个时候，家长可能最需要被照顾。

以下例子就有力地说明了这种局面的产生，同时也表现出这种情况所导致的社会工作者与受助者之间关系及情感上的真空。这一片断取自一个母亲与社会工作者的谈话录音。这位母亲正在进行心理治疗，她和丈夫已经分开了一段时间。她收养的一个女儿已经有9岁多，一年前，她把女儿送到寄养院，因为她发现女儿根本就无法管束。这个采访进行的时间不长就中断了。

受助者：你知道，我怕你们这些人！

社会工作者：为什么？

受助者：因为在这里你好像是我的法官，在审问我似的。而你也是人，你也会犯错误的。

社会工作者：我只是在决定怎样去帮助你，是在帮助你调整自己的状态。

受助者：不，你在决定我是否能当弗兰的妈妈。我是否能把孩子再带回来。（沉默）我现在没把握整天能带好孩子。（磁带走调）你知道我的疾苦吗？我因弗兰而伤神。你会像我这样不安、忧愁和心情很乱吗？

社会工作者：我不止为这些担心，我为弗兰的一切都在忧虑。

社会工作者没有介入受助者的情感片段中去。她只是把孩子视作自己的救助对象，而没有把这位母亲作为自己的救助对象去对待。在进一步的探讨中，社会工作者发觉受助者没有很好地和心理医生配合。社会工作者就问受助者进行心理治疗有多长时间了。

受助者：我说不准，我想（震颤地）太可怕了，我想不起来。治疗使我感觉自己是个废物。（沉默）我想象的东西大约是不现实的，但我觉得我能带好弗兰的。或者干脆不管，她是我的大难题。即使她有再多的错误，我都爱她。

社会工作者：你怎样看待弗兰？最在乎她什么？她的错误？

受助者：不，弗兰爱笑，让人快乐。哎，别去分析这个了，她是一只雏鸟，充满生机，对人客气，喜欢大家。可能我太冷漠了，不是那么开放。

社会工作者：你现在说弗兰很合群，但以前你却曾经告诉过我她没有朋友。

社会工作者没有理会受助者的反应、她的自责，以及茫然若失的愧疚。凭她本能去帮助这位母亲毕竟是很有限的，因为社会工作者只是在理智上而不是情感上理解了受助者。斯玛历（1967）的文章中这样论述：

单靠理性上的估计去理解另一方的内在心理是不太可能的。在人们的内心世界，同情、怜惜这种情感关系，以及自我剖析、寻找自我的勇气，以至于为社会工作者所熟识的那个自我，都与一个仁爱、关心、机巧的工作者相区别。而社会工作者又是一个以淡漠的观察者和问题解决者形式出现的；一个把自己置身于对方情感以外的诊疗者，区别于受助者的另一个自我。正如一个少女对她的前一位社会工作者这样评论："我的什么她都知道，但她还是不了解我。"

移情法难就难在，社会工作者必须不时地培养自己的移情力。移情力随经历的不断丰富而增长，对情绪倾向的敏感部分的认识是很有帮助的。当社会工作者受到对方情感的冲击时，特别受到逆向影响时，他或她应该更主动地去接受这些宣泄，因为社会工作者和受助者是救助关系中的两个客观要素。

督导对社会工作者的情感发展具有较大的作用。平行作用的概念就是对帮助关系在上级和社会工作者之间，或者辅导员与学员之间，以及社会工作者和受助者之间相互影响的一个概括。那么，一个督导肯定就是一个有效方法的典范。

通过考查督导在现场指导那些进行逐条逐句采访的学员，我们可以观察到这种平行作用。被采访的那位母亲怕失去自己的孩子（直截了当地表述出来），但这位督导因学员没有情感上的响应而大加指责，这个学员因而固步不前。督导看起来好像是在教学员移情法，但他的行为却往往像是在批评学员的错误，这时督导可能已偏离了工作者的想法。实际上，他可能是要求学员去主动接近这位母亲的情感。

在一些研究中（舒曼，1991），工作者体会到有效的督导工作对其情绪的导入有巨大的作用。督导法是培养良好的协作关系的一个主要条件，使社会工作者意识到上司对自己的帮助。每当研究者与主管们探讨这些研究成果的时候，总会出现一个短时间的沉默。研究者一旦去探究沉默的潜在问题时,这些主管就会说:"但是谁会听我说呢?"在其他 1991 年的研究中,提出这种问题的合理性已被证实。道出下属的情感和道出受助者的情感是一种平行关系,这两个方面与研究的每一层面都密切联系(督导和工作者之间,经理和督导之间,负责人和督导之间等层面)。

本模块所论述的三种移情技巧将着重于主动触摸情感、表现对受助者情感的理解、语言表达受助者的情感这三个方面。

一、触摸情感

触摸情感是一种请求受助者来说出信息所给他引出的情绪,并且社会工作者与受助者共同承受的办法。必须先明确一点之后,再把工作继续推到下一步。由于表面上形式的拘泥,有时候这个方法的有用性可能会受到影响。社会工作者如果只是如法炮制,见了受助者就问:"你的感受怎么样?"而不是去主动体会受助者的情感,那就会使受助者觉得社会工作者只是在走形式而已。有的老受助者在这样的情形下会说:"别给我做所谓的社会工作了!"当然,社会工作者如果只作表象分析的话,正常情况下就会得到这样的反应。只作表象分析,不去探究内在原因的做法是没有效力的。真正的移情只有通过设身处地地站在受助者的位置上,并唤起对方的情感回应,才能尽可能地接近对方的体验。

随着围绕技能培训工作的开展,重点集中在培养工作者一个经久适应的反应方式,人为的机械回应造成的危机越发突出。一个工作者讲到,她是如何被教着使用一句表示回应受助者情感的话——"我听你说过……"当她用这个手段去和一位受助者面谈时,受助者愕然相望地问:"你听我说过那个?"触摸情感应该是实实在在体量。

在又一例证中,受助者是一位母亲,有五个孩子,其中一个孩子受伤住院后被带进福利院,受助者和社会工作者谈她对此事的反应。受助者说孩子被人打了一顿,这位社会工作者就和受助者谈起她的安排。

社会工作者:我们对你是很诚实的,格林女士,医院的社会工作者告诉你要把孩子转移的事了吗?

受助者:对,但不能放在我母亲那里。

社会工作者:你妈那里肯定有许多孩子。

受助者:不是那个原因,而是我跟她不和。

社会工作者:想想还有其他人可以代养你儿子吗?

受助者:有,我的一个朋友,撒尔拉,我丈夫死时,我正临产,她来照顾了我。

社会工作者:这可不是个好时候啊!你孩子要被代养,你有何感受?

受助者:我难以接受,如果约翰被代养,我宁可不要其他孩子了,我一生气就对他们这样喊,我告诉他们要把他们都送出去代养。孩子们印象很深。

二、表现出对受助者情感的理解

社会工作者可以通过语言、手势、表情、姿态、适当的触摸等来表明对受助者心情的了解。社会工作者须抵制自己立刻去帮助和安慰受助者的那种本能的意愿。安慰常被受助者当成社会工作者没有理解的表现。一个受助者曾这样议论:"如果你真正理解我,你就不会力图使我愉快。"

我们又回到上面关于那位母亲的采访中,她说:"我告诉我的孩子们,我把你们都要送出去代养,孩子们印象很深。"

社会工作者:我们经常在一气之下会说出一些过头的话,但是过后我们会后悔的。

受助者:我告诉医院社工人员,如果约翰被寄养,那其他孩子也得送来。我的反应很强烈,失去孩子,我会很伤心。早上起来看到五个孩子只有四个在,我会难以想象。

社会工作者:你认为都在一起就是一家,如果一个人不在家,就没有家了吗?(受助者点头,哭了起来)

社会工作者和气地复述了受助者的感受,就像传达了自己的理解和同情,泪水代表着情感。这是一种很重要的传情手段。社会工作者常表示他对强烈情感的畏惧,担心一个受助者的过度忧郁以及他们把这些情绪挖出来会使问题变得更糟。一些社会工作者担心对受助者的情感会引发自己的工作效率低下。大多数社会工作者的根本畏惧是:他们表现出对受助者的理解反而会触发深层情感的表露,那样受助者将被困倒而诉诸过激行动,像自杀等。

当社会工作者畏惧被情绪所困倒的时候,可以通过澄清工作的目的和职责来减轻它。社会工作者的责任感可使他为受助者列出工作项目。无论受助者处于多么绝望的境地,工作的下一步总是有的。与此同时,社会工作者去感应受助者的困境是必要的(移情),但又必须明显地表达他的进一步期望;即使工作进入了现实的藩篱(如亲属的亡故),或者从头开始(重新找出重要的关系),社会工作者也得继续他的步骤。社会工作者能为受助者设身处地地订出工作项目。明确了目的,社会工作者则会帮助受助者去找出情结和讨论主题间的关系。中心议题在于对受助者痛处的工作只能在表达和认知情感后进行。工作者和受助者之间的理解流和作用流是工作进一步开展的必要的先决条件。社会工作者不顾效应地向受助者作出要求,会被受助者视为"不理解自己",太苛刻、太无情。移情反应被视作工作者后续工作时经常所需要的良性工作关系的基础。

三、言表受助者情感

社会工作者如何去触动情感和认识情感,在前面已经有所陈述。但是,一个受助者常常会在正要抒发自己情感时顿然停止。这通常是因为受助者还没有完全弄清自己的情感或难以用语言表达。还有,受助者或者不知道该不该有这种情感,或者不知道该不该和工作者谈这种情感。这其中包含一个社会工作者去言表受助者自觉情感的技巧。以舒华兹所述则为"受助者前面的半步之遥",这一言语发生在介入过程和着重移情的瞬间,于阶段工作达到情感联系和受助者深化问题之时。回到前面所提到的一例证中,社会工作者说:"你意思所有人都在时就有家,一个人不在就不成为家了?"受助者听到这话时轻轻地抽泣。社会工作者递给受助者一张面纸,然后静下来几分钟。受助者低头望着地面。

社会工作者:你现在觉得自己是一个可恶的妈妈。(受助者点点头)我说你现在对这个家的一切事物都头痛,好像一切都塌了下来,整天都在挣扎之中,五个孩子肯定把房子弄得很糟。

受助者对她养育孩子和当时心中的内疚的事,在这种情况下会只字不提,但是社会工作者只要以语言把这种情绪描绘出来,受助者就会在得到允许的同时,谈论自己本身的情感。本节的第一例中,社会工作者忙于交流,不顾及受助者的行为表现,社会工作者就非直接地对受助者所表达出的那种自责表现出不信任。而这里要强调的是,我们对自己有什么样的感受,将会在很大程度上影响我们的行为。受助者的内疚导致她产生失落、无助的感觉,最后造成她不能很好地履行自己的角色等。这个周期很可怕,社会工作者应该设法打破它,才能实现对这位母亲的帮助。社会工作者要培养受助者面对和言表自己情感的能力,这样一来,她才能去和一个热忱、严谨的社会工作者交流感情,这就是一个好的开端。社会工作者对受助者的接受,包括对她情感的接受,会使受助者接受自己。

四、有关移情法的研究结论

移情法一直被公认为是处理采访工作关系中的一个重要技巧。在心理治疗领域中的社会工作者楚华克(1966)发现,工作关系在治疗移情、温和、客观实际和性格等各要素中具有较大的差别。罗格斯(1969)在一系列研究中指出,移情在工作效力中具有中心地位。在教育研究领域弗兰德尔氏(1970)发现,移情是教师用以改善学生在校表现的重要手段。所有证据都说明了移情在救助作用中的核心地位。

对受助者情感的认知决定了双方关系的良性发展,决定了工作者救助能力的进步(舒曼,1978)。移情是仅次于分享工作者情感的第二大有效的工作手段,这个结论在有关督导法的两大研究中均有体现(舒曼,1984;舒曼,罗宾逊,拉克,1981)。家庭医生实务中也进一步论述了这一结论(舒曼,布克安,1982)。

在1978年的研究中(舒曼,1981),评估员对62个工作片断进行了录像,其中的资料显示:综合研究中对工作者自觉情感的谈论,在实际工作中应用得很少。工作者在各个阶段工作中,和受助者分担自己的情感或解决受助者情绪的概率仅为2.3%,在小组阶段工作中的概率约为5.3%。全部交互行为包括受助者讲话的次数、工作者听的次数。当评估人员对所有交互行为进行分析后发现,分组阶段工作对自觉情感的解决概率将跌至1.4%,这个数据非常接近弗兰德尔氏对教学行为分析的结论。

在一项研究中(舒曼,1991),通过检测普通工作者的业务水平,发现了受助者总是觉得工作者过多地去认识、谈论他们的情感,工作者不与受助者分担自己的情感,而只是去言表受助者情感的概率在"几乎不"和"经常"之间摆动。在研究这种技巧和工作关系中工作者关注程度的提高之间的联系的时候,发现在开始阶段,这种技巧是第二种有力协调技巧,在中间阶段是最有力的。在受助者对工作者的信任度和工作者对受助者的帮助作用中,也是一样的。

模块三 分享社会工作者个人情感

因为社会工作者也是个人,他或她也有自己的情感,而社会工作者把自己的情感介绍给受助者的能力,称为分享社会工作者的情感,这是一个很关键的技巧。救助工作的一些理论,借用医疗工作中的经验,把社会工作者塑造成了一个客观、有诊断力、独立的、无所不知的职业人员。社会工作者如果直接表达自己的情感(如生气、害怕、爱慕或者矛盾),则被认为是工作的失职。这一规范的形成导致了职业主义的产生,它要求社会工作者必须在真实自我和职业自我中选择一个角色。一个社会工作者例证了在参加社会工作者的培训班时,就是被这样要求的。她讲述了她还处在一个社会工作人员的学习阶段时,在做一个妇女工作时的情况,这个妇女的孩子患了癌症刚刚死去。妇女当时充满了痛苦,说着就哭了起来。社会工作者对此油然而生了同情感,拉起受助者的手和她一起痛哭。一个督导正好从门前经过,把社会工作者叫了出来,批评她说,那样做"太没有专业素质了"。

其实,社会工作者这样做是一个重要而又明智的举动。她在表达自己的悲伤的同时,和受助者分享了自己的情感。以个人角色而出现,很好地实现了救助作用。舒华兹的工作理论就指出:社会工作者只有把职业功能和自己的真实情感结合起来,才能有效地工作。不能实现个人情感与职业角色很好地结合的工作者,会成为一个保守的从业者,将会阻碍受助者与其沟通的渠道。不太灵活的工作者常常处于自控中,他把每件事都要弄清,而且从不迷惑,而事实上他们是不能使两者结合的。

受助者需要的不是一个老成镇定的社会工作者,因为这种社会工作者不再是现实生活中的人。受助者真正需要的是一个现实的人。真正的社会工作者应该密切关注受助者在工作中的收获,替受助者表达出他的紧迫感,直截了当地去探寻受助者的心扉,把问题条分缕析。只有当受助者感到社会工作者也是一个现实中的人时,社会工作者的救助工作才能更有效地进行。如果社会工作者失去了现实中人的基本特点,受助者就会不断地去找他外在的错误,或完全把社会工作者当成无所不知的人。受助者如果不明白社会工作者所处的位置,将很难信赖工作者。如果社会工作者把自己的气愤对受助者表达出来,那么受助者会以同样的诚恳方式表达出自己气愤的情感,只有这样,问题才会在诚恳中得到处理。那些害怕表达出自己气愤的情感的做法,是对受助者的不敬或者侵犯。社会工作者经常只是把他们的这些情感非直接地表达出来,而这往往会使受助者失望、低沉,从而不去很好地配合。其实,社会工作者如果不直接地表达出自己气愤的情感,而是对受助者的有些反映只是拐弯抹角地表露出不满意,那受助者所受到的伤害可能会更大。

情感的直接表达对受助者和社会工作者来说具有同等重要的作用。社会工作者在压制自己情感时耗费了精神。如果这些能量能通过移情而释放出来,则将会成为救助作用的重要资源。社会工作者如果无法抑制自己的情感,则同样不能把握受助者的情感。其实,如果受助者以社会工作者的情感来表达自己的感受时,社会工作者自己也会脱离那种非间接交流的形式,从而他们的交流更有效。我们来看下面的例子。在一家儿童福利院内,一对家长正在怒气冲冲地对社会工作者讲话。事情的由来是:郊游时,他们的小孩被丢在了公共汽车上,他们好久没有找到自己的孩子,收容所收留了小孩,家长来到后怒火冲天地批评社会工作者。

受助者:你跑到这里来做什么?我们的孩子在这里还不到三个星期就病成这样,头上已经长了疤。该死的,这些都是由于你弄丢了他!

社会工作者:(很不安又控制自己)瞧,弗兰克先生,我在尽力做好此事,总共有15个孩子,这么多孩子,我们没有盯上他,就失踪了。

受助者:失踪?看在上帝的面上(声音变粗),你们拿了钱来看孩子,不是去把我的孩子弄丢的,你知道他会在公共汽车上闹出什么事来吗?(受助者咆哮着说,社会工作者很尴尬,被围困住,孤立无援,明知道孩子和其他社会工作者都在场,只能望着受助者在心里憋气)

社会工作者:(刻意控制他的嗓音)对了,在房内我无法忍受你这种行为。你把其他孩子都吓慌了,如果你不能平心静气地讲话,我只有结束我们之间的谈话,你可以走了。

这个问题的本质在于,受到受助者的惊扰后,社会工作者不知从何做起。他对怒气的压制致使他去用自己的身份(作为社会工作者)来调解受助者的言行。他想通过他拥有照顾这些孩子的权利去驯服受助者,社会工作者越发镇静、自制,受助者会越发生气。随着社会工作者自身情感的散逸,社会工作者建立了一个冷静防线,这会使自己丧失职业反应。他将无法理解家长因孩子受惊而引起的那种歉疚的、尴尬的、困惑的或无助的情感。受助者很自然地应用这一事例来向社会工作者表明近几周来他的真实感受。在这种意义上来讲,受助者情感在社会工作者身上的投射也是一种非直接性交流。可惜的是,社会工作者在竭力使自己戒备起来,并抑制自己的情感和恼怒。这样,只要他不打开对自己情感表达的封锁,他就无法和受助者进行很有意义的采访工作。受助者只有步步紧逼,才能使社会工作者有所反应,再回到工作采访中,我们就不难发现工作者本想去平息受助者恼怒的企图导致了受助者情绪的升级。

受助者:你不能妨碍我看我的孩子,我要我的律师起诉你,起诉福利院失职。

社会工作者:(最终还是发了脾气)好,去起诉吧。我对你的牢骚烦透了,难道你认为你的孩子好管吗?实话说吧,你说我无用,我对此反感透了。

受助者:(同样怒不可遏)你他妈究竟明白我的感受吗?

社会工作者:(长叹一口气)我能感觉到你和我一样的沮丧、气恼、惭愧。自从他们把吉姆接走以后,你一直就是这样,对吗?

受助者:(臣服,怒气未消)如果谁把你的孩子带走,并说你是个不称职的家长,你又怎么说呢?

社会工作者:那么,我们重新开始好吗?我现在很激动,很不好意思,当你这样对待我时,我会很紧张的。这就是我要和你中断工作的缘由。我只是不知道还有什么方法可以用来最终解决问题。我们真的需要静下来好好合作,而不是去朝福利院发火。为了你,也为了我,特别是为了孩子着想,怎么样?(沉默)

受助者:我是不是对你太蛮横了?但你知道孩子不在我身边,我有多着急呀,我是说——(极力想一恰当的词)

社会工作者:你也无力去帮他,是不是?

社会工作者直接地表露自己的情感使他的精神得到放松,不再那么紧张,从而能够去回答受助者的提问,"那么,你知道我究竟是怎样的感受呢?"这句话有三层作用。第一,社会工作者能够去和受助者巩固好关系;第二,允许社会工作者有重点地回应受助者的发问;第三,表现出社会工作者接受情感和错误的坦诚,受助者会感到这个工作者很成熟,明白他情感和行为之间的关系。

通过以上所举的两个例子,我们可以看到,不管社会工作者的情感是关心还是烦怒,一旦坦白地表露出来,对受助者都将会是很有益的。这种诚恳的表达和情感的自然流露可以拓展工作者情感的反应能力。

另一例子是关于一个在受助者的进步中投入了好多努力的社会工作者。由于种种原因,"自己决定"这一定义已经被许多人演绎了。他们错误地把它理解成在受助者成长和工作的进展中,社会工作者不能分享受助者所存在的问题。有时工作者会看到受助者对事情的变化而苦苦挣扎,有时也会看到受助者感到彻底失望并决定退出。社会工作者自己也感到相当沮丧和失望。这是一种误导,不能够纠正受助者的这种不正确的选择。

接下来的这个例子将会阐述社会工作者直接对受助者表达自己的希望的重要性。这是关于一个专业的社会工作者和一个住在康复中心的截肢患者的实例。为了使这个患者在情感上能够接受这种突然的变化,这个工作者已经工作了好几个月了。这个计划是为了帮助患者发挥他那缓慢的、疼痛的腿的有限的功能,结果根本没有迅速康复的迹象。对于他的缓慢进步的速度,这个患者就变得失望、沮丧,决定退出。谈话发生在这个时候。读者应该记清楚这个时候,他们的工作关系的建立已经有好几个月了。其实,社会工作者对于受助者是很乐观、很有信心的,他想进一步推进工作,所以才安排了这次旨在推进工作的谈话。当然是为了推进受助者的工作的。

受助者:没有必要再继续了,我决定退出!

社会工作者:仔细想一下,我知道你有困难,并且很疼痛——而且,你不能够感觉到有什么进展。但是,我认为你已经有进步了,你必须坚持。

受助者:(很生气地)你到底知道什么?你那样容易就说出口,而你知道我做起来容易吗?我不会有什么进展的,这是事实。

社会工作者:(很激动)当然,这对我来说不一样。我不是坐在轮椅上,但是你知道,我和你在一起已经工作了三个月了,这不是一个野餐那么简单。有一半的时间你都感觉惭愧,不愿意继续进行我们的工作。我已经投入了大量的时间、精力,并且我对我的工作很是在意,因为我知道你能够做到的。我不想再看到你要退出。你因为困难就退出,这会在很大程度上伤害我。

对于社会工作者很激动的工作要求,受助者没有立即就反映。第二天,通过一段时间的情感上的波折后,受助者对于前面所进行的谈话,没有提一个字,而是直接接受了物理疗法。再一次,我们看到了一个社会工作者对于自己情感的直接表达,可以把个人高尚的人格与高超的职业技术联系起来。社会工作者情感的直接流露是所有工作技巧中最重要的一个。任何想忽视它的企图都将会导致工作关系缺少实质性的东西。

分享工作者情感对工作关系的建立其实特别重要,尤其是跟工作内容有关的工作时。例如,社会工作者有与受助者同样的或者相似的工作经历时。社会工作者带有目的地并且加上专业工作技巧地道出自己的个人的生活经历与情感,对受助者工作的进行是相当重要的。

再看一个相当典型的例子,是发生在一个实习社会工作者和一群精神病院的年轻人之间的事。他们是轻微的精神病患者,所有的这些人都是最近失去了重要的家庭成员。把他们聚集在一起,主要是让他们来讨论一下他们在失去亲人后的失落并且对生活失去信心的问题。大家在一起,可以帮助受助者面对这种情感,至少学会接受这些悲痛。在这个小组工作了两周后,这个实习社会工作者自己的父亲去世了。她必须回家去,因为她自己很悲伤。那些受助者注意到了她的失落。

当她回来时,她继续接她的这个小组的工作。尽管她知道这些受助者有可能知道她离开的原因,但她没有直接告诉他们。一个成员就问她:"简,你父亲去世了,是吗?"这个社会工作者向我们解释了当时她是多么的失衡,尽量想保持她"职业的沉着冷静"。她说,那些成员肯定知道她当时的情感,因为另外一个成员告诉她:"简,想哭就哭出来吧,上帝会仍然爱你的。"接着她就哭了出来,随后,其他的小组成员也哭了起来。过了一会儿,工作者就直接告诉那些成员们,她其实是想尽力鼓舞他们谈出心中的情感,所以才隐藏自己的情感。这样一来,那些成员们才开始了他们第一次情感真挚的讨论。他们谈论了自己失去了亲人,以及自己想尽力隐藏情感,甚至他们也谈论到有关自己的其他的事情。当这个实习社会工作者在课堂上再次描述此事时,她又一次哭了,随之,其他学员和辅导员也哭了。

一、分享社会工作者情感中出现的问题

分担别人的情感时有一个界限。社会工作者如果明确了对受助者工作的目的和自己的特定职能,就能很好地去引导和保护受助者的情感。受助者来社会工作者这里寻找帮助,社会工作者那些关于个人关系的情感问题只有在和受助者当前问题有直接关联后才能提出来,因为只有在这个时候告诉受助者,才能达到情感的沟通,社会工作者在经历了上述的错误交流之后,才能为受助者提供一个理解和沟通的新途径。

社会工作者必须自然地流露他的情感,不要去边说边观察受助者的反应,来判断自己该不该说。他们害怕自己有时会造成不合适的反应,有时候也害怕说出自己关心的问题会对受助者造成不可挽救的伤害。其实对于这些担心,我们有一些基本的解决方法,因为通常我们自己其实也需要对受助者作一些反应。一个年轻的社会工作者有可能对一个青少年的母亲感到很生气,因为她跟自己的母亲一样,过于保护孩子。另外一个社会工作者的经历是受助者没有立即接受他所提供的帮助,而是随着工作进程的变化慢慢地接受。尽管受助者的速度是合情合理的,但社会工作者还是觉得效益不大。还有一个社会工作者在工作中错过了许多非直接的线索。当时,一个孩子在圣诞节放假时来父亲这里。其实他们家有许多的家庭矛盾。孩子通过言行表达出了自己的情感,而社会工作者为了得到真正的问题所在,装作很生气,说要惩罚孩子。这个社会工作者最终没有得到许多隐藏的信息。

但是,情感的自然流露又会造成其他各种问题。事实上,社会工作者的职业经验往往都是在经历了这些失误后形成的。通过抓住这些错误,并及时纠正这些错误,可以完善自己的经验。一个好的社会工作者会从这些经历中学会怎样对待不同的受助者,以及在不同的环境下该如何反应。随着经验的积累,这些问题出现的频率会越来越少。

一些老师、督导、学者和同事们认为在访谈中要尽力去不断地监控自己的情感,应该三思而后行,访谈要力求完美,其实所有这些想法都不利于社会工作者的健康成长。社会工作者访谈后应该不断地进行分析、总结,只有这样,社会工作者才能培养从自己错误中学习的能力。越出色的社会工作者,越能在访谈过程中抓住错误,他们的成功靠的不是退却和思考,而是通过捕捉受助者的反应的线索,凭着自己的感觉实现的。

其实有一点我们经常会忽视:比起接受社会工作者的完好形象,受助者好像更容易接受社会工作者的错误。对于社会工作者"搞砸"访谈,没有理解受助者的言语和感受,或者对于社会工作者在因受助者表现出不适当的反应时作的出格反应及气愤等现象,受助者会感到一种放松。社会工作者能够承认其错误,就自然使其人格化,就会间接地使受助者反过来承认自己的错误。社会工作者如果怕受助者看到自己的人为性失误,担心会影响其职业的尊严,则误解了救助工作的性质。社会工作者的专业技能是用来教会受助者去独立解决自身问题的技巧,工作技巧中很重要的一点就是把人格化和专业性结合起来的能力。

最后,有一些社会工作者还经历了一些潜在的情感,这些情感相当有害,所以难以言表。当然这种情况极为少见。例如,有一些温暖和关心的情感在社会工作者和受助者之间流动,这些积极的情感非常重要,它能形成一种动态的力量,以强化救助过程。在一定情况下,亲切感会和性诱惑相联系,当年龄和环境适合时,这种成熟的诱惑是可以理解的和正常的。然

而,当社会工作者诚实地与受助者分享自己的性诱惑时,受助者经常很难处理。

正如前面所描述过的那样,在传达情感时,因为社会工作者职业的权威性,他在表达性诱惑或者说更坏的东西时一定要注意,以免让受助者感觉到他流露出不道德的职业品行。受助者通常都是很容易受到伤害的,他们需要社会工作者的保护。当受助者寻求社会工作者的帮助来治愈他的伤害时,如果得到的是另外一种工作关系,那将是一个很大的悲剧,受助者会受到更大的伤害。所以社会工作者在与受助者谈论这一点时一定要注意。

当有受助者向社会工作者表达出性感的一面,或者直接提出性方面的要求时,社会工作者会感到无所适从。例如,一位年轻的、有吸引力的女社会工作者与一位接受物理治疗的受助者在康复中心工作时,受助者对她进行挑逗,她真的感到有所心动。不管怎样,她对自己的这种情感感到很羞愧,因为她觉得自己失去了"职业道德"。顾问团的许多社会工作者也表示他们也都经历过这样的事情。他们没有与督导、同事或者老师来谈论这些问题,因为他们受到职业道德观念的禁忌的束缚。当然,受助者是一个跛子,他的这种性诱惑就应该好好驾驭,如果处理不当,社会工作者被自己的这种情感所困扰的话,她就会迷失。这是一个工作采访进程能够与工作采访内容结合起来的事例,是对社会工作者应该怎样把工作进程(与受助者进行互动)当作一个工具来挖掘内容(工作约定中的实在内容)的阐述。

二、关于分享情感的研究

通过对社会工作者分享情感的技巧在大量工作实务中进行的研究调查,表明这一技巧和前文谈过的移情技巧具有同样的重要作用。这种技巧被形容成"自我表白"或者"如实相待"。社会工作者与对方分享自己的思想情感,在相关建立良好工作关系和实现救助的技巧中被列于诸方法之首。对调查资料的深入分析揭示,这种技巧具有客观的实效性。

这种技巧的重要性在一项研究中(舒曼,1991)再次得到证实。这是小组工作中四大技巧中的一个,用来帮助受助者控制自己的情感,对于工作关系的要素的建立极其重要。同时,它会使受助者感觉到工作的有用性,还能够对一些具体的、高难度的措施产生轻微的影响。这种技巧可以帮助受助者处理自己的情感。和关心信任、友善助人等相互关联,特别是应用在开始阶段、中间阶段时效果更加突出。但在八大技巧中,它经常被排在最后面。与1978年的研究成果比较,关于这些技巧重要性差异的研究,在新的研究中有所变化。

通过对1978年和1991年研究中普通社会工作者的水平进行的调查,发现受助者认为社会工作者很少向他们吐露个人的思想情感。这一结论为许多培训团体中的社会工作者所认可和接受,他们之间也引发了激烈的讨论,去寻找社会工作者为何难以向受助者揭示自己的真情实感的原因。他们的第一反应就是向督导、书籍或者以前的老师寻求答案。那位老师曾说过,吐露情感是一种没有职业素质的表现,正如另一个社会工作者所述的:"老师教我们去做一个严肃的'铁面'社会工作者。"

在对这些禁忌及和社会工作者的重要关系进行了讨论之后,我们应该撤走这些障碍,让真实情感吐露出来。根据相关调研,以及社会工作者的实践经验,我们可以说,对受助者的坦诚和融自己的情感于工作当中,已不再是没有专业素质的表现了。也许有的社会工作者的反应是:"你把问题严重化了,我现在的感受是不能去坦诚,我刚才的坦诚造成我现在情感上的失衡,我将无法断定我还有多少自我可以去吐露。"培养坦诚吐露的能力是件不易的事,但确实是可以办到的。我们经常要求工作者去这样做。在一项问卷调查表中,一个受助者所写的评论证明了这一点的重要性。在统计分享情感研究中,她用她自己的话表述道:"特拉赛女士便是这样一个人,她不是一个实际的社会工作者,而是现实中的一个人。"她的话告诉我们,特拉赛女士不只是一个实际的社会工作者,同时又是一个现实生活中的人。

模块四 制订工作项目

在构筑帮助过程的这一形式中,一个明白的协议、对受助者工作的确定、帮助受助者条理化思路,以及受助者的情感投入、社会工作者吐露情感的重要性已被分别讨论并且加以强调了。在这个过程中,考察双重心理和抵触情绪的问题是不能被忽视的,受助者会对他们工作的发展抱两种心思。一方面代表他们追求和理解的意愿,而另一方面代表了他们退缩的心理,这被看成一个较难的过程。

工作要求我们解除固有的戒备,并去讨论悲伤的话题,去体会疑难情结,去认识自己对问题的作用,去承担某人行为的责任,去正视某人的人文环境。任何困难一出现,受助者都会不同程度地表现出双重心态(或称双层心理)。

彼尔曼1957年的文章印证了这一现象。了解某个人的情感就是了解情感的各个方面,有时候这些方面会混在一起,甚至会出现两种不同的情感。每个人可能都经历过这样的事情,就是本来强烈地想得到某样东西,结果却退却了。在经过深思熟虑后,改变了自己原定的计划,这其实就是双层心理的含义。在某一特定时刻,一个人会有两种截然不同的想法——一面可能说"是的,我会那样做的",另一面可能会说"不,我不会";一面可能会说"是的,我想要",另一面可能会说"我不想要";一方面在肯定某事,而另一方面却在否定它。

关于受助者的双层心理在救助和受助等关系中的反映,斯特林在1978年的文章中描述了抵触情绪的特征:对每个受助者在救助过程或接受建议中表现的抵触情绪的认识,使社工采访者清醒地了解到每一访问的每一部分都不是一帆风顺的,多数受助者会拒绝参与和谈论,其他受助者会习惯性地迟到。另外一些受助者会对救助所、社会工作这种职业,以及社会工作者持否定态度。

我们来分析一个采访的录像片断,以再次证明双层心理存在于工作中。这里受助者是一个少年,他是个收养儿。在采访一开始,这个18岁的男孩就向社会工作者暗示了自己离开一个集体家庭的伤心,特别是离开往日朝夕相处的儿童救助领班的那种心情。社会工作者错过了第一条线索,因为她正忙于看桌上的书面工作日程。在阶段工作中,她发现了这个错误后,立即把计划推到一边,详尽细致地听取了受助者的主题,并支持受助者把思路条理化,主动感触和言述受助者的情怀。以下的采访摘录是社会工作者在受助者第二次提出他所关心的问题时的反应。

社会工作者:对汤姆(一个从事孩子照顾的社会工作者)说再见很难吗?

受助者:跟汤姆再见不是特别难,但我舍不得我的小猫。昨天晚上,有人把它的爪子放到我身上,我大声疾呼,喊叫,对汤姆说:"赶快拿走这个上天诅咒的家伙吧!"但你真的以为我会毁掉我的一生吗?(这时候,按制度办事是在很愉快的气氛中谈论的,社会工作者也笑了起来。受助者很快地走到桌子旁边问社会工作者:"接下来我们干什么?")

起初社会工作者因日程表而分心,受助者虽然多次提供了关于主题的间接线索,当社会工作者严肃地对待这个主题的时候,受助者一方却畏惧讨论,最后使社会工作者放弃原计划而去工作,尤其受助者也会试探社会工作者是不是真正愿意进行讨论。当工作被延误时,社会工作者向受助者传达"我还没准备好"。当发现受助者具有这种反应时,她对过程审视,会使她认识到她快要和受助者结束工作关系了,而这个结束是受助者一直在逃避的问题。这再一次阐明了社会工作者驾驭自己情感的能力对帮助受助者培养其驾驭情感的能力有着重要的作用。

这里,我们要记住的一件重要的事情是:抵制是一种正常反应。实际上,如果工作的开展没有任何阻力,说明这个工作进程只是一个假象,还没有真正挖掘出问题所在。当然,在上面的例子中,如果受助者很容易就能够处理他与汤姆的关系的话,他就不需要社会工作者的帮助了。不管深层情感的挖掘是多么有阻力,社会工作者与那些为了解决这些问题而苦苦挣扎的孩子来建立工作关系仍然是问题的中心所在。如果社会工作者真的能够深入情感问题的话,没有阻力是不可能的。

对抵制缺乏理解,会使经验不足的社会工作者从正题中退出。他们对所从事项目的自信往往是不堪一击的,于是当社会工作者遇到棘手问题时,会表现出戒备和回避,从而放弃这些议题。在社会工作者处理自己问题的时候,这种双层心理表现得尤为突出。在很难谈论的一些领域,双层心理的交流可以从受助者的谈话中得以体现:"要我谈论这方面的问题真的很难。"他还可能对社会工作者提出这样的问题:"你真的愿意与我谈论这方面的问题吗?"这就是很生活化的一个场面,社会工作者有可能会说自己不愿意谈论这些,让受助者觉得他不值得信赖。这条信息的表面意思可能是"别管我,就让我这样吧"。但真正的意思却是"不要让我拖延了你的工作"。在采访中经常会有这种时刻。这时候要求推进工作的那些技巧就显得极其重要。

舒华兹贡献了很多让我们理解帮助过程的方法,工作要求则是其中之一。他对此的描述如下:制订工作项目是访谈中一个关键的时刻,其定义为:社会工作者是工作要求的代表,在这个角色中,他不仅执行协议的实际方面,又去巩固工作条件。这个要求实际上是列出的一系列条目,而不是追求一些效果的出现、观点的认可和行为的习惯,这是为了工作的进展而设计的。就是说,他要不断促使受助者坚决地陈述,履行各个步骤(舒华兹,1961)。

工作要求的构成不局限于某一行为或某一综合方法,而是涉及工作的全局。例如,在开始阶段的开场白和直接约定就代表了工作要求的一种形式。社会工作者把受助者的情感带到工作进程中来即是另外一种工作要求的形式。以前面工作采访中所描述的那个生气的父亲为例,在那种情况下,社会工作者继续保持自己的情感。同样,在对那个孩子的采访中,孩子曾经说到他和汤姆之间产生的那种情感(孩子很关心那个工作者汤姆)。孩子曾对社会工作者说:"怎么能伤害像他一样的人呢?"社会工作者当时的反应是"怎么能够伤害像你一样的人呢"?这是另外一种工作要求的形式。要指出的是:这种要求可以是单独的,也可以和对受助者的支持一起体现出来。这并不一定每个工作采访都会碰到这种情况。

工作要求包括许多具体的技巧,而每个都与采访中的动力学(有人也把它说成是阻力)有紧密的关系。必须指出的是,工作要求只在与移情技巧一起使用时才会有效。只有通过移情,社会工作者表达出对受助者的关心时,积极的、乐观的工作关系才能被建立。受助者也只有在确认社会工作者真正地理解他们,而不是匆忙地判断他们,给他们定位的时候,他们才会对社会工作者工作要求作出反应。

这里要争论的是:有能力移情的社会工作者能够建立一个有用的工作关系,而这个工作关系是否一定对受助者有帮助。那些只是要求工作,而不是通过移情的工作者会被受助者认为是武断的、不加思索的,是无一点帮助的。最有用的帮助来自那些能够把自己的方法与对受助者的关心和要求结合起来的社会工作者。不管是在帮助关系还是在生活中,这种结合都不是件容易的事情。总的来说,可以分成两方面的工作关系——关心某人,通过移情方式来表达,但却无所适从。这就导致了受助者生气、提出要求,从而阻碍了移情作用,使它变得更难。在这个时候,即社会工作者要对受助者提出工作要求时,移情作用就显得尤其重要。

一、肢解受助者情结

受助者常感到自己的问题漫无边际,无从入手。社会工作者会发现,受助者在协议阶段中对一个救助的反应会包含一大堆问题,这些问题相互之间都有影响。受助者孤立无援的感觉常来自问题自身性质所引起的难度。受助者常常很被动,不知从何入手,加之这些问题的存在会造成受助者情绪上的抵制。如果问题复杂,受助者就会断定这些问题不可以得到解决。

肢解法是处理问题的一大法宝,解决复杂问题的唯一方法就是把它拆成零件,然后逐一解决。这里就有一层工作项目的含义,解决被动感的办法就是从一小步、一小步开始,去解决问题的一个面。在听取情结、理解感受、认识受助者茫然失措的感受时,社会工作者应帮助受助者缩小问题的范围,把问题化成容易解决的小块,然后一一击破,那样整个问题就得到了解决。在以下关于对一个单亲父母的采访摘要中,这种技巧可以得到论证。

社会工作者:看起来你对昨天你儿子打架感到很悲伤,你能告诉我你为什么悲伤吗?

受助者:我觉得那次打架后整个世界都变了。路易斯女士很暴躁,她把她儿子猛打一顿,并且威胁我说,她要叫警察。她对房东抱怨我。房东威胁我说,如果我再不对儿子严加管教的话,他就把我踢出去。我想跟弗兰克谈论这件事,但他对我大喊一声就跑出家去。我真害怕他现在又打架了。对于整个事件我都感到很头痛。他们如果要把我赶出去的话,我又该去哪里呢?我根本负担不起其他任何一个地方的费用。并且你知道,上次警察还警告了弗兰克。我不知道如果路易斯女士再向警察抱怨的话,那会发生什么事?我真的不知道该怎么办。

社会工作者:听起来真是很麻烦,难怪你这样悲伤。但是,如果我们重新看待这个问题的话,可能会有帮助。路易斯女士很生气,你就必须对付她。你的房东也很重要。所以在你想怎样对付弗兰克时,也应该想一下该对房东说点什么才能使他收回他的那些想法。我认为最大的问题在于你该怎样对弗兰克说,因为这已经使你俩之间的事情更糟糕了。路易斯女士、房东、弗兰克——该从哪开始呢?

社会工作者所说的话中隐含了他的工作要求,既委婉,又有力度。社会工作者能够感觉到受助者的情感很乱,但他不能只让受助者停留在那里。在这个例子中人们可以清楚地看到两项任务:分别是社会工作者和受助者的。其一是受助者提供情结,其二是社会工作者肢解情结。受助者必须从自己的紧迫感出发去做相应的工作。在这种意义上来讲,双方在同一技巧中的影响是交互穿插的。

当社会工作者肢解一个难缠的问题并且让受助者着重于这些问题的时候,他或者她其实也作出了帮助进程中的一个主要计划。这就是所谓的永远有下一步的理论。简而言之,没有什么具体的形式可以知道受助者接下来会有什么问题。接下来的一步应该是社会工作者和受助者共同来对付的,甚至在对付一些难以治愈的病的时候,如艾滋病或者癌症。下一步就意味着社会工作者与受助者共同找出一个对付该病的方法,为的是让患者剩下的生命有质量。当受助者不可能得到社会支持(比如说住房等问题)时,下一步就意味着社会工作者要为他们的住房向社会辩护。如果所有的都失败了,社会工作者仍然应该尽力减轻这些给他们带来的打击。尽管社会工作者不可能解决受助者所有的实际问题,但是他会帮助受助者决定下一步该怎么办。当一个受助者感到情感混乱,毫无希望时,他或者她最后希望的是工作者也能够同样感觉到这些。

有关肢解问题的研究成果相当有趣。肢解问题是帮助受助者解决问题的四大技巧之一。肢解问题的能力影响到工作关系中的信托程度(舒曼,1991),其他三个技巧还包括澄清目的和角色,触摸受助者的反馈,在有关禁忌的地方支持受助者。相反,信托程度反过来决定了受助者对社会工作者工作本质的理解,而这对工作是有很大帮助的。这些结论是合乎逻辑的,因为社会工作者在帮助他们的受助者处理复杂的问题,如果将问题肢解,将会对受助者更有帮助。

当我们再来分析一下运用肢解技巧的时候时,我们会发现:肢解技巧用于开始阶段比它用于中间阶段具有更突出的重要性。当肢解技巧用于开始阶段时,在所有八个帮助建立工作关系的技巧中,它排在第五位。在建立工作关系中的信托程度时,它排在第二位。在帮助的效果中,它排在第一位。

有关肢解技巧和工作关系之间的联系在以往的研究中(舒曼,1978)已经出现过了。那里面谈到了该技巧对工作关系建立的重要作用。

首先,这个技巧对社会工作者和受助者工作关系的构筑起到了先导性作用。其一,显然,社会工作者通过问题的肢解向受助者证明工作的可行性;其二,社会工作者向受助者表达了深入工作的信念。也就是说,当问题被肢解后,受助者就有能力解决它了。社会工作者对受助者所作出的正确估计对积极的工作关系的建立相当有用。其次,该技巧产生的次等效应可以使社会工作者比受助者更加集中于某一问题。大众的观点一般都认为,帮助就是一种治疗的形式,受助者存在问题,需要解决。还有人认为,澄清工作关系中的角色,对工作关系的建立发展也有用。因为肢解技巧也要求人们集中于问题的某一点,可以说,澄清角色和目的就是肢解技巧的另一种形式。这些肢解技巧研究的特定的结论,就要求社会工作者在开始阶段一定要集中帮助受助者明确他们所关心并且需要工作者解决的部分。

二、紧扣焦点

受助者在处理一个具体问题的时候,因为这个问题和其他问题之间所具有的联系往往是很复杂的,受助者就难以在一段时间集中在某一个问题上。使受助者停留在某一问题的技巧代表了问题解决技巧的应用。从一个问题转向另一个问题可能是一种逃避,那就是说,如果我在此问题上不能针对性地加以解决,我就不必去处理其他有关的问题。紧扣焦点法表现了社会工作者要讨论突出问题时受助者的态度。仍以上面单亲家庭为例来说明这一技巧。因为受助者畏惧警察的干预,她还是决定首先处理和路易斯太太之间的事。

受助者:当路易斯太太进来时,她就向着我大喊大叫,说我儿子弗兰克是个罪犯,她绝对不会允许我儿子再动她儿子了。

　　社会工作者：你肯定惊恐不安了，你是怎样跟她说的？

　　受助者：我只好朝她嚷，说她儿子不是省油的灯，他挨打是自找的。因为我可以看到房主的门开着，所以我感到很不安，他可能在听我说的话。他已警告我不要再出什么乱子了。不然的话，他就赶我走。如果他真的把我赶到大街上，我怎么办呢？

　　社会工作者：我们能不能先只说路易斯，说完后再提房东呢？我看得出你现在很生气并且很担心，你知道路易斯的态度吗？

　　通过对受助者抑郁的认同或支持，再回到对路易斯问题的解决时（要求工作），社会工作者就使受助者紧扣这一问题，而且把受助者从烦躁中救了出来。

三、查出暗藏的心理矛盾

　　救助中的另一个危险就是：受助者会选择和社会工作者配合在一起，勉强表现出同意工作者的观点，但在如何进行下一步的决定或观点上，实际具有一种矛盾心理。受助者发现社会工作者在解决问题上很投入，则不会认为提出疑难就使社会工作者不安。受助者同样会不明白，此时此刻，社会工作者采取较难措施时，他自己的疑点还会出现。受助者也会掩盖自己的情结，以回避问题的关键。在这种意义上来讲，就是另一种形式的抵制行为，这很微妙，因为它是消极地表示出来的。

　　有时候，社会工作者清楚受助者掩藏的疑云、畏惧心理、情结，但他却会匆匆而过。社会工作者自以为如果提出了这些问题，受助者将不会迈出下一步。他以为这里需要正面思考，不愿因讨论这个问题而加深受助者的心理矛盾。其实，社会工作者应该常常去查找受助者心理暗藏的情结。当受助者一有机会来表达他的内心矛盾时，社会工作者便能去认知受助者的实际感受，从而实现相应的救助，那些负面情感影响将会在受助者与社会工作者互相的谈论中消失。有时候或许受助者高估了存在的问题的复杂性，社会工作者则能帮其明白事情的真实面目。在另一种情况下，下一步问题可能会真的很复杂，社会工作者应移情地去对困难加以理解，并表示出对受助者在对待这些问题方面能力的相信，这样一来才会实现相应的帮助。犹豫不定有许多原因，只有探究出这些原因，才不致使受助者徘徊于工作之外。

　　看到受助者同意采取下一个重大步骤时，社会工作者不能自鸣得意，舒华兹就指出"工作如期顺利进行时社会工作者须进一步挖掘问题"。下面一个例子是做一个单亲母亲的福利工作时，社会工作者帮助表述问题的（类似本章开头的例子）。这位母亲的小的孩子就要上完大学了。在接受社会工作者关于她就孩子上学的经济来源的采访中，受助者提出了可能重新工作的问题。

　　社会工作者：我认为这是一个很好的主意，你能够不依靠福利而自己来挣钱养活自己。你慢慢地会感觉到很好，你知道在约翰尼离开家时，你是多么的孤独。有一份工作就会好些。

　　受助者：我也这样想（犹豫不决地），但是你知道，最近工作不怎么好找。

　　社会工作者：工作是不好找。但是我们有一个很好的就业咨询服务项目。我肯定，如果你去找就业咨询服务的工作人员的话，他们肯定能够根据你的兴趣给你找到一个合适的工作。怎么样？去见一下咨询服务中心的人员吗？

　　受助者：我想那应该是首先要做的事情。

社会工作者：好！我可以帮你约定星期二下午,可以吗?
　　受助者：我想可以。星期二我有空。

　　在约定好的见面中,受助者没有出现。在对这个采访进行分析时,社会工作者承认当时她觉察出受助者的犹豫,但是她认为她能够鼓励受助者进行下面的步骤(赴约)。在随后的采访中,受助者向社会工作者道歉,说她忘记了这个约会。社会工作者作了让步,说:"上星期我仔细地考虑了一下,我认为我确实把你催得太急了。你没有工作已经20来年了,马上进行工作会使你很惊慌失措。"受助者的反应滚滚而来,她谈到了她的工作能力,老板会怎样看待她,是否应该在她原来不干的地方再干,等等。她继续说对于面试她会害怕。当然,这个社会工作者在犯了错误仅一周后就能够纠正它,说明她是很熟练的。在第一次采访中要求工作会加速工作进程。当那位母亲看起来同意了约会时,社会工作者应该再问她为什么要重返工作。

　　这个例子回答了前面关于工作中阻力的论证。如果只是简单地认为受助者的抵制是工作中的阻力的话,那就错了。阻力不仅用来推进受助者的工作,它本身就有驾驭工作的重要性。在这个例子中,当社会工作者弄清楚了受助者的阻力后,许多重要的问题谈了出来：她的工作能力、老板对她的态度,等等。另外一个例子讲述了一个大学生在自杀未遂后,向一个精神病治疗单位承认在第一次采访中,她不想谈论她的男朋友、家庭,因为如果谈论的话,好像是在埋怨他们。在她表达主要关心的问题的时候,同时也表达了心理的阻力。她感到生气、消沉,但同时又内疚。挖掘她为什么不愿意谈论她的男朋友和家人,就会直接引出她所关心的真正问题所在。

四、战胜工作的假象

　　救助工作最大威胁之一就在于受助者往往能表现出工作假象。许多救助工作都是通过语言来交流的(即使救助可从非语言形式中得以实现),我们具有投入谈话中的能力,使本来空洞的谈话具有意义。谈话不涉及救助中相互作用时,谁都能侃侃而谈,这种行为代表了一种抵制的微妙形式。因为通过表现出工作的假象,受助者可以逃避深入谈论时的痛苦,他们反而着力去表现出工作的热情。当工作假象出现时,就很有必要让社会工作者与受助者深入进去。社会工作者可以允许假象出现,并使其发挥积极作用。有许多方面的报告曾经指出,在有的帮助关系中,社会工作者与受助者纠缠了几个月,甚至几年。社会工作者其实深深地知道,他们所进行的只是工作假象。

　　舒华兹(1971)在小组工作实践的作品中描述了工作假象。

　　社会工作者不只是让人们说话,他必须让人们互相讨论。谈论必须有目的,并且跟能把人们聚集在一起的那些约定有关。必须充满感情,因为没有感情的投入就没有作用。

　　战胜工作假象的技巧牵扯到要求社会工作者探查假象的形式,这或许需要一段相当长的时间,同时也牵扯到重新使受助者面对现实这样的技巧。这里有一个关于婚姻咨询的案例,受助者要求对他们婚后的一些问题进行咨询。随着阶段工作的进展,社会工作者注意到谈话的大部分内容涉及工作,涉及受助者的父母及子女的问题。有些关联到他们的婚姻,然而他们之间似乎形成了一种不约而同的盟约,而不去处理他们之间关系的细节问题。无论社会工作者多么认真地寻找使他们关系好转的相关问题,他们都仍在回避问题。最后,社会工作者说:"你们知道,我们刚开始我们的工作时,你们就让我帮助你们解决婚姻中的问题,以调解你们之间的关系。但是我发现,我们刚刚谈论的都是你怎样和别人相处的问题,你俩似乎在逃避一些难以面对的问题,你们是不是担心承受不了?"社会工作者揭穿了工作假象,使这对夫妇立刻作出了反应,受助者吐露了自己对于工作真正进行后可能出现的后果的畏惧和担忧。战胜假象,就是要使受助者敢于尝试。此例中,受助者的反应证明了他们有抵制情绪,这就揭示了受助者存在着暗藏的问题。最后,他们向社会工作者说了他们刚刚的做法是为了回避谈论实际问题。

模块五 指 出 障 碍

舒华兹在他提出形成了社会工作的调解职能的理论时,把这个职能划分成了五套基本任务(舒华兹,1961),其中之一就是找出受助者和其特定环境的统一面。当社会工作者着力和受助者约定的时候,这个任务就有待去完成。我们要去发现受助者的自觉需要和救助所能提供的帮助之间的关系,也常提醒自己去发现少儿对独立的需要与父母对孩子长大的关切之间的联系。受助者和其环境背景之间的统一面的联系常常非常模糊,甚至根本没有。

由于关系的复杂性,以及统一面的隐蔽和模糊,舒华兹用另一套具体的活动来说明他的调解职能,即探查并击破工作阻碍的技巧(舒华兹,1961)。和其他任务一样,这种技巧也不是一种单一活动,而是一个反复出现于每一次会见当中的一系列行为。两个主要障碍于人于己都不好,即社会禁忌和统治思想。

一、鼓励受助者冲破禁忌的束缚

在缩短救助双方距离时,受助者会论及社会文化背景的制约,及对公开谈论某一敏感问题的禁忌。例如,我们从小就被教育不要正大光明地谈论性问题,还有其他领域,诸如依赖、损失、金钱及当前政治的谈论等。谈论依赖会被大家认为是软弱的表现。大家都认为"真汉子"的形象应该是很独立的,能够有自己的立场,并且能够应付生活中出现的问题。然而,这种完美无缺的形象与现实是不相符的。在现实世界中,生活是相当复杂的,我们有时会独立,但也时不时地会依靠别人。我们所经历的各种束缚,自然或者不自然地使我们以另外一种方式来考虑我们所感觉的问题。文化中的道德就包含了一种禁忌,这使我们感到要谈论这些领域的话题会比较困难。

金钱同样也被认为是一个禁忌领域。许多家庭在财产问题上积怨很深。在当今社会,多数人认为有足够的钱才能够很有信心地生活;而如果没有钱或者很穷的话,会被认为很难堪。我们一般都不愿意和专家谈论工作的费用,因为公开地谈论收入也被认为是一种禁忌。受助者经常会在不谈论价钱的情况下,就约定了某种服务。因为他会觉得如果要谈的话将会很尴尬。

我们的社会还有一个特别大的禁忌,那就是在和权威人士谈论时,一个人的表达受到限制。家长、老师,还有其他权威人士,通常也不愿意鼓励孩子们提出反对的意见。这样一来,同孩子们一样,我们早就知道,如果权威人士的评论得不到肯定的话,那就很危险。那些权威人士有可能会伤害我们。所以,我们经常会做的反应就是隐藏我们的真实情感。即便那些权威人士的交流是正面的,交流也会很艰难。因为我们都知道,他们是故意贬低身份来这样做的。禁忌是社会工作者与受助者的工作关系中一个重要的问题。

　　损失有时候会与其他的领域重叠,它也是我们的社会的一个主要禁忌。例如,直接谈论由于分开或者死亡而失去的某种关系会很困难。一个有生理上或者脑力上缺陷的孩子的父母,只能偷偷地对他们的孩子失去了他们所期望的完美样子而暗自神伤。一个靠出卖自己身体生活的人可能会怀念自己失去了的童年纯真。一个成年的孩子成了一个酒鬼,他会感慨家庭失去了他所期望的样子,但又不能说出来,因为从小他就受到教育说不能公开谈论家庭的问题。我们的社会还有好多方面都给我们指出,直接谈论这些损失是不能被社会所接受的。

　　文化模式使我们在这类领域内谈论实际问题时会遇到这样那样的困难,工作者帮助受助者说出出现在这些领域内的问题时,应当烘托出一种独特的"文化",即其用自己脑海中的概念说明了文化到底是怎么一回事后,受助者会感到轻松,继而抛弃这些心头的禁忌。当然,禁忌不会在任何情况下都能变通。在有些禁忌领域里,有许多很有力的理由而使我们不能够在任何情况下都畅谈无阻。在工作采访中讨论禁忌的目的,不是为了永久地改变受助者的观点,而是为了当时的工作。社会工作者之所以这样做,是为了监督他和受助者在工作中的互动,并且获取那些阻碍工作进程的禁忌的线索。社会工作者与受助者以前的工作经历,以及介入的步骤,都会提高那些隐藏在采访表面下的禁忌的敏感性。在认识清楚了禁忌后,社会工作者就应该开诚布公地谈论,并且为采访情形重新设计一个行为道德规范。以下的描述是发生在一个专家和一个48岁的男性患者之间的,主要给我们展示了专家是怎样让这个患者谈论出禁忌的。

　　患者:我感觉情绪很坏已经很久了。尤其是我妻子和我争吵之后,我感觉就更坏了。

　　社会工作者:请你告诉我有关你们吵架的事情。

　　患者:我们吵的事情很多。她埋怨我喝酒太多,在家时间太少,并且每当我跟她在一起的时候,我总是看起来很累(当谈论到这一点的时候,工作者注意到患者有难言之隐。他犹豫不决,并且无助地看了她一眼,这些就是线索)。

　　社会工作者:通常如果有这么多的问题的话,那肯定也会牵扯到性生活方面。

　　患者:(停了好一会儿)是,也有一些关于性生活方面的问题。

　　社会工作者:我知道谈论像性生活这样的隐私是很难的,尤其是一个男的当着一个女的面谈就更难,确实不是一见容易做的事情。

　　患者:是有点尴尬。

　　社会工作者:或许,你应该放开地谈论一下这个问题。你知道,我听过各种各样的事情,并且,无论你说什么,我都不会介意的。无论如何,我们如果不谈论的话,就很难解决问题。

　　患者:我是很累,也有很多担忧,有时候也多喝几杯。但无论如何,我最大的问题在于最近几个月,我那个东西不能再勃起了。

　　社会工作者:是第一次这样吗?

　　患者:是第一次,以前从来没有这方面的问题。

　　社会工作者:这对你来说,肯定是一件震惊的事情。我想这对你和你妻子的打击都很大。

　　他们继续详细地谈论了这个问题的本质。患者还描述了其他的一些症状。社会工作者建议他做一个全面的身体检查。社会工作者并且指出：像患者这么大年纪患这种病其实是很正常的，这经常还有其他一些身体方面的原因。在采访的最后，社会工作者再次强调了他们在工作关系中所建立的这个新的道德规范。她说："我知道你对我来讲这些是多么的难，然而这是非常重要的。我希望我们这次的谈论能够帮助你很自由地谈论你心中所想的任何事情。"患者回答社会工作者说他现在感觉好多了，他能够把心中的积怨一吐为快。

必须要强调的是，确认对工作进程造成阻碍的所有禁忌和其他阻碍的因素，利于促使受助者解放自己，去履行协议。有时候，所有需要做的事就是明确阻碍，使受助者能够从禁锢中解脱出来。在有的情形下，当阻碍还没有在工作中显露出来时，就应该挖掘它了。例如，一个受助者可能会简略地表达出要讨论有关性方面的东西的时候的困难。对于公开谈论这个问题，家庭成员的道德观念会加大受助者谈论的压力。如果工作的中心变成了对于这些障碍的讨论，那就主次颠倒了。社会工作者应该能够确保这一点：帮助的目的既不是检验禁忌所存在的原因，也不是仅把受助者从各种情况下的禁忌的束缚中解脱出来。在讲解怎样帮助社会工作者避免太全神贯注投入某一步骤而忘记了工作本身的时候，我们已经很好地论述了明确工作目的的重要性了。

在早先的研究中（舒曼，1978），在禁忌领域里帮助受助者，是区分出色的、工作作用大的社会工作者与那些没有什么工作效力的社会工作者的四大技巧之一。在后续的研究中（舒曼，1991），这个技巧在八大经过检验的技巧中排在第二。社会工作者运用这种技巧的频率介于"很少"和"经常"之间。这个结果不是我们所期望的，因为社会工作者也同受助者一样，受到一些禁忌的困扰。社会工作者要能够直接地谈论这些问题，还需要不断的实践和督导。

这种技巧也是帮助受助者解决他们的问题的四大方法之一。这种技巧的运用使社会工作关系的建立发展有了保障；相反，受助者也能够认识到社会工作者对他是很有帮助的。

对于这种技巧的运用时间的介绍产生了一些有趣的结果。在禁忌的领域里支持受助者，如果用在开始阶段，在帮助受助者理解社会工作者的关心中的八大帮助技巧中，排在第三位（52%）。这种技巧在中间阶段的效果则更加突出（58%）。这些研究成果正是我们想得到的。

然而，当把开始阶段对这些技巧的运用和受助者的信任度进行联合检验时，相关性只有37，而相关性在中间阶段变成了57。当研究该技巧运用和受助者对社会工作者能够帮助他们的信任度时，我们发现了同样的结果（开始阶段39，中间阶段50）。从这里面我们能够推出的一点就是在工作关系还没有建立之前使用这些技巧，能够使受助者感觉到社会工作者对他的关心，从而对工作关系的建立很有用。这些推论就给我们提供了何时使用这些技巧的依据。

这种技巧在开始运用的时候，可能不能体现出它让人相信的程度和帮助的程度。这是因为在一开始，工作关系还没有任何的可信度。简而言之，社会工作者努力去揭开受助者禁忌的话题，需要受助者的极大信任。而在此之前，受助者也应该相信社会工作者。

二、对待统治思想

舒华兹（1971）这样诠释统治思想："鲜为人知的一种在和抚养人的严格要求之间的斗争，这个人既是一个人格符号，又是一个强大的社会规范的代表。"

受助者借助社会工作者的支持，在完成这个过程时，会产生正面作用和负面效应。有时受助者会对社会工作者的关心很喜欢并且很支持。但有些时候,当社会工作者对受助者提出要求,说受助者应该对他或者她的生活负责任的时候,受助者也会生气。社会工作者不是完美无缺、永远都不犯错误的人,甚至技巧非常熟练的社会工作者有时也会无法真正地跟受助者交流,或者也会丢失能够真正为受助者起到作用的工作线索。他们有时在没有弄清受助者痛苦挣扎的真正原因之前,就匆忙地来判断受助者的情况,并且进行布道、说教。当然,受助者那一方将会产生什么样的反应,我们也可想而知。当社会工作者进入一个帮助关系中的时候,所要解决的主要问题也就应该成为工作的一个正规的部分。事实上,在社会工作者和受助者之间所释放出来的工作能量是工作中帮助能量的主流。

针对统治思想的两大工作的步骤就是传送和反移情。思特仑(1978)描述了在社会工作者—受助者的工作关系中两个步骤的作用。他的描述和弗仑德的有关心理分析的理论一致。

社会工作者—受助者这种工作关系有许多方面。有可能是细微的、难以琢磨的,也有可能是明显的;有可能是清醒的,也有可能是不清醒的;有可能是进取的,也有可能是保守的;有可能是肯定的,也有可能是否定的。受助者和社会工作者都不只在经历客观实际时会有自身的体验,他们同时也体验对方。他们还会希望或者害怕对方会怎么样。传送和反移情的现象存在于每个工作关系中,不管是两个人还是几个人,不管是专家还是非专家。所以,在任何一个社会工作者和受助者之间的交流中,都应该把它考虑在内。传送指的是对于父母亲、兄弟姐妹、亲戚朋友,或者老师等这些在受助者生命中有意义的人物的情感反应,可能是希望、害怕、防卫等。这些对于受助者对当前社会工作者的接受很重要。同样,反移情指的是社会工作者希望、害怕等情感的历史,这些对社会工作者对于受助者的接受也极为重要。

不幸的是,在我们的社会中,统治思想是诸禁忌领域的一大部分。受助者会因社会工作者对自己的帮助,而不能去直接表达自己对社会工作者的看法和感受,就像谈论性一样那么困难。这些看法和感受虽然产生了,但受助者没有表露出来,这将危及整个工作关系。这些强烈的情感隐藏于表面之下,会以各种形式间接出现。例如,受助者变得冷淡,不能准时赴约,或不能付诸实践,等等。社会工作者要尽量寻找那些由受助者行为所引起的问题的答案。在这一过程中,社会工作者要尽力去理解受助者的人格从而来理解上面的问题。社会工作者的问题经常比那些无形的人格更容易接受,更好理解。这些答案经常会在社会工作者—受助者的相互关系中得到解决。

这一技巧就要求社会工作者不断地观察工作关系的变化。一个社会工作者如果意识到工作不是在谈论真正的问题或者工作中存在阻碍时,他就能够对工作中存在的问题引起注意,从而直接对此作出反应——如果这一问题是统治思想的话。此外,和对付其他的禁忌问题一样,社会工作者应尽量营造另外一种文化,让受助者来接受这一新的道德观念。"其实应该把社会工作者当成一个常人,并且应该讲出你对于社会工作者对你的工作的看法。"社会工作者在前面的约定阶段就可以开始这一步骤了。当受助者想知道社会工作者到底是怎样的一个人的时候,社会工作者应该对此直接作出反应。当受助者在检验社会工作者是怎样的一个权威并且有可能作出回应,不管是正面还是负面时,这种新的文化就应该慢慢形成了。当受助者清楚,不管他的反应是什么,社会工作者都不会惩罚他时,他对社会工作者进行快速反应的能力才会形成。另外一个大的好处就是受助者能够把自己完全暴露给社会工作者,让社会工作者来检验他的行为,并且对此进行改变。受助者会做好社会工作者要求他所做的。

下面的描述将告诉我们这种技巧在实际中的应用。它描述的是一个社会工作者和一个14岁的住在儿童院的男孩的简明的互动工作关系。社会工作者已经对受助者进行了教育。这个受助者在下午的时候,挑起了对另一个孩子的争端。社会工作者谈话的中心从打架转移到了他俩(他和约翰)是否愿意打架。最后问题升级,直到社会工作者变得很严厉,约翰才安静了,但是心存不满。晚饭和晚上他也一直是这样的。在休息室里,工作者走近了他。

社会工作者:约翰,从打架后,你整个晚上看起来情绪都很坏。我们来谈谈吧。

受助者:算了吧。

社会工作者:约翰,我知道你对我恨之入骨。但是只坐在那,不把它谈出来是没有用的。这样一来,我们两个人都很难受。如果你认为我对你不公平的话,我愿意听取你的意见。你知道,我也是凡人,我也会犯错误。所以我们谈谈怎么办,你的问题在哪儿?

受助者:你只是喜欢其他的人而不喜欢我。每次我有问题的话,你只会责怪我。每次总把错误归于我,从来没有别人的事。关于我和杰勒打架一事,你根本就没有问我为什么打他,就站在他的一边了。

社会工作者:(沉默了一会儿)我想我是错怪你了,你可能很对,每次有问题,我总是认为错误在你。也许是因为你经常都有问题。我认为今天下午可能我也有点累了,所以根本就没有能力再去处理打架这样的事情。咱们重新开始好吗?我会认真听取你的意见的。当时是怎样的情形?

接着,他们就开始了对于那场打架及造成打架的原因进行了讨论,最后弄清楚了在约翰和杰勒之间是有一些根本的问题需要争论清楚的。社会工作者就建议他们再进行一次会面,这次应该包括杰勒,并且告诉约翰,这次他不会再偏向杰勒,会真正地把他们两人之间的问题搞清楚的。约翰表示他愿意试一试,但是看得出他仍然存在着怀疑。他们的谈话继续进行,这次,工作者掌握了统治思想。

社会工作者:你知道,今天下午我对问题的处理真是对你一点帮助都没有。对此我真的表示歉意。但是你知道,我只是一个平凡的人。我有时也会犯错误的。但是我想让你做的是,下次,当这样的事情再发生的时候,你就应该过来告诉我,而不是只坐在那里生气。如果你告诉了我,我可能马上就知道了错误,就可以立即纠正它。怎么样,下次会直接告诉我吗?

受助者:不用担心,如果你出格的话,我会让你知道的。

社会工作者:我猜想这样的事情对你来说肯定经常发生。我指的是其他的同学,或者甚至于学校的老师。

受助者:肯定是这样的。当我坐在椅子上转动的时候,弗勒得瑞克就经常站在我的后面。

在以上的描述中,该社会工作者能够及时发现自己的错误,并且与受助者就他们的工作进行了一个极为重要的谈论。社会工作者勇于承认自己的错误,以及愿意接受负面的回应,这使受助者和社会工作者的那种一个是权威、另一个是被动接受者的这种工作模式有了变化。社会工作者对于这种从福利院的孩子们身上所得到的东西很在意,因为这些东西是他在与其他的有权威性的人之间的交往中应该用得到的。在很多方面,工作关系是循环的,那些受助者能够发展出新的技巧来对付很有经验的社会工作者,而这些技巧本身就是一种成就、收获。对于一些受助者,尤其是孩子来说,他们相信大人的程度太大,而他们自己试图冒险的能力太有限,这些是亟待改变的。发展这种技巧是重要的第一步,而通常在与社会工作者的交往中发展这种关系还是比较简单的,而在与外面的各种人物的交流的过程中再发展这种技巧就不那么简单了。

在描述的结尾部分,社会工作者还陈述了他灵活地综合运用各种技巧的一种能力。社会工作者与约翰工作的同时,也能够帮助约翰处理他生活中其他方面的问题,比如说学校的问题。把这个问题扩展到其他方面,社会工作者发现一些工作因素还和他工作步骤中所包括的工作约定有关。处理好统治思想不只是保持一个积极的、良性的工作关系的要求,在帮助受助者按照约定工作的实际中,它也提供了重要的材料。

模块六　明确过程和内容之间的联系

过程指的是发生在社会工作者和受助者之间的互动的关系(主要问题),以及受助者和其他人之间(比如家庭成员或者小组中的成员之间所发生的关系)(关联的问题)。另外一种对于过程的解释是:它指的是工作的方式而不是工作的内容。内容在这里被解释为工作约定中指明的实质性的问题或者主题。

这里我们要提出的是,在每一个工作采访中,或者在受助者与家庭成员或小组成员的关系中,都会牵扯到工作过程和工作内容(主要问题和关联的问题)。或许是由于交流中受助者根本就不直接的这种原因,很难说清楚哪个是谈论的真正问题。例如,一个单亲母亲有可能和社会工作者达成有关处理孩子的问题、就业问题、与朋友及家庭关系的问题等的工作约定。她有可能在一开始就谈论有关主要问题的一些部分——亲戚朋友们没有一个人理解她的痛苦。这是她所关心的真正的问题所在。事实上,在开始阶段社会工作者没有注意到她的痛苦的信号,她就生社会工作者的气了。这个例子向我们展现了介入阶段及约定阶段社会工作者没有理解受助者的情况。当社会工作者介入受助者一开始的非直接的交流中的时候,社会工作者与其错误地理解受助者想谈论关于内容的(比如亲戚朋友)一些事情,倒不如只是细心地去听取受助者的谈话。因为受助者真正想谈论的是有关过程(主要问题)的事情。如果社会工作者过早地断定工作是关于内容的(相关问题),那他就会介入工作假象中去,从而错过对隐藏在表层下面的真正问题的谈论。

到这里我们就已经描述并且阐述了工作内容和过程这两个概念。但是,这两者之间的联系以及怎样把它们联系起来还有待于讨论。最主要的一点是:工作内容和过程这两者之间是可以联系起来的,而社会工作者通常会忽视这一点。社会工作者经常会在过程和内容这两者之间选一个来处理。小组工作领导经常会尽量去平衡这两者在工作中的分量,花一些时间在过程上(小组是怎样工作的),同时也花一些时间在内容上。其实,他们没有意识到他们已经进入了一种误区——认为这个是过程,而另外一个是内容,把这两者分裂开来。一旦这种两分法的观念被接受,就不可能在工作中不受到打击了。所以,正确的做法是:工作者应该在工作中尽量找出过程和内容之间的联系,使对于过程的讨论和内容相得益彰,互相补助。

我们再回到那个单亲母亲的例子。社会工作者如果寻求两者之间的联系的话，就应该注意到：受助者因为社会工作者对于她没有表现出同情理解而生气、受到伤害的做法，其实和受助者在平时生活中对待亲戚朋友的那种方式是一致的。当她的需要得不到满足的时候，她会很生气，因为她希望别人能够理解她的情感。当然，她不能直接地表达出她的痛苦，以及她需要别人的理解，这不是她的责任。在这个案例中，如果社会工作者能够把他们的谈论展开，来到主要问题的讨论，那受助者就会营造一种支持工作者的工作体系，从而使双方的理解加深。同受助者在自己的人际关系中一样，受助者有可能因在她与社会工作者的工作关系中所担负的责任受到困扰。我们就可以看到，工作过程可以和工作内容合二为一，工作内容也可以和工作过程完美地结合起来。

在下面的这个例子中，社会工作者运用两者的结合，来进行一个少年在与很多朋友的关系终结后，重新和朋友建立关系有困难的讨论。他们谈论得很彻底，能够就受助者与社会工作者谈论的中断，以及该少年在生活中的许多失败（如朋友关系失败）都进行彻底的讨论。少年能够谈论出他很害怕重新再交新的朋友，因为有可能再次失败，而这将会给他带来新的痛苦。这个社会工作者运用回顾技巧，给受助者分析了他交往朋友失败的原因（主要问题），并且控制了影响受助者情感的那些因素。最后，社会工作者帮助受助者进行了人生的转折，受助者决定去尝试交往新的朋友。他们谈话的结尾就受助者怎样处理和新的朋友的关系取得了实质性的进展。现在，受助者已经离开了这个治疗机构了。

还有一个例子，在这个例子中社会工作者揭开了一个男性已婚受助者的困惑。他想在一个女性社会工作者的面前尽量保持自立，因为女性社会工作者使他感觉到不应该表现出自己需要帮助。工作中的困难看起来好像是跟受助者想尽力表现出他是个真正的男子汉有关。工作的主要问题直接就转移到了受助者感到要使他的妻子觉得他需要她是多么的困难。在每一个这样的例子中，处理主要问题都存在两个不同的作用。它使工作关系从那种潜在的障碍中解脱出来，并且能够促进一些实质性的工作。只有社会工作者摈弃过程—内容两分法，去寻求这两者之间潜在的联系，才能够出现这样的结果。

通常，社会工作者不能很好地把过程—内容进行联系，是由于受助者经常用一些过程（相关问题而不是主要问题）与工作者进行交流，导致工作者情绪受到影响。在一个进行了录像的有关夫妇的例子中，到场的五位男士都表示他们将尽其所能来帮助解决他们妻子的问题。所有的妻子都表示她们情绪很低落，她们似乎接受了把她们看成是患者——家庭中存在问题的主角。这些受助者经常接受别人设计好的东西，这就使他们的家庭不能同其他的社会家庭相同等，并且这就是阻碍他们家庭发展的主要因素。这个小组中的女性都指出那些心理有病的家伙们（这个例子中的那些男的）都给她们看过情绪低落的病，并且给她们开了药。

在课堂上放映这个录像时（一个69岁的男性一直在那喋喋不休地谈论他的妻子情绪怎样的低落，而他的妻子只是被动地坐在那里不说话），许多同学很生气，尤其是女同学。她们很生气地问道：为什么在一开始不阻止那个男的，并且要求他只谈论关于自己的事情？（"告诉他让他使用第一人称'我'来谈论"）当然我们可以理解，对于那些男性用性别主义似的口吻说话，并且根本忘记了自己在家庭中所应该担负的责任，而一味地把出现问题的原因推到女的身上的做法，学生们都很生气。在开始的几分钟里，这对夫妇就清楚地显示了他们的真正问题所在。他们说道："社会工作者，如果你想知道为什么我们的婚姻关系中存在着问题,那就看吧,我为我不担负家庭责任而辩护,说我妻子才是问题的真正所在,而她只有默不作声地接受我的埋怨,把她的气愤和伤心藏在心里不敢说出来。"到这里为止,很多专家都得出结论:这种不良的行为模式才是问题的真正所在。

一个成熟的社会工作者不应在开始就对那个男的生气,因为这对夫妇是来这个小组寻求帮助的。并且,他们这样做,其实就用行为表示出了他们所存在的问题。这样一来,在社会工作者与受助者的关系中,理解工作过程和内容之间的联系就再次体现了。这样一来,就使工作关系不是单一的寻求帮助,过程和内容融为了一体。

再次回到该例子中。当那个男子喋喋不休地谈论他的妻子并且尽力表现自己的情感的时候,其实我们可以看出他已经表现出了一种为自己的辩护。例如他说:"我妻子变得不耐心已经有六个星期了。她这样已经很久了。"辅导老师回答说:"你也差不多。"停了一会儿,在一个关键时刻,他承认了在这个问题中他也负有不可推卸的责任。并且,他回忆了曾经有一次他的妻子用很重的话语伤害了他,以至于他都哭了。通常,在小组会议结束后的那个阶段,那些否认自己存在问题的妇女都表现出在他们的关系中自己是很坚强的伴侣,并且在各自的小组中她们似乎充当的都是领导。事实上,她们的情绪低落就说明他们需要帮助。这个信号表明了她们是很有力量的,而不是很虚弱。在后面的阶段中,社会工作者很有必要和其他那些不承认自己在问题中负有不可推卸的责任的男士们再进行会谈。

社会工作者能够驾驭自己情感的能力将会在很大程度上帮助受助者控制他们的情感。在上面这个例子的第一阶段辅导老师和男性受助者一起的时候,其实对辅导老师来说,忍受男的不承认自己在问题中负有不可推卸的责任,以及他所想表达需求帮助的工作过程,还有和工作内容(主要问题)联系起来,并不是特别困难。如果女性来观看分析这一组的话,那反应可能会更加强烈,因为里面首先还存在性别歧视。在辅导老师所教授的社会工作课程的班级里发生的另外一件事情进一步说明了理解的重要性。碰巧,那个班所有的学生都是女的,只有辅导老师——权威的象征,是唯一的男性。辅导老师对这个班级的组成进行了评论,并且指出要来检验一下这是否会影响他们的工作,没有人立即反应。

在上第六次课的时候出现了转折。珍妮是一个制裁罪犯领域的社会工作者,她给大家讲述了她做的一个已经被宣布为有罪的受助者的工作。受助者告诉她,他殴打并且强奸了他的妻子。该受助者其实是想通过这种方法来威胁社会工作者。学员们开始了讨论,这个讨论是有利于重新建立班级的气氛的。

辅导老师让珍妮和班上的其他学员用了几分钟来讨论,当工作中受助者做了一些使他们很生气的事情时,社会工作者会怎么样。在这个案例中,受助者强奸了一个女的;在另一个案件中,就有可能是一个成年人对孩子进行性骚扰。他们讨论了关于男子凌辱女的与孩子的例子。辅导老师想知道当珍妮和其他学生听到这样的事情时,她们是怎样想的。在稍作沉默之后,珍妮说:"对他我很震怒。"班上的其他学生也开始谈论了有关她们的受助者也给她们带来这样的情感的故事。有的学员指出,她们的情感是那样的强烈,以至于认为她们不能和这样的受助者进行工作。

过了一会儿,辅导老师参加进来并且说:"我认为这就是你们工作比较困难的部分。你们应该检验一下如果受助者引起你们这样的情感的时候,你们是决定继续和他进行工作呢,还是退出。"在稍稍沉默之后,一个学员带着强烈的情感,很生气地对我说道:"你恐怕永远也不能明白这对我们意味着什么。"辅导老师被她强有力的话震住了。其他的学员都盯着辅导老师，看他能作出什么样的反应。辅导老师沉默了一阵，意识到当他像哲人一样给她们提出建议，检验她们自己的情感的时候，没有意识到一件事情。

辅导老师打破了沉默，说道："你完全正确！我刚才作出了一个明智的反应。因为对我来说这样的事情很容易做，我没有像你们一样的情感伤害的经历。你现在所说的这些话，对我伤害很大。我认为在这个问题上，你们只有自己来互相帮助了。因为我不可能体会到你们的情感。"

说完之后，辅导老师能够感觉到气氛更加紧张了。当她们互相讨论她们该怎样处理这样的情形时，辅导老师继续保持沉默。一个曾经保护过被打女人的学员说，她绝对不会跟打那个女人的人在一起工作，因为她已经坚定地站在被打女人的一边。她继续说到她是怎样冒险保护女的，并且和一个男性学员合作发起了一个对付暴力男性的小组。但是后来，她奇怪自己竟然能够战胜自己对男性所形成的那种憎恨，跟他们一起工作。她发现她能够影响一些男性的行动，并且对女性在生活中保护自己作出下一步的规划。她说，在和男的工作之后，她觉得她把和女性的工作做得更好了。学员们继续讨论了这方面的问题，有的认为她们能够和男性一起工作，有的则坚决认为不可以。

在课堂要结束的时候，辅导老师告诉大家本周珍妮将会再次与那个受助者见面。辅导老师觉得他们是否应该帮助珍妮想一下该怎样来把握下一个会面。上次她在情感上受到挫折，是因为她想"很专业"。她们（学员们）对她有什么建议呢？珍妮告诉大家，她们刚才的讨论已经对她有帮助了。她意识到：不管她的情感如何，她都想和那个受助者再进行工作。如果她不与他工作、把问题解决掉的话，受助者最终还有可能会侵犯别的女人。珍妮认为在上周的采访中她应该直接面对他的行为。班上的其他学员也都支持珍妮。辅导老师问珍妮这次她会说些什么，她就该怎样对问题作出回应进行了口头上的练习。其他的学员也对她提出了一些建议，并对她的口头练习作出了回应。辅导老师指出，珍妮同时应该从受助者对她的行为中看出他是怎样对待其他女性的——他是怎样想通过侵犯来占据上风的。或许，她应该把工作中的其他步骤综合起来运用，并且总结出受助者和其他女人的关系。珍妮同意她有必要试一下，并且至少她已经知道下一步该怎样和他进行工作了。

辅导老师表扬了珍妮和其他学员，并且感谢她们对其直言不讳。辅导老师让学员们一直关注珍妮的这个案例，并且让她们在以后的课堂上注意看辅导老师是否不能够真正地理解她们情感上的挣扎，她们应该很快就有答案了。

在这里举这个例子有两个原因。首先，它是工作过程和任务完美结合的另外一个例子。这个班级的工作过程和主要问题的关系（学生和辅导老师之间的关系）及有关性别的问题（一个男性老师和女性学生）给我们提供了一个班级学习经验的重要的例证。其次，作为一个辅导老师，他必须在课堂上给学员们树立一个怎样用过程把工作内容拓展开来，从而使两者相得益彰的典范，特别是当他的作用很有效时。这正是在教学和学习中常常发生的那样，所得到的远比所教授的要多。

模块七　分享信息的技巧

信息的定义包含事实、思想、价值、信仰等，是社会工作者从自己的体验中积累，随时为受助者可能提供服务的这些内容。

舒华兹在1961年指出:"工作者对社会现实的感悟是实现他们职能的决定因素,但他们的经验不能原封不动地传送给其他人。这些经验在工作中的收获是巨大的。一旦为受助者接受,将促使为掌握自己命运而奋斗的道路得以畅通。"

不只因为社会工作者分享那些对受助者有用的工作信息是重要的,分享信息的过程对于工作关系的建立同样具有重要作用。受助者把社会工作者看作是自己在困难时能够给他提供帮助的人。如果受助者觉察出社会工作者不愿意与自己分享他的工作经验和信息时,不管是任何原因,受助者都会认为是社会工作者拒绝给自己提供帮助。正如一个受助者所说的那样:"你如果关心我的话,你就会和我分享你所知道的东西。"

一位社会工作者讲述了他做一群在儿童院的孩子们的工作时的事情。孩子们在准备他们的第一次晚会。显然,他们根本就没有注意到对食物和饮料数量的要求。比如说,他们要的苏打水,根本就不够参加的人喝。这位社会工作者没有打断孩子们的活动,是因为他认为孩子们从这里可以学到怎样计划的重要性。这很令人吃惊!如果孩子们知道了社会工作者故意隐瞒事实时,他们还能够再从他那学东西吗?

尽管分享信息的技巧听起来很简单,但是如果人们对于怎样学习这些概念理解得不正确,对于帮助的功能也缺乏清楚的认识的话,那这么一个简单的问题就可能变得复杂了。例如,一个工作者如果知道一些对于受助者来说很重要的信息,但是他不与受助者分享,而是认为"受助者应该自己学习得到这些信息",那问题就出现了。而当社会工作者表明允许受助者"通过自己学习得到这些东西"后,又把他们的观点传给受助者时,也会出现这种情况。如果采访中社会工作者引导受助者来回答问题,而这些问题的答案早就在他的脑海中了,就很容易出现这种情况。社会工作者要明确并且坚信的是:如果受助者能够说出社会工作者想听到的话,那受助者才是真正地在学习。本节将指出一些有关分享信息的技巧,并且说明导致工作者不能直接谈论的一些原因。

一、提供相关信息

提供相关信息是社会工作者在自己的事件、思想、价值、信仰中找出和受助者当前任务直接关联的信息,并直接传达的一种方法。舒华兹就这一方法提出了两项要求:其一,信息必须和阶段约定直接关联;其二,信息必须是受助者在当前工作中的需要。社会工作者必须明确会见的具体目的,并与受助者就具体目标进行沟通。之后,社会工作者则会有一个指导工作进程的指南,这样一来就能够选择针对性的信息进行传达。当社会工作者想运用不直接的手段教受助者一些东西,或者运用互换法把他自己的观点传送给受助者时,就会出现问题。如果认为社会工作者能够熟练地运用技巧来把自己好的观点传送给受助者,从而改变受助者,那这是对社会工作者职能的错误认识。如果这样做的话,受助者马上就会发现社会工作者有一个自己的工作议程。这样一来,他就会掂量社会工作者所说的话,要弄清楚社会工作者到底想说或者干什么。社会工作者的这些隐藏的目的就会使他不能直接与受助者分享信息。如果只是想通过自己的努力,强加给受助者一种思想,把受助者当作一个物体去重新塑造的话,社会工作者也会不舒服。如果他们分享信息的话,这种情况就不是很直接地出现了。但如果社会工作者和受助者就工作目的已经公开地达成协议,这时候再分享信息的话,社会工作者就会感觉到很轻松。

另一个对于分享信息的要求就是所分享的信息必须是受助者当前所关心的问题。受助者是不愿意读学那些工作者认为对他将来有用或者是工作约定中的事情的。通常人们只有认为某些东西对他们有用,才会对它感兴趣(如价值观等)。作阶段约定的其中一个重要的原因就是,社会工作者必须明确受助者在当前阶段所关心的事情,他必须分享这方面的信息。

下面是一个关于分享与受助者当前无关的信息的例子。在一个儿童收容所里,一对夫妇想收养孩子。当时社会工作者采用个案与小组两大方法,评估这对夫妇是否有收养孩子的能力,以及帮助他们讨论关于收养的一些问题。通常,社会工作者会为小组会谈准备好一个很好拓展的工作议程,牵涉到社会工作者认为这对夫妇在收养中可能会触及的问题。不幸的是,这种工作议程安排没有包括收养夫妇当时所关心的问题,以及收养院同意或者说拒绝收养的程序。在以下的阐述中,这对要收养的夫妇在小组会谈第二阶段中就社会工作者"是否该告诉收养的孩子他是收养的呢?如果应该的话,什么时候,以什么样的方式告诉孩子好呢?"这一问题作出了反应。这里要注意的重要的一点是,这对夫妇还在等待着他们是否能够收养孩子的结果,同时他们是非常希望能够有孩子的。关于是否应该告诉孩子他是收养的这个问题,是应该在收养孩子许多年之后才应该讨论的一个问题。

伯克夫人:我认为你必须告诉孩子真相,要不然的话,你就不诚实。

伯克先生:但是如果告诉了孩子事情的真相,他就很可能会经常想起他的亲生父母,这样一来,就会使我们看起来更不像他的父母。(这个评论出现在激烈的讨论完一个收养孩子是怎样看待收养他的父母的之后。社会工作者利用这个机会间接地说出了她的观点。她认为是应该告诉孩子真相的。)

社会工作者:伯克先生,你不告诉他真相,但是如果以后他自己发现了这个真相之后,你认为孩子会怎么想呢?

伯克先生:(意识到他把社会工作者的问题答错了,而社会工作者还在继续判断他是否有能力来收养孩子)你知道,我并不是真的就那样想的,我想你是对的。现在来回答这个问题就更简单了。

社会工作者从一开始就希望和受助者达到一致,但当他们明显地达到一致的时候,社会工作者却把话题转到了什么时候或者怎么把收养这一事实告诉孩子。不幸的是,关于怎样或者什么时候告诉孩子这一事实并不是当前的主要问题。这对想收养孩子的夫妇更关心孩子会怎样来看待他们。特别要注意的是,这时候这对夫妇还不确定按照福利院的收养标准,他们是否能够被批准来收养。他们担心如果他们不能够表达出"正确"的态度和情感,他们将会被拒绝。这种观点就使得他们有所隐藏自己的情感,大多数想收养的父母都是这样的。其实有这种情感是很正常的事情,并且福利院也不会因为这个而不让他们收养孩子。

事实上,能够直接表达他们的思想,其中包括这种思想的父母,一般都是在收养孩子后做得很好的父母。而这个社会工作者因为咄咄逼人地问了一些收养后的事情,所以她丢失了一些对重要问题的讨论。

我们来把上面的例子和下面所摘的另外一个例子作一下比较。在这个案例中,受助者提出了"收养父母是否应该告诉孩子他们是收养的"这一问题。社会工作者仔细地听取了他们所真正关心的事情。

弗莱德门先生:(小组成员在讨论:在告诉孩子真相后,孩子将不会认为他们是亲生父母,弗莱德门先生作出反应)我不同意你们的观点。我认为真正的父母应该是养育他们的人。我想就算孩子知道了他们是收养的,他们也会认定你是他们的父母。

社会工作者:你确实很看重孩子会怎样来看待你们这个问题。但是我怀疑你是否没有但也应该想一下你们怎样来看待孩子这个问题。

弗莱德门先生:我不明白你说的是什么意思。

社会工作者:你们每个人都准备好了来收养另外一对夫妇所生的孩子。我觉得我们也应该来谈论一下你们是怎么样来看待孩子的。"我会像亲生父母那样来对待孩子吗?"这是我认为一个经常应该提及的问题,并且它是相当理智的一个问题。

弗莱德门夫人:我和我丈夫在家的时候就已经谈论过这个问题,我认为我们会像亲生父母那样来对待孩子的。

社会工作者:我们这个小组就应该是一个你能够谈论出你真正关心的问题的地方。实话说吧,如果你还犹豫不决或者怀疑自己能否那样对待孩子,这并不会影响我们是否决定让你收养孩子。面对你真正的问题及情感对你是很有好处的。如果我们认为你们不能做好收养孩子的父母的话,你就是说得再好也是不管用的。我们很少因此而改变我们的决定。

这个社会工作者和受助者分享了一些重要信息,这些信息是他们工作约定中的,同时也是受助者当时所最关心的。在小组中,社会工作者知道收养者的情感、疑虑及真正所关心的问题都是很正常的表现。福利院不会因为想收养孩子的父母是有着同凡人一样的情感、担心情绪而判断他们没有能力来收养孩子。最终证明,弗莱德门夫妇在小组中所谈论的问题都说明他们是很好的、考虑周全的申请收养者。在这样的谈论之后,他们又深入地讨论了收养者对孩子的真正的情感及对收养的想法。讨论包括:孩子是否来自一个"坏种",对亲戚朋友该如何去说,以及他们对福利院收养孩子的有关程序的规定的愤慨。社会工作者与受助者分享这些问题要比有关将来的事情有意义得多。福利院还会在以后的过程中再举行同样的有关收养父母及孩子成长的几个重要阶段的小组讨论。这样的小组讨论能够把那些在收养过程中的一些理论上的问题谈论清楚。

二、用一种易于检验的方法提供信息

社会工作者经常担心他所提供的有关自己的担心、价值观等信息会因为谈及真正有关受助者的问题而给受助者造成困难。举例来说,一个未婚而怀孕的女子,不知道是该做流产手术,还是把孩子生下来养大,或者是生下来让别人收养。采取任何一种方式对受助者来说都是相当痛苦的抉择,都不是很容易作出来的。对于每一种抉择,她的未来生活将会有这样那样的困难和变化。有经验的社会工作者则会帮助受助者找出这些问题的诱因和含义,以及与含义相关的细节。在这个时候,受助者可能会反问工作者:"如果你是我,你会怎么做呢?"社会工作者常常会对这些问题有所想法,但是却不把这些说出来。社会工作者如果能吐露他们对这些问题的观点的认识,并且允许受助者来谈论对观点的看法,则会带来对实际存在问题的深入讨论。例如:

你问如果是我的话,我会怎么办,这还真的把我带到了这个现场。但是我毕竟不是你。不管我怎样努力去尝试,我也不可能有你的体会,因为我不像你一样,必须接受这个事实。并且我认为更坏的是,你所说出的那几种可能性中,要保住这个孩子,你以后的生活将会十分艰难。如果是我的话,我可能会把孩子生下来,然后让别人收养。但是正如我们所说的,你仍然有可能打掉他。只有你自己知道,你准备好了怎么办。所以我认为我的答案不能够解决任何问题,不是吗?

　　社会工作者保留自己的观点是因为他知道受助者会接受他,因为那是唯一事实的源泉。但是更好的方法是:社会工作者应该按照受助者的动向,提出自己的观点供受助者参考,从而让受助者避免一些困难和麻烦。舒华兹(1961)提出了这种观点,正如以下所描述的那样,它可以引导工作者的动向。

　　首先社会工作者应该明白的是,他所能够提供给受助者的只是可能有用的社会经验。如果社会工作者认为自己是社会现实的根源的话,那他就会陷入一种误区。他就把自己当成了学习的对象,而不是能够提供帮助的人。所以,我们必须明确的是,社会工作者是把自己的知识经验用于受助者来解决他们的生活中的问题呢,还是把自己当成是一本教科书让社会工作者来学习。

　　到这里为止,我们已经讲了社会工作者应该运用一种利于检验的方法来跟受助者分享信息。社会工作者应该确保受助者是把它作为一种现实的东西来用的。另外,社会工作者还要注意的是:他所要与受助者来分享的是他的观点、信仰、价值观,或者不管是别的什么,但是不应该是一些事实。很多社会工作者不能够理解的就是这一点,因为这和整个社会交换观点的模式是矛盾的。社会工作者在自己的观点的形成上已经投入很多,所以他就试图给受助者来说明这些观点是多么的重要、多么的有价值。我们总是习惯于用各种可能的方法来争论我们的观点,而不是把它作为一个事实争论。特别是新的社会工作者,总是认为很有必要告诉受助者他们的权威性,让受助者相信,他们是明白所讨论的问题的。但是事实上,我们的生活、价值观,甚至我们所认定的事实,总是不断地在改变着、进步着。只要稍微把原来的育儿手册看一下就会发现,原来的那种理论和今天的是矛盾的。在某些社会工作者不确信的问题上,他们通常会很教条。

　　运用易于检验的方法来分享信息,意味着社会工作者要检验他所陈述的事情是否是应该陈述的,以确保帮助受助者分清楚现实与社会工作者的观点的不同。社会工作者不应该只是一个观点的销售员,而应该有限制地谈论观点。社会工作者应该很诚实,并且应该不断地使用下面的这些表达:"这是我的看法",或者"我是这样认为的,不一定就正确",还有"许多人都是这样认为的"。社会工作者应该用这种表达来说出自己当时的想法。尽管这些观点对于受助者来说不一定就是真的,社会工作者必须鼓励受助者来挑战这些观点。社会工作者可以用一些非言语的暗示或者信号来表达出他对某观点的不认同,那就意味着社会工作者需要受助者谈出隐藏的问题。例如,"你看起来对我所说的不同意,你是怎样认为的呢?"社会工作者应该尊重并且重视受助者所提出的不同的观点。甚至一些众多专家都认同的观点、事实,或者对于某一问题的价值观,也只有在受助者认为它有用的时候才对受助者有真正的意义。其实在许多方面,社会工作者就是一个需要现实方法的人的典范。任何一种观点,不管多么的坚定,都需要用事实来进行证明。受助者对社会工作者期望的不应该太多。舒华兹(1961)是这样总结的:

　　当社会工作者帮助受助者来分析那些从其他地方来的事实的时候,比如说他们自己的经历、别人的经历,或者他们在观点上达到一致的东西,他必须把他自己的事实经历也拿出来让大家公开讨论。当社会工作者认识到他只是小组成员中的一小分子,或者当社会工作者能够运用这些事实而不是征服它的时候,他就真正地迈出了重要的一步,这一步是用来帮助小组成员从那种权威性中解脱出来的,而不是反对他。

三、保留信息时道德上的矛盾

在政府和其他的基金机构把经济和政治问题等同起来看待的时候,提供信息这一问题就变得更加复杂了。例如,在疗养院里对于花费的牵制政策的努力就使得美国政府和第三党自由人士培养了一种照顾的标准,其中规定:在一个中心具体步骤完成之后,一般的情况下,一个病人应该在医院待多长时间。支付给医院的是一个固定的金额,这就意味着如果病人早一些离开医院的话,就会给医院带来收益。而那些在医院里待得时间过长的人,则会使医院失去一部分利润。社会工作者经常会感觉到有一种压力——有可能病人会认为他是来帮助医院早早腾空床铺的。在一些情况下,如果社会工作者这样做工作并且很有成效的话,社会工作机构这种角色被定义为"税收中心"。

当病人、他或者她的家庭成员,甚至连社会工作者都认为病人还没有准备好离开医院,而病人被通知离开的时候,不管有没有原因,道义上的矛盾就出现了。这里面有些原因是和严格的医疗因素没有关系的,倒可能和社会心理问题及适当的社区资源的可能性有关。这里存在的问题是:"尽管受助者没有提问,社会工作者是否应该告诉受助者他们所拥有的权利,来反对医院所作出的让他们早日出院的决定?特别是在医疗人员或者行政人员要求社会工作者不要告诉受助者这些信息,除非是他们提出来问题的时候?"

另外有一个可能更为苛刻的问题,来自政治上对美国高级法院(1991)所作出的规定的争辩。它是这样规定的:如果哪个家庭计划中心告诉了它们的受助者,尤其是那些年轻的、穷困的,或者是有色人种的受助者,他们有可能选择流产的话,政府将会削减对它们资金上的资助。甚至有些受助者在根本不愿意的情况下怀孕,或者是受助者的健康或生命受到威胁时,哪家中心告诉了受助者这样的信息,或者告诉受助者哪里可以得到相应的信息的话,这家中心肯定也会失去政府的资金支持。许多中心不愿意接受这一规定,因为它们认为它们有言论自由,并且也应该告诉受助者所有相关信息,以便有利于受助者作出一个个人的、明智的选择。然而,如果中心继续给那些穷困的人来提供这种家庭计划服务的话,他们是否愿意接受这些规定呢?对于许多社会工作者来说,不管他们对于流产的观点如何,如果不愿把这些社会公共服务信息告诉独立的女性,他们本身就是性别歧视主义者、种族歧视者和阶级主义者。社会工作者是否应该对政府规定提出疑义?社会工作者是否应该拒绝在这样的情况下工作呢?

NASW道德模式(1980)用所有的例子来明确了工作者的责任。一个有道德的工作者应该告诉受助者所提出的任何问题的有关信息,比如非情愿怀孕时是否选择要孩子等,以便受助者能够作出一个明智的选择。然而,按照道义来做,社会工作者需要很大勇气,并且社会工作者本人很可能会冒险。和人类行为理论影响实际工作一样,社会理念、财政状况和政治背景对实际工作也有着同样的影响。

四、换一种方式看待受助者周围的人

换一种方式看待受助者周围的人作为一种传递信息的独特、具体的手段,被看作是一个独立的方法。使用这个方法时,社会工作者把自己对受助者生活中重要的人或关系网(比如丈夫、父母或者学校等)的体会告诉受助者,使受助者发现一个与自己认识有别的看法。每一个受助者都在主观上形成了自己的一个生活观,工作交流中一旦出现难点,他或她便会曲

解社会工作者的言行。通过插入社会工作者的认识的这种方法,社会工作者试图使受助者弄清楚在受助者的关系网中或者周围的重要人物中,受助者还不清楚的东西。有时候,社会工作者充当的就是采访中那个迷失的人的角色,这样他可以弄清楚不只是表面的问题,还可以了解受助者真正的想法和情感。例如,下面所要谈到的一个例子,是摘自一个学校问题社会工作者对一个在课堂上有麻烦的青少年的采访。

受助者:布朗先生经常盯着我,当我迟到的时候,他就会羞辱我。他肯定恨我。

社会工作者:其实,布朗先生可能是不愿意看着你堕落才这样做的,他是真正关心你,他一直盯着你可能是为了你再次振作起来。

受助者:那样做是没有用的,他所做的那些只会使我逃他的课。

社会工作者:他可能没有意识到他所说的会给你造成这样大的伤害。或许我告诉他你认为他这样对你简直就是疯了,这样可能会有用的。

他们又继续讨论了学生的担心,学生担心如果这个社会工作者告诉了老师这些话后会发生什么样的事情,社会工作者向学生保证他能够驾驭这样的事情。布朗先生对于学生有这样的想法感到很奇怪,这些大大出乎了他的意料,因为他认为这个学生对学校的这些事情根本不关心。社会工作者和学生又开了一次会,开始讨论关于这个学生的作业的问题,各方到底是怎样想的。这次讨论给他们的合作打开了大门。

在经过一段时间的艰难的讨论之后,他们关系中实际的阻碍就变成了受助者自己的(有时候是他关系网中的)实际的观点。在这种时候,社会工作者应该通过可能对受助者关系网中其他人的观点的分享,让受助者能够感觉到他们互相达成谅解的可能性,这样一来,社会工作者就使得受助者重新有了希望,并且可以确定下面的步骤。只有在按照常理,他们有可能达成协议的时候,社会工作者才应该提出这种观点。社会工作者有可能告诉十几岁的青少年,他们的父母给他们订好作息时间,正是父母对他们关心的体现,以及对他们长大的一种认可。社会工作者有可能解决不了真正的问题,但是至少给矛盾双方达成谅解带来了希望。做儿童工作的社会工作者在父母没有来看望孩子时,应该告诉他们其实父母是关心他们的,这样一来也会给和解提供可能。

在以前的研究中(舒曼,1978),对这种特别的技巧谈得不够多。然而,它却把真正的帮助同工作关系的建立结合起来。或许,这种结合就告诉我们,换一种新的方法来看待周围的人,不仅在内容上很重要,而且在同社会工作者工作关系的建立上也是同样重要的。受助者必须重新考虑看待那些在自己生活经历中都很重要的人或者说关系网了。对于有关父母、关系网,以及权威人士的观点不是一天两天就形成的。而只靠工作者的话就想改变它当然是不可能的。在给受助者说改变自己的观点能够带来新的生活气息和达到双方谅解时,工作者其实是在做一个关于人生观点的陈述。愿意看到人们行为中好的一面,而不是匆忙地对人们的弱的一面作出评判,对受助者认为社会工作者会怎样来看待他或者她有一定的说服力。这一陈述对于加强工作关系应该是很有帮助的。

模块八 结束阶段和过渡的技巧

与开始阶段、中间阶段一样,结束阶段也有自己独特的一套原理,以及对社会工作者技巧的要求。在以前的有些文献中也曾经把结束阶段称作决策阶段。社会工作者在认真完成了阶段约定，踏实地就受助者的问题逐一解决之后，往往没有总结性结尾工作。这并不是说每一阶段的工作会完成得彻彻底底、干净利落，而是说社会工作者必须明确双方完成了哪些问题，哪些问题还有待于在下一阶段渐渐化解。社会工作者一般认为受助者在各阶段转换之间没有清楚地认识其差异。在解决复杂问题的结束阶段期间，社会工作者如果能容忍受助者在此期间产生的暧昧态度、举棋不定的做法，他将是很高明的。如果在某一结束阶段，受助者还是不明白的话，那决策阶段就包括要明确下一步讨论的主题。在这一模块中，我们会提到五种技巧：总结法、概括法、确定下一步骤的方法、排练法及门把效应。

在介绍这些技巧之前，我们有必要评论一下在各个阶段过渡中间受助者所有的问题。社会工作者有时候会认为受助者在阶段与阶段之间的那段时间里就没有生活。他们在回顾了个人询问或者小组会议之后，就开始准备谈论下一个阶段"我们什么时候离开呢？"这一问题。但是个案中的受助者也有他们的生活经历，以及同其他帮助系统的联系（比如家庭、朋友），在那一周中就可能会出现新的问题。同时，受助者们也有时间来想一下他们前面所谈论过的问题。在怎样帮助受助者来处理具体问题上下了很大功夫的工作者，有可能会很奇怪受助者自己已经解决了存在于阶段之间的问题。没有认识到阶段过渡中间的这些问题，或者认为这些问题是正常的，那就错了。这就是为什么阶段约定（在本项目开始谈到的）非常重要的原因了。

一、总结法

从很多方面来说，受助者是在学习人生，并且培养新的能够使生活更加满意的方法和技巧。在阶段工作的最后时刻，社会工作者应该帮助受助者明白：他学到了什么，得到了哪些经验，在人际关系的理解中有了哪些启示，有哪些重要工作应该认定下一步去做，对哪些问题失去过信心、不知如何是好，哪些问题是还要深入探讨的。总结这一步骤可以使受助者了解自己已经学到了什么。有时候，受助者自己也可能会作总结。而其他时候社会工作者应该去试图这样总结。有时候，社会工作者也可以和受助者一起来总结。这里有必要说明的是，不是说每个阶段都需要作总结，这不是一个必要的仪式，而是社会工作者在必要的时候所采取的一种方法。

在下面所摘录的有关采访的例子中，一个16岁的男孩在与社会工作者讨论他和母亲的关系，他认为母亲对他太过于保护。在社会工作者让受助者检查了自己在该问题中所负有的责任那一艰难的阶段过去后，决策阶段开始了。

社会工作者：（约翰停了下来，好像在考虑着什么）这确实很难，约翰，用这种方式让你来看待自己的行为的确很难。你能告诉我你现在在想些什么吗？

约翰：是很难说，我就像一个小孩子一样，我妈妈对我就像对待一个小孩子一样。我认为我不应该被看作这样蠢。我可以把某些事情干好——你知，那是很难干的事情。

社会工作者：为什么很难，约翰？

约翰：我被看作这样蠢已经很长时间了。现在很难改变。你刚刚告诉我我应该对自己负起责任的时候，我一直在想现在对于我来说，重要的事情是什么。我认为你说得很正确。

社会工作者：如果你这样做的话，你妈妈或许就会意识到你已经长大了。

社会工作者在作总结的时候应该包括对工作的要求。上面这位社会工作者的沉默就留给受助者时间来作出反应,而他的认同(这确实很难)则帮助受助者面对意识到那些问题时的痛苦。

二、概括法

在前面的讨论中我们已经强调了从一般事实到具体问题的重要技巧,这是用来推进解决受助者当前问题的工作的。在前面所举的例子中,那个母亲说出了养孩子的困难这个一般的评论,社会工作者就对此作出了具体的反应。他问了那个母亲和孩子那一周的有关冲突的信息。当受助者在处理他们生活中的具体的一些细节时,他们是逐个问题来进行处理的。这就有可能从某个经历中概括出相关的一种经历。这是受助者在生活中的一种重要的技巧。因为受助者在没有社会工作者的情况下,仍然可以运用这种技巧来处理一些没有见过的或者预料不到的问题。前面介绍了有关那个青少年的采访,在接下来的采访中,讨论转移到了受助者诚实地说出他对妈妈的情感的重要性。他犹豫不决,并且怀疑自己是否能够这样做。

约翰:我根本不能告诉她我是怎样想的。我不能。

社会工作者:为什么不能呢?为什么这么做会很难?

约翰:我不知道为什么。我就是不能这么做。

社会工作者:我们曾经谈论过怎样告诉你的老师——特雷丝先生让你在课堂上感到多么难受,现在难道不一样吗?

约翰:我想我是害怕她会说些什么。

社会工作者:当时我们准备和老师谈的时候,你也害怕他会对你生气或取笑你,你还记得吗?

约翰:是的,我记得。他没有生气。他告诉我他没有意识到我会那样想。从那之后,他对我比以前好多了。

社会工作者:或许在和其他人甚至和你母亲相处的过程中也是一样的。如果你能想办法告诉她你是怎么想的,她就更能理解你了。你还记得尽管你当时很害怕,但是在你告诉了你老师之后你是多么自豪和高兴吗?

从和老师的谈话中概括出该怎样和母亲谈话是一种重要的学习工具。如果受助者能够在各种不同的场合都使得这种技巧发挥作用,比如说直接面对自己的真实情感,概括这一生活技巧将会变得更加明了。

三、明确下一步工作

我们不止一次地有过这样的经历:由于缺乏工作步骤的连续性,我们的工作往往前功尽弃,虎头蛇尾。会议上作出了所有的决定,但是忽视了给具体实施工作进行分工,或者没有随后的具体行动。这就是一个很好的例子。所以社会工作者必须帮助受助者确认和落实下一步的工作。不管是哪种情况,不管看起来是多么的不可能,总是会有下一步的。社会工作者必须要求受助者来讨论它。下一步工作的讨论一定要具体,就是说,社会工作者必须把受助者要达到的最终目的分成几个可以驾驭的部分。在这一模块所用的例子中,到我们所谈到的那里为止,下一步就包括:帮助那个年轻人计划怎样花时间去用不同的方法让他的母亲了解到他的另外的一面;明确他对他和母亲的关系是怎样看待的;并且决定跟他母亲谈论他的真实的情感。

在那个想找工作的母亲的案例中,下一步就可能包括:讨论关于全日制托儿所,以及会见就业咨询中心的人。在婚姻咨询中心的那对夫妇感觉到他们的关系越来越坏,在任何一个方面都不能融洽。他们的下一步就应该是明确他们最难融洽的具体方面,以便于在接下来的那周进行讨论。从根本上来说,明确下一步骤就对受助者下一步工作提出了要求。受助者如果对下一步缺乏计划,并不意味着他们驾驭生活的能力就差。这有可能是另外一种对工作的抵触。谈论一个棘手的话题有可能会很难,但是要对它采取措施恐怕就更难了。社会工作者要求受助者注意下一步工作,或者具体的行动,就能够挖掘到另外一种程度的担心、矛盾及抵触,而这正是工作者应该来处理的。

有时,社会工作者所表现出来的理解、支持及期望正是受助者需要挖掘并解决的问题。受助者有可能找不到一种容易的方法来解决它。当很明显有两个真正冲突的需要的时候是没有简单的解决方法的。社会工作者虽然经常要求受助者做一些事,但还是很理解受助者的。受助者如果能对社会工作者说出他心中的矛盾,就很有可能推进工作。在某些时候,具体怎样实施工作也是有必要阐明的。例如,受助者有可能需要一些关于社区情况的信息。在那个关于年轻人的案例中,实施下一步工作就牵扯到处理人际关系中的技巧。下面我们将要谈到排练法,这也是一种非常重要的技巧。

四、排练法

在和另一个也遇到困难的人谈论的时候,双方之间谈话的素材是一方面,但实际上的操作才是更重要的。受助者有可能声明"我不知道该怎么去说",这就给我们指出了障碍的重要源泉。社会工作者能够通过给受助者提供一个采访情况的安全界限来让受助者排练,那就是让受助者精确地练习他所应该说的话。社会工作者就扮演谈话中的另外一个人(可能是老板、老师、丈夫、母亲或者是医生等),并且对受助者所谈的话作出反应。但是通常,社会工作者会忽略这个看似简单却非常有用的方法,而是对受助者说"到时候你就知道你该说些什么"。其实对我们自己来说,也是不容易说的,特别是在处理我们最难的情感的关系中。在社会工作者的帮助下,受助者可能会找到一种方法说出他必须说的话,在成功的排练后受助者会很自信地去说出这些。我们再次回到前面的例子中,当时那个年轻人说他不知道该怎么说。

社会工作者:约翰,如果你先练习一下你该对你妈说些什么,或许到时候会变得容易一些。我来做你的妈妈,你直接对我说。我会告诉你这个谈话听起来怎么样。

约翰:你来做我妈妈?听起来真好笑。(笑了起来)

社会工作者:(也笑了起来)这并不好笑。我会装作我是你妈妈。来,我们试一下。

约翰:(很生气的样子)"行了,别把我当小孩子来哄骗了。"这就是你的意思?你以为我该说些什么?

社会工作者:是的,这就是我的意思。现在,如果我是你妈妈的话,我就会告诉你,我知道你真的对我很生气。但是我不明白为什么。我可能会自己想"约翰或许就是这样子的吧,他经常都是这样的爱抱怨、生气的"。现在或许你能够平静一点地来告诉我你会怎么样说。

约翰:我不明白。

社会工作者:让我来试试。我先扮演一下你。"妈妈,我想和你谈一些事情,一些有关我们相处的事情。有些东西实在让我很困惑,它使我伤心,有时候甚至生气。"我不知道,或许我说得也不好,你认为该怎么说?

约翰:我明白你的意思。告诉她我想和她谈论一下我们的关系,这很好。但是我不喜欢你刚才说的我很伤心的那部分。

社会工作者:为什么不喜欢?这些都是事实,不是吗?

约翰:我不想向她承认那一点。

社会工作者:你的意思是你不想让她知道那对你的伤害有多么深吗?(约翰点了点头)你不告诉她,她怎么会知道呢?或许她有一些事情想跟你说,她也会这样想的。

在接下来的谈话中,社会工作者和约翰谈出了在孩子和他母亲真正的交流中所存在的难题(这个案例可能和其他的主题有点不同,因为这个小孩是个残疾儿)。用社会工作者的一些观点,并且同自己的观点结合,约翰努力整理出了他要说的话。社会工作者提出:如果约翰希望的话,他将和约翰的妈妈谈谈,或者他将会出现在讨论现场。这些描述给我们强调了排练法的重要性,用这种当时扮演一个角色的方法能够引出受助者在处理生活中的主要人物的问题时所存在的障碍。这时候,社会工作者认为工作很出色,帮助受助者达到了一个新的理解的层次,并且受助者已经准备好来处理他生活中重要人物的事情。其实,虽然受助者已经准备好了他所要说的话,社会工作者会发现还有工作要做。在刚才那个案例中,受助者不愿意让他母亲知道他受到很大的伤害就是很重要的,这是一个没有完成的工作,还有待于再去做。

五、指明门把效应交流

门把效应交流经常出现在当受助者要离开办公室,手已经放在门把上的时刻。这是经常可以看到的现象,正如在有关精神疗法的文献中所提到的那样,这指的是在已经没有时间来处理的时候,受助者就最后阶段提出了有意义的评论。我们在与受助者工作的过程中,或者同朋友的谈话中都经历过这样的现象:在谈了一些无关紧要的话题之后,他或者她会说,"这一周只发生了一件事情"。接着我们或许会听到受助者失去了工作或者发现他的女朋友怀孕了,收到一张被赶出来的通知或者发现自己的腹部出现了奇怪的肿块,等等。当就这些事情作出反应的时候,社会工作者有可能发现在开始阶段有不直接的有关暗示或者线索,但也有可能根本就没有线索。

受助者在手抓住门把要走的时候才说出问题,这就给了社会工作者一个信号:受助者对于他们所讨论的方面犹豫不决,在已经确实没有足够时间来彻底讨论的情况下受助者才提出问题。这有可能是牵扯到一个禁忌领域的事情,或者是受助者所经历的太痛苦而不愿意再谈论出来的事情。不管是哪种原因,最终,要处理掉问题的决心还是战胜了受助者的犹豫不决及抵触。工作采访都是有时间的,受助者所关心问题的紧急性,以及时间有限带来的压力,使得受助者最终还是表达出问题所在。受助者这时候所说出的问题一般都是影响他工作的那些一般问题中的特例。在所有的抵触形式中,这是很自然的一部分,它给社会工作者提供了一个教育受助者怎样工作的机会。

这种技巧要求社会工作者给受助者指明工作的步骤。例如,在即将结束的前一个阶段,一个关心她婚姻问题的年轻的女士提出了一个她和丈夫之间的比较困难的性问题。社会工作者对此直接作出反应。

社会工作者：你刚才提出了一个非常重要的问题，但是我们已经没有很多时间来讨论它了。在我们就要结束的时候你才提出来。你是不是感觉到很难谈论这个话题，谈论它太不舒服？

受助者：（稍稍沉默）对一个生人谈论性这样的话题是很难堪的。

社会工作者：我能理解要讨论有关性方面的问题是多么的难。我指的是真正地谈论它，不管和任何人。你知道的，人们不愿意直接谈论它是很常见的。正如你刚才所做的，人们经常在最后时刻才提出诸如此类的问题。（受助者对此笑了笑）我们下一步来讨论一下什么使你觉得很难谈论性问题或许会有用的。这样可能会使我们更容易来讨论这一主要方面的问题。你认为怎么样？

受助者：可以，这是我的真正难题所在，我愿意讨论它。

社会工作者：我认为尽管你是在最后提出这个问题的，但是已经有一个好的开始了。

社会工作者没有指责受助者，相反，他对受助者提出问题的勇气给了支持。通过给受助者指明门把效应的本质，社会工作者开始建立采访中两个人工作的新的途径。受助者关于自己怎样配合工作的意识将会提高。在经过一系列这样的事情之后，她就能够明白并且能够掌握该怎样把自己的生活素材介绍到采访中来。其次，采访中受助者有关谈论性生活方面的难堪将会展开与在我们这个社会谈论有关性生活方面问题的难堪的相关情感话题的讨论。采访中对步骤的讨论将会直接运用到工作内容中去——又一个工作过程—内容相联系的例证。

课后实训题

学生小良，初中二年级时从农村初中转学到某市一流中学。上学第一天因为将字典放在课桌下面查生字，受到语文老师的批评，从此看到语文老师就害怕，总担心老师会批评他。他觉得过去学校的老师好，现在学校的老师都很凶。现在学校的同学都很优秀，自己比不过他们。一个学期下来，他只认识两个同学，不敢与同学玩。他感到胸闷、憋得慌，要求回到原来的学校读书上学。每天上学前他都说胃痛，不肯到学校。经医生检查，他的胃没有器质性问题，属于心理障碍。第一学期，他陆陆续续到校不满50天。父母出于各种原因考虑，还是希望他留在现在的学校上学。于是家长请求学校帮助。

问：为了使小良顺利成为受助者，社会工作者可以运用哪些技巧？请详细描述技巧的使用过程。

参 考 文 献

[1] Barker, R. L. The Social Work Dictionary (5th ed.). Washington, DC: NASW Press, 2003.
[2] Child Welfare League of America. Moving from Research to Practice: Annotated Bibliography, Child Welfare Workforce. Retrieved March 15, 2005, from www.cwla.org.
[3] 王思斌. 中国社会工作研究(第二辑). 社会科学文献出版社,2004.
[4] 顾东辉. 社会工作概论. 上海译文出版社,2005.
[5] 朱眉华. 社会工作实务(上). 上海社会科学院出版社,2003.
[6] 徐永祥. 社区工作. 高等教育出版社,2004.
[7] 科尔斯基. 危机干预与创伤治疗方案. 中国轻工业出版社,2004.
[8] 王思斌. 中国社会工作研究(第三辑). 社会科学文献出版社,2005.

图书在版编目(CIP)数据

社会工作实务/孙林主编.—上海：复旦大学出版社，2018.10(2023.1重印)
(复旦卓越)
人力资源管理和社会保障系列教材
ISBN 978-7-309-13915-0

Ⅰ.①社… Ⅱ.①孙… Ⅲ.①社会工作-中国-高等职业教育-教材 Ⅳ.①D632

中国版本图书馆 CIP 数据核字(2018)第 205871 号

社会工作实务
孙　林　主编
责任编辑/陆俊杰

复旦大学出版社有限公司出版发行
上海市国权路 579 号　邮编：200433
网址：fupnet@fudanpress.com　　http://www.fudanpress.com
门市零售：86-21-65102580　　　团体订购：86-21-65104505
出版部电话：86-21-65642845
杭州日报报业集团盛元印务有限公司

开本 787×1092　1/16　印张 12.25　字数 283 千
2018 年 10 月第 1 版
2023 年 1 月第 1 版第 2 次印刷

ISBN 978-7-309-13915-0/D・955
定价：29.00 元

如有印装质量问题,请向复旦大学出版社有限公司出版部调换。
版权所有　　侵权必究